CW01649193

Praktisch Goederenrecht

In de serie Praktisch Recht zijn inmiddels verschenen:

Praktisch Bestuursrecht
Praktisch Staatsrecht
Praktisch Strafrecht
Praktisch Goederenrecht
Praktisch Bedrijfsrecht
Praktisch Burgerlijk Procesrecht

Verwacht voorjaar 2010
Praktisch Bestuursprocesrecht
Praktisch Verbintenissenrecht
Praktisch Arbeidsrecht

Praktisch Goederenrecht

Mr. Charlotte Phillips

Noordhoff Uitgevers Groningen/Houten

Ontwerp omslag: G2K Designers, Groningen/Amsterdam
Omslagillustratie: iStockphoto

Eventuele op- en aanmerkingen over deze of andere uitgaven kunt u richten aan: Noordhoff Uitgevers bv, Afdeling Hoger Onderwijs, Antwoordnummer 13, 9700 VB Groningen, e-mail: info@noordhoff.nl

1 2 3 4 5 / 13 12 11 10

ISBN 978-90-01-76551-4
NUR 820

Woord vooraf

Praktisch Goederenrecht is bestemd voor studenten in het hoger juridisch onderwijs. Het boek vormt een eerste kennismaking met goederenrecht, zowel in theorie als in de praktijk. Door middel van casuïstiek en praktijkvoorbeelden wordt de stof voor de student inzichtelijk gemaakt. Vervolgens kan de opgedane kennis worden getest door de tussenvragen te maken die in elk hoofdstuk zijn opgenomen; studenten kunnen hun antwoorden controleren aan de hand van de bijbehorende voorbeeldantwoorden achter in het boek. Daarnaast bevat ieder hoofdstuk een aantal studie-eindvragen, bestaande uit verschillende casussen met toepassingsvragen. Wanneer studenten de toepassingsvragen hebben gemaakt, kunnen zij vaststellen of zij de verworven theoriekennis ook in de praktijk kunnen brengen.
Door elk hoofdstuk te bestuderen en tussen- en studie-eindvragen te maken wordt de studiestof stap voor stap verankerd, met als resultaat een gedegen kennis van het goederenrecht.

Ter aanvulling op het boek zijn op de bijbehorende website (www.praktischgoederenrecht.noordhoff.nl) onder andere de leerdoelen per hoofdstuk opgenomen. Bovendien hebben docenten toegang tot extra oefen- en casusvragen, die zijn voorzien van voorbeeldantwoorden en een uitgebreide toelichting.

Door de combinatie van duidelijke uitleg aan de hand van casussen en voorbeelden uit de praktijk, alles uiteengezet in begrijpelijke taal, kan de student zich met plezier verdiepen in materie die vaak als een 'lastig onderdeel' van het recht wordt ervaren.

Praktisch Goederenrecht behandelt de volgende onderwerpen:
- basisbegrippen van het goederenrecht
- absolute en relatieve rechten
- eigendom
- bezit en houderschap
- overdracht
- derdenbescherming
- pand
- hypotheek.

Mr. C. Phillips
November 2008

Inhoudsopgave

Inleiding

In dit boek houden we ons bezig met het goederenrecht. Gelet op de samenhang met het verbintenissenrecht, zullen er hier en daar ook begrippen uit dat rechtsgebied aan de orde komen.

In elk hoofdstuk van dit boek wordt een onderdeel van het goederenrecht besproken. In het eerste hoofdstuk staan goederen, zaken en vermogensrechten centraal, alsmede een aantal andere basisbegrippen uit het goederenrecht. Hoofdstuk 2 behandelt de absolute en de relatieve rechten. In hoofdstuk 3 wordt het eigendomsrecht besproken, gevolgd door het bezit in hoofdstuk 4. In hoofdstuk 5 komt de overdracht aan de orde. Hoofdstuk 6 staat in het teken van de derdenbescherming. Ten slotte worden in de hoofdstukken 7 en 8 respectievelijk het pandrecht en het hypotheekrecht behandeld. Het goederenrecht is voornamelijk geregeld in het Burgerlijk Wetboek (BW) boek 3 en boek 5.

Ieder hoofdstuk heeft een vaste structuur. Het begint altijd met een openingscasus, waarnaar in de loop van het betreffende hoofdstuk telkens wordt terugverwezen. Aan de hand van de openingscasus en voorbeelden worden begrippen nader toegelicht en uitgelegd. Voorts zijn in ieder hoofdstuk tussenvragen opgenomen. Door deze vragen te beantwoorden kun je tijdens het bestuderen van de stof controleren of je de stof hebt begrepen. Aan het eind van een hoofdstuk staat een samenvatting. Een hoofdstuk wordt altijd afgerond met studie-eindvragen; dit zijn vaak toepassingsvragen, waarmee je kunt toetsten of je de stof uit het bestudeerde hoofdstuk beheerst. De antwoorden op de tussenvragen en studie-eindvragen vind je achter in het boek. Belangrijke begrippen zijn in een kernbegrippenlijst die eveneens achter in het boek is opgenomen.

1

Basisbegrippen van het goederenrecht

Openingscasus

Een nieuw begin

Melinda studeert sinds september hbo-rechten. Gedurende haar eerste studiejaar woont ze op kamers bij haar tante, die een flat heeft vlak bij de hogeschool. Melinda betaalt maandelijks een klein bedrag aan huur voor haar kamer. In de zomervakantie heeft ze haar kleding, bureau, computer en andere spullen die ze nodig heeft verhuisd. Vanuit haar nieuwe kamer heeft Melinda uitzicht op een nabijgelegen park, vol bomen, struiken en bloeiende planten. Naast het park ligt een meer, dat in de zomermaanden voor recreatiedoeleinden wordt gebruikt en waar Melinda in het weekend soms gaat zwemmen.

Na haar havo-eindexamen is Melinda bij een notariskantoor gaan werken. Met het geld dat ze daar heeft verdiend, heeft ze haar studieboeken voor het eerste studiejaar gekocht. Met ingang van 1 september heeft Melinda een contract om, gedurende haar studie, één dag per week op het kantoor te blijven werken.

Hoewel Melinda het erg naar haar zin heeft op de hogeschool, vindt ze het soms best moeilijk. Een nieuwe woonomgeving, een nieuwe studie, een baan en veel meer eigen verantwoordelijkheid dan ze gewend was. Sommige vakken spreken haar meteen aan, maar andere vindt ze in eerste instantie wat lastig. Daarom vindt Melinda het fijn dat sommige opdrachten in groepjes moeten worden uitgevoerd, zodat studenten elkaar kunnen helpen. Ook heeft ze er moeite mee dat er minder contacturen zijn dan op de middelbare school; het is even wennen om nu zelf de tijd te moeten indelen en ervoor te zorgen dat het werk op tijd klaar is. Melinda kan heel goed systematisch werken en heeft al gemerkt dat dat een groot voordeel is. Verder is het van belang om tijdens de colleges goede aantekeningen te maken, zodat het voorbereiden van de toetsen minder tijd kost. De aantekeningen kwamen Melinda ook op een andere manier goed van pas: een medestudent die een aantal colleges niet kon bijwonen, heeft beloofd Melinda op een lunch te trakteren in ruil voor kopieën van haar aantekeningen!

In dit boek staat het goederenrecht centraal. Het goederenrecht is het rechtsgebied dat gaat over de rechtsrelatie tussen een persoon en een goed. Wat betekent dat precies? In de openingscasus hebben we gelezen over de kleding en andere spullen van Melinda. Tussen Melinda en deze spullen bestaat een rechtsrelatie: zij is eigenaar van deze spullen. Dit is een rechtsrelatie tussen een persoon (Melinda) en een aantal goederen (haar spullen). De relatie tussen Melinda en haar spullen noemen we ook wel een goederenrechtelijke rechtsrelatie.

Naast het goederenrecht is er het verbintenissenrecht. Het verbintenissenrecht is het rechtsgebied dat de rechtsrelatie tussen personen bestrijkt. Tussen Melinda en haar tante is een verbintenis tot stand gekomen, namelijk een huurovereenkomst. Dit is een rechtsrelatie tussen personen. Uit hoofde van de overeenkomst heeft Melinda het recht op bewoning van de kamer en heeft haar tante recht op betaling van de huur.

Het goederenrecht en het verbintenissenrecht vormen samen het vermogensrecht. Het vermogensrecht is een van de twee hoofdonderdelen van het privaatrecht en regelt de verhoudingen tussen burgers onderling die op geld waardeerbaar zijn. Het privaatrecht, ook wel burgerlijk recht genoemd, houdt zich in beginsel bezig met alle juridische betrekkingen tussen burgers onderling. Het tweede hoofdonderdeel van het privaatrecht is het personen- en familierecht, een rechtsonderdeel waar we in dit boek verder niet op ingaan.

Schematisch ziet het er uit als in figuur 1.1.

Figuur 1.1 **Plaats van het goederenrecht**

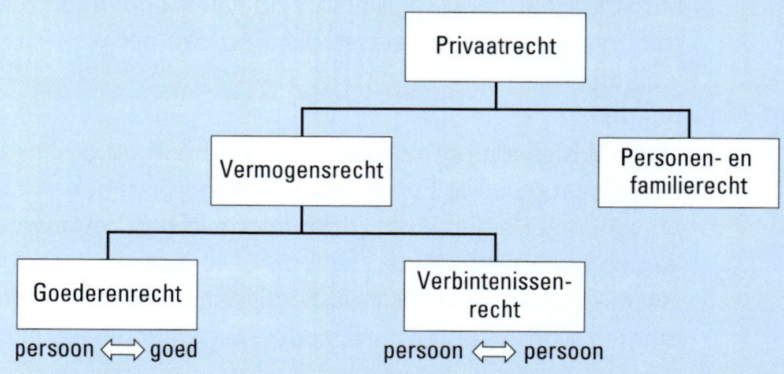

Voor een goed begrip van het goederenrecht is het noodzakelijk eerst kennis te maken met een aantal basisbegrippen. Deze basisbegrippen vormen de bouwstenen van het goederenrecht. In de hoofdstukken die volgen komen deze begrippen telkens terug.

Paragraaf 1.1 begint met een beschrijving en uitleg van de begrippen goederen, zaken en vermogensrechten. In paragraaf 1.2 komen de begrippen roerende en onroerende zaken aan bod. Paragraaf 1.3 staat in het teken van hoofdzaken en bestanddelen. In paragraaf 1.4 worden registergoederen en niet-registergoederen besproken. Ten slotte worden in paragraaf 1.5 de begrippen natuurlijke vruchten en burgerlijke vruchten, alsmede de goede trouw behandeld.

1.1 Goederen, zaken en vermogensrechten

In het goederenrecht staan de begrippen goederen, zaken en vermogensrechten centraal. Achtereenvolgens worden de begrippen goederen en zaken besproken en tot slot komen de vermogensrechten aan bod.

1.1.1 Goederen

Goederen

Art. 3:1 BW bepaalt dat goederen alle zaken en alle vermogensrechten zijn. Hieruit kunnen we afleiden dat er kennelijk twee soorten goederen bestaan, namelijk: zaken en vermogensrechten. Wat zaken en wat vermogensrechten zijn, staat in twee aparte artikelen, te weten art. 3:2 BW en art. 3:6 BW. Het begrip goederen is in figuur 1.2 schematisch weergegeven.

Figuur 1.2 **Goederen**

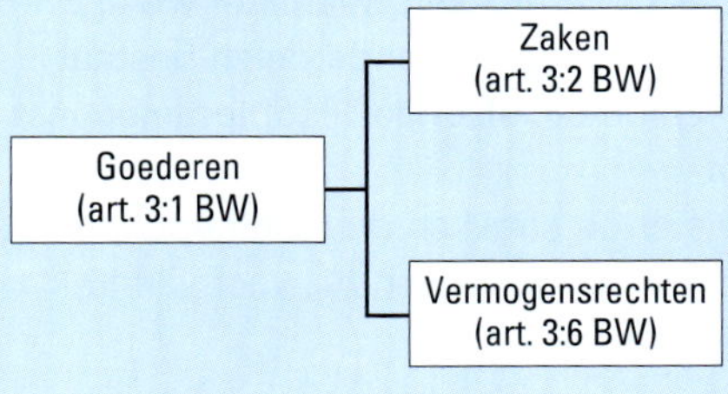

1.1.2 Zaken

Volgens art. 3:2 BW zijn zaken:

> 'de voor menselijke beheersing vatbare stoffelijke objecten'.

Zaak

Uit dit artikel blijkt dat een zaak aan twee criteria dient te voldoen, namelijk:
1 voor menselijke beheersing vatbaar;
2 een stoffelijk object.

Iets is voor menselijke beheersing vatbaar, wanneer we het kunnen vastpakken.
Een stoffelijk object wil zeggen dat iets uit een bepaald materiaal, een bepaalde stof bestaat.
Een auto, een huis, een boek en een stuk grond zijn zaken: ze zijn voor menselijke beheersing vatbaar en het zijn stoffelijke objecten. Dieren zijn eveneens zaken, ze voldoen immers aan de criteria die we zojuist hebben besproken. Het maakt niet uit welk dier, elk dier is een zaak. De zee en de lucht zijn geen zaken, omdat ze niet voor menselijke beheersing vatbaar zijn.

In de openingscasus zien we verschillende zaken:
- de flat van Melinda's tante;
- de kleding, het bureau, de computer en de andere spullen van Melinda;
- de bomen, struiken en bloeiende planten in het park;
- de studieboeken van Melinda.

Het meer dat Melinda vanuit haar nieuwe kamer kan zien, is geen zaak want het is niet voor menselijke beheersing vatbaar.

1.1.3 Vermogensrechten

Vermogensrechten worden omschreven in art. 3:6 BW.

> 'Rechten die, hetzij afzonderlijk hetzij tezamen met een ander recht, overdraagbaar zijn, of er toe strekken de rechthebbende stoffelijk voordeel te verschaffen, ofwel verkregen zijn in ruil voor verstrekt of in het vooruitzicht gesteld stoffelijk voordeel, zijn vermogensrechten.'

Dit artikel behoeft wat meer uitleg. Een vermogensrecht is een recht met vermogenswaarde. Dat wil zeggen: een recht met een bepaalde waarde die in geld is uit te drukken. Wanneer we art. 3:6 BW goed bekijken, zien we dat het uit de volgende onderdelen bestaat:
1 rechten die afzonderlijk of tezamen met een ander recht overdraagbaar zijn; of
2 die ertoe strekken de rechthebbende stoffelijk voordeel te verschaffen; of
3 die verkregen zijn in ruil voor verstrekt of in het vooruitzicht gesteld stoffelijk voordeel.

Er zijn dus drie verschillende categorieën vermogensrechten.
In de eerste plaats kan het gaan om rechten die overgedragen worden. De overdracht kan zowel zelfstandig plaatsvinden als tezamen met een ander recht. Hiermee wordt bedoeld dat de eigenaar van een bepaald recht dit recht aan een ander mag overgeven. Voorbeeld is een eigendomsrecht of een vorderingsrecht; beide rechten kunnen door de eigenaar aan een ander worden overgedragen.

Overdraagbaar

Ten tweede zijn vermogensrechten rechten die erop gericht zijn de rechthebbende, dit is meestal de eigenaar, stoffelijk (materieel) voordeel te verstrekken. Hierbij kun je denken aan het recht op smartengeld: dit is erop gericht materieel voordeel te verschaffen aan de rechthebbende van dat recht. Ook het

Stoffelijk voordeel

recht van gebruik is een vermogensrecht, aangezien het er eveneens op is gericht om de rechthebbende stoffelijk voordeel te verstrekken.

In ruil voor stoffelijk voordeel

Ten derde zijn vermogensrechten rechten die zijn verkregen in ruil voor stoffelijk voordeel of in ruil voor toegezegd stoffelijk voordeel. Stel dat iemand die slecht ter been is een afspraak heeft met zijn buurman dat die één keer per week boodschappen voor hem doet. De buurman krijgt hiervoor wekelijks een vergoeding. Ook hier is sprake van een vermogensrecht; er is immers een recht: op het doen van boodschappen. Dit recht is ontstaan in ruil voor stoffelijk voordeel: de wekelijkse vergoeding.

In de openingscasus komen naast zaken ook vermogensrechten voor: het recht op loon dat Melinda heeft uit hoofde van haar arbeidsovereenkomst. Dit recht is overdraagbaar. Voorts is het een recht dat ertoe strekt om Melinda stoffelijk voordeel te verschaffen: zij gaat er financieel op vooruit.

In ruil voor toegezegd stoffelijk voordeel

Verder is het recht dat Melinda heeft op de toegezegde lunch (op kosten van haar medestudent) een vermogensrecht. De medestudent heeft immers een recht op het kopiëren van Melinda's aantekeningen verkregen in ruil voor toegezegd stoffelijk voordeel (de lunch).

Tussenvraag 1.1

Geef aan welke begrippen goederen zijn in de zin van art. 3:1 BW:

a een mobiele telefoon
b een vakantiewoning
c de lucht boven Nederland
d een computer
e een geldvordering van €250
f het water uit de rivier de Maas
g een hond
h een caravan
i een recht op loonbetaling

1.2 Roerende en onroerende zaken

We weten nu wat goederen, zaken en vermogensrechten zijn. We gaan hierna in op een aantal andere basisbegrippen die een belangrijke rol spelen in het goederenrecht: onroerende en roerende zaken.

1.2.1 Onroerende zaken

Zaken kunnen worden onderverdeeld in roerende zaken en onroerende zaken. In art. 3:3 lid 1 BW worden onroerende zaken als volgt omschreven:

> 'Onroerend zijn de grond, de nog niet gewonnen delfstoffen, de met de grond verenigde beplantingen, alsmede de gebouwen en werken die duurzaam met de grond zijn verenigd, hetzij rechtstreeks, hetzij door vereniging met andere gebouwen of werken.'

Onroerende zaken

Onroerende zaken zijn zaken die niet verplaatsbaar zijn. Art. 3:3 lid 1 BW onderscheidt de volgende categorieën onroerende zaken:

- *De grond.* Hieronder verstaan we elk stuk grond, dus bijvoorbeeld een tuin, een park, een weiland.
- *Delfstoffen die nog niet zijn gewonnen.* Delfstoffen zijn gesteenten en mineralen met een bepaalde gebruikswaarde, die uit de grond worden gewonnen.
- *Beplantingen die met de grond zijn verenigd.* Dit zijn bomen, struiken, planten en gewassen die in de volle grond staan. Dus: een plant die in een tuin in de grond wordt geplant is een onroerende zaak, terwijl een plant in een pot een roerende zaak is.
- *Gebouwen die duurzaam met de grond zijn verenigd.* Hiermee worden gebouwen bedoeld die duurzaam op of in de grond zijn gebouwd en niet zomaar te verplaatsen zijn. Elk gebouw dat op of in de grond is gebouwd, is een onroerende zaak.
- *Werken die duurzaam met de grond zijn verenigd.* Werken kunnen zijn: bouwsels die geen gebouw zijn, kunstwerken, stellages. Vereist is dat ze duurzaam vast staan op of in de grond.
- *Gebouwen en werken die door vereniging met andere gebouwen of werken duurzaam met de grond zijn verenigd.* Hiermee worden gebouwen en werken bedoeld die zelf niet duurzaam met de grond zijn verenigd, maar die aan andere gebouwen en/of werken 'vastzitten' en door die verbinding duurzaam met de grond zijn verenigd.

In de openingscasus zijn we de volgende onroerende zaken tegengekomen: de flat van Melinda's tante, het park (een stuk grond), de bomen, struiken en bloeiende planten in het park.

Niet in alle gevallen bieden wetsartikelen uitsluitsel over de betekenis van de hier genoemde begrippen. Wanneer partijen het niet eens kunnen worden over de betekenis, kan er een geschil ontstaan dat aan de rechter wordt voorgelegd. De rechter doet hierop uitspraak en verschaft daarmee duidelijkheid over de betekenis van een dergelijk begrip. Vaak worden dit soort doorslaggevende beslissingen genomen door de hoogste rechterlijke instantie van Nederland, de Hoge Raad. Over het begrip onroerende zaak heeft de Hoge Raad in 1997 een belangrijke uitspraak gewezen. Deze uitspraak is bekend geworden onder de naam het Portacabin-arrest. Een portacabin is een keet, vaak gebruikt als tijdelijke kantoorruimte op een bouwterrein of als noodgebouw van bijvoorbeeld een school. De centrale vraag in de uitspraak is of de portacabin een roerende of een onroerende zaak in de zin van art. 3:3 BW is.

Portacabin-arrest

Een zekere Buys heeft op een aan hem toebehorend stuk grond een portacabin laten plaatsen. Een van de eigenschappen van een portacabin is dat deze snel en eenvoudig geplaatst en verplaatst kan worden. Volgens Buys is zijn portacabin een roerende zaak.

De portacabin van Buys wordt ingericht en gebruikt als bedrijfsgebouw, meer specifiek als kantoorruimte. Er is een gas-, water- en elektriciteitsaansluiting, alsook een aansluiting op het telefoonnet en de riolering. Verder is aan de onderkant van de portacabin een plint bevestigd

die tot aan de grond reikt, waardoor het lijkt of het bouwsel met de grond is verenigd. Rondom de portacabin ligt een goed onderhouden tuin met een tegelpad naar de ingang.
De andere partij in het geschil, de Rabobank, is van mening dat de portacabin van Buys een onroerende zaak is. De Rabobank beroept zich erop dat het bouwsel duurzaam met de grond is verenigd en daarom een onroerende zaak is in de zin van art. 3:3 BW.
Partijen kunnen niet tot een vergelijk komen en uiteindelijk buigt de Hoge Raad zich over de zaak. De Hoge Raad is van oordeel dat uit de hiervoor omschreven omstandigheden onder meer blijkt dat de portacabin naar haar aard en inrichting bestemd is om als bedrijfsgebouw te worden gebruikt en om duurzaam ter plaatse te blijven. Daarbij acht de Hoge Raad het niet van belang dat in technisch opzicht de mogelijkheid bestaat om het bouwsel te verplaatsen.
De Hoge Raad concludeert uit voorgaande dat de portacabin een onroerende zaak is en stelt de Rabobank in het gelijk.

1.2.2 Roerende zaken

Roerende zaken

Art. 3:3 lid 2 BW bepaalt dat roerende zaken alle zaken zijn die niet onroerend zijn. Nu we weten wat onroerende zaken zijn, weten we dus ook dat alle zaken die niet in die categorie vallen, roerende zaken zijn. Het zijn dus zaken die verplaatsbaar zijn. Voorbeelden van roerende zaken zijn: een auto, een fiets, een laptop, een pen, maar ook een dier.

De volgende roerende zaken werden in de openingscasus genoemd: de kleding, het bureau, de computer en andere spullen van Melinda, alsmede haar studieboeken en collegeaantekeningen.

We kunnen het schema uit figuur 1.1 nu als volgt uitbreiden (figuur 1.3).

Figuur 1.3 **Goederen**

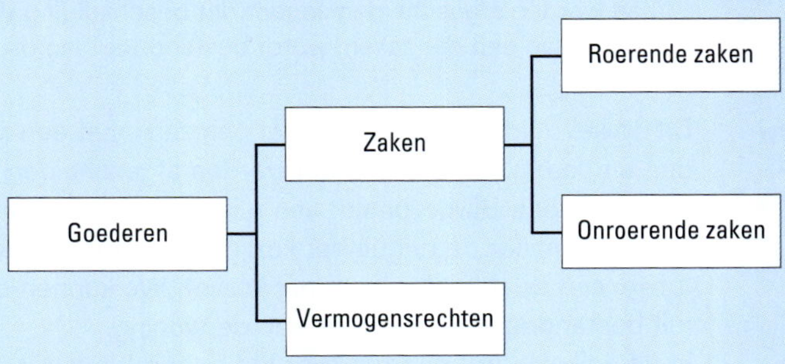

Tussenvraag 1.2

Geef aan of de volgende zaken roerend of onroerend zijn:

a een boek
b een vogel
c een flatgebouw
d een vuurtoren
e een omgehakte boom
f een motorboot
h het standbeeld 'De Dokwerker'

1.3 Hoofdzaak en bestanddeel

Na de behandeling van roerende en onroerende zaken komen in deze paragraaf de begrippen hoofdzaak en bestanddeel aan bod.
In art. 3:4 BW wordt het begrip bestanddeel beschreven. Volgens het eerste lid van dit artikel is een bestanddeel alles wat volgens verkeersopvatting deel uitmaakt van een zaak. Met 'verkeersopvatting' wordt het maatschappelijk verkeer bedoeld, de omgang van mensen met elkaar in de maatschappij. Het gaat om een mening die op een bepaald moment door het merendeel van de maatschappij wordt onderschreven. Een bestanddeel is dus iets waarvan wij als maatschappij vinden dat het deel uitmaakt van een andere zaak. Die andere zaak wordt daarmee de hoofdzaak. Daarbij speelt een rol of een zaak als voltooid beschouwd kan worden, wanneer het betreffende bestanddeel ontbreekt. Met andere woorden: is de zaak nog compleet zonder het bestanddeel (voorbeeld 1.1)?

Verkeersopvatting

Bestanddeel

> **Voorbeeld 1.1**
> Een fiets bestaat uit een heleboel losse onderdelen. Iedereen zal het erover eens zijn dat een fiets zonder wielen geen fiets is. De wielen zijn dus bestanddelen van de fiets. Ook het stuur, het zadel, de trappers en de bel zijn bestanddelen van een fiets. Uiteraard is te bepleiten dat een fiets zonder bel nog steeds een fiets is; het grootste deel van de maatschappij zal echter toch van mening zijn dat een fietsbel een essentieel onderdeel van een fiets is.

Lid 2 van art. 3:4 BW geeft een tweede omschrijving van het begrip bestanddeel:

> 'Een zaak die met een hoofdzaak zodanig verbonden wordt dat zij daarvan niet kan worden afgescheiden zonder dat beschadiging van betekenis wordt toegebracht aan een der zaken, wordt bestanddeel van de hoofdzaak.'

Geen afscheiding zonder beschadiging

Dit artikel duidt op de situatie dat een zaak met een andere zaak wordt verbonden en daar niet meer van kan worden afgescheiden zonder dat er beschadiging optreedt. Bijvoorbeeld: een ruit wordt in het raamkozijn van een woning gezet. Wanneer de ruit uit het kozijn zou worden verwijderd, ontstaat er schade (ofwel aan de ruit, ofwel aan het kozijn). We kunnen dus concluderen dat de ruit bestanddeel is geworden van de woning.
In dit artikel wordt behalve over het begrip bestanddeel gesproken over een hoofdzaak. Wanneer spreken we over een hoofdzaak? Stel dat er twee (of meer) zaken zijn die op zodanige manier met elkaar verbonden worden, dat ze één zaak worden. We kunnen deze zaak dan vervolgens onderscheiden in een hoofdzaak en een bestanddeel. Ter verduidelijking voorbeeld 1.2.

Hoofdzaak

> **Voorbeeld 1.2**
> Monique is de sleutel van haar voordeur verloren. Ze belt een slotenmaker, die langskomt om een nieuw slot in de deur te zetten. Het nieuwe slot is groter dan het oude en de slotenmaker moet dan ook wat aanpassingen doen aan de deur voordat het nieuwe slot past.

In voorbeeld 1.2 zien we dat er sprake is van twee aparte zaken: de voordeur en het slot. Wanneer het slot eenmaal in de deur is bevestigd, kan het er niet meer zonder beschadiging uit worden verwijderd; de deur is hoofdzaak en het slot is bestanddeel geworden.

Kort gezegd: een hoofdzaak en een bestanddeel vormen in juridisch opzicht één geheel.
Bomen, struiken en planten kunnen ook als bestanddeel worden aangemerkt, wanneer zij in de grond geplant zijn. Zij zijn dan bestanddeel van de grond geworden. Stel, iemand zet een plant in een pot op zijn balkon, dan blijft die plant een zelfstandige zaak. Zet diezelfde persoon echter een plant in zijn tuin, dan wordt die plant bestanddeel van de grond.

Tussenvraag 1.3
Michael heeft een tweedehands motorboot gekocht, waarvan de motor ontbreekt. Zijn vriend Jamal heeft nog een goede motor in zijn garage liggen. Michael en Jamal bevestigen samen de motor aan de boot.

Welke zaak is het bestanddeel en welke zaak is de hoofdzaak?

Tussenvraag 1.4
Welke van de volgende zaken zijn bestanddeel? Geef aan wat mogelijk de hoofdzaak is:
a een raam
b een mes
c een dakpan
d een autoband
e een hondenriem
f een tafel

1.4 Registergoederen en niet-registergoederen

Register-goederen

In deze paragraaf wordt behandeld wat registergoederen en wat niet-registergoederen zijn. Registergoederen worden in art. 3:10 BW omschreven als:

> 'goederen voor welker overdracht of vestiging inschrijving in daartoe bestemde openbare registers noodzakelijk is'.

Om deze bepaling goed te kunnen begrijpen, hebben we een aantal van de hiervoor besproken artikelen nodig.
Registergoederen zijn in de eerste plaats goederen. We weten dat goederen zowel zaken als vermogensrechten zijn en dat zaken kunnen worden onderverdeeld in roerende en onroerende zaken. Bekijk figuur 1.3 in paragraaf 1.2 nog eens goed.
Het tweede vereiste van art. 3:10 BW is dat voor de overdracht of de vestiging van deze categorie goederen inschrijving in openbare registers noodza-

kelijk is. Overdracht wil zeggen dat het goed van de ene persoon overgaat op de andere. In bepaalde gevallen wordt niet gesproken over overdracht maar over vestiging. Beide begrippen komen later in dit boek nog uitgebreid aan de orde; voor nu is het voldoende om te weten dat er een onderscheid is. De inschrijving van de overdracht of vestiging van dit type goederen dient dus plaats te vinden in de openbare registers. Dit zijn registers die voor eenieder toegankelijk zijn, dat wil zeggen: iedereen kan deze registers raadplegen. Volgens art. 3:16 BW zijn er openbare registers, waarin feiten die voor de rechtstoestand van registergoederen van belang zijn worden opgenomen.

Openbare registers

Hoe weten we nu of voor de overdracht of vestiging van goederen inschrijving in de openbare registers noodzakelijk is? Dit wordt door de wet geregeld. In de wet is opgenomen van welke goederen de overdracht of de vestiging in de openbare registers moeten worden ingeschreven.
Onroerende zaken zijn altijd registergoederen. Voor de overdracht of vestiging ervan is inschrijving in de openbare registers namelijk noodzakelijk. Wanneer je bijvoorbeeld een huis koopt, dan moet dit worden ingeschreven in de openbare registers. Het Kadaster is de instantie die de openbare registers voor onroerende zaken bijhoudt en die ervoor zorg draagt dat de gegevens van overdracht of vestiging worden ingeschreven.

Kadaster

Naast onroerende zaken zijn vliegtuigen en bepaalde categorieën schepen ook registergoederen.
Voorbeelden van registergoederen zijn:
- een huis
- een bedrijfsgebouw
- een stuk grond
- schepen
- vliegtuigen.

Gemeenschappelijk kenmerk van al deze goederen is dus dat de overdracht ervan moet worden ingeschreven in de openbare registers.
Is een hond met een stamboom die in een daarvoor bestemd register is opgenomen dan ook een registergoed? Nee, want de hond kan worden overgedragen zonder dat dit in de openbare registers hoeft te worden aangetekend. Het register waarin de hond geregistreerd staat, betreft niet de openbare registers zoals opgenomen in art. 3:16 BW. Dus: dieren of andere zaken die in bepaalde specifieke registers worden geregistreerd, zijn geen registergoederen. Hun overdracht hoeft namelijk niet te worden ingeschreven in de openbare registers.

Niet-registergoederen

Nu we weten wat registergoederen zijn, weten we ook wat niet-registergoederen zijn. Niet-registergoederen zijn alle goederen die geen registergoed zijn.

Tussenvraag 1.5

Geef aan of de volgende goederen registergoederen of niet-registergoederen zijn:

a een computer
b een woonhuis
c een olietanker
d een Siamese kat met stamboom
e een Boeing 747
f het recht op betaling van loon
g een auto die is ingeschreven in het kentekenregister

1.5 Natuurlijke en burgerlijke vruchten, goede trouw

In de laatste paragraaf van dit hoofdstuk komen nog drie basisbegrippen aan bod: natuurlijke en burgerlijke vruchten en tot slot goede trouw.

1.5.1 Natuurlijke vruchten

Art. 3:9 lid 1 BW omschrijft natuurlijke vruchten als:

> 'zaken die volgens verkeersopvatting als vruchten van andere zaken worden aangemerkt'.

Natuurlijke vruchten

Uit dit artikel volgt dat er twee vereisten zijn om te kunnen spreken over natuurlijke vruchten:
1 het zijn zaken;
2 deze worden volgens verkeersopvatting als vruchten van andere zaken aangemerkt.

We weten dat zaken voor menselijke beheersing vatbare stoffelijke objecten zijn. We kunnen dus vrij gemakkelijk vaststellen of aan het eerste vereiste is voldaan. In het tweede vereiste wordt gesproken over de verkeersopvatting. Hiermee wordt weer het maatschappelijk verkeer bedoeld. We moeten dus als maatschappij bepalen welke zaken als vruchten van andere zaken worden beschouwd. Aan de hand van een aantal voorbeelden zal blijken dat de vraag of een zaak als een vrucht van een andere zaak kan worden aangemerkt niet zo heel erg ingewikkeld is.

Een voor de hand liggend voorbeeld van een natuurlijke vrucht is een appel. Een appel is een zaak (vereiste 1) en deze zaak wordt volgens verkeersopvatting als een vrucht van een andere zaak (de appelboom) aangemerkt (vereiste 2).
Een ander voorbeeld van een natuurlijke vrucht is een puppy. We hebben eerder gelezen dat dieren ook zaken zijn; een puppy is dus een zaak (vereiste 1). Deze zaak wordt volgens verkeersopvatting beschouwd een vrucht van een andere zaak (de moederhond) te zijn (vereiste 2).

Zelfstandige zaak

Een natuurlijke vrucht wordt een zelfstandige zaak op het moment dat deze wordt afgescheiden (art. 3:9 lid 4 BW). Wanneer we deze regel toepassen op de voorbeelden die we zojuist hebben gezien, kunnen we het volgende concluderen:
- Wanneer een appel van de appelboom valt (of wordt geplukt), dan is de appel een zelfstandige zaak geworden.
- Op het moment dat het puppy wordt geboren, is het een zelfstandige zaak.

1.5.2 Burgerlijke vruchten

Burgerlijke vruchten

Behalve natuurlijke vruchten kent de wet burgerlijke vruchten. Volgens art. 3:9 lid 2 BW zijn dit rechten die volgens verkeersopvatting als vruchten van goederen worden aangemerkt.

Ook hier zijn er weer twee vereisten waaraan voldaan moet worden:
1 het zijn rechten;
2 deze worden volgens verkeersopvatting als vruchten van goederen aangemerkt.

Met rechten worden in dit geval vermogensrechten bedoeld; dat wil zeggen, rechten die op geld waardeerbaar zijn en die kunnen worden overgedragen. Volgens het tweede vereiste worden deze rechten in het maatschappelijk verkeer beschouwd als vruchten van goederen. Dit vereiste kan het best aan de hand van een aantal voorbeelden worden uitgelegd:

- *De rente over een geldbedrag dat op een spaarrekening staat.* Aan vereiste 1 is voldaan: er is een recht op rente. Volgens verkeersopvatting wordt het recht op rente als vrucht van een goed (het geldbedrag dat op de spaarrekening staat) aangemerkt (vereiste 2). Dit is in het maatschappelijk verkeer bepaald.
- *De huuropbrengst van een woning.* Er is een recht op betaling van de huur (vereiste 1). Dit recht wordt volgens verkeersopvatting als vrucht van een goed (de woning) aangemerkt (vereiste 2).

We zagen in de openingscasus dat Melinda een huurovereenkomst is aangegaan met haar tante. Het bedrag dat Melinda elke maand aan haar tante betaalt is dus een burgerlijke vrucht, want: haar tante heeft recht op de huurbetaling (vereiste 1) en in het maatschappelijk verkeer beschouwen we dit recht als een vrucht van de kamer die door Melinda wordt gehuurd (vereiste 2).

Zelfstandig recht

Een burgerlijke vrucht wordt een zelfstandig recht op het moment dat deze opeisbaar wordt (art. 3:9 lid 4 BW).
Kijkend naar de hiervoor genoemde voorbeelden, kunnen we het volgende concluderen:

- Op het moment dat de rente over een geldbedrag opeisbaar is (bijvoorbeeld aan het einde van een kalenderjaar), is het een zelfstandig recht.
- Wanneer de huuropbrengst opeisbaar is (bijvoorbeeld aan het einde van de maand), dan is dit een zelfstandig recht geworden.

Tussenvraag 1.6

Geef aan of er sprake is van een vrucht en zo ja, of het een natuurlijke of een burgerlijke vrucht betreft.

a een aardbei
b een kalf
c het dividend van tien aandelen (= periodieke uitkering van winst aan de aandeelhouders van een onderneming)
d een schilderij
e een bananenboom
f de rente van een spaarrekening

1.5.3 Goede trouw

Goede trouw

In art. 3:11 BW wordt uitgelegd dat goede trouw van een persoon in de volgende gevallen ontbreekt:
1 wanneer iemand de feiten of het recht waarop zijn goede trouw betrekking heeft kende;
2 wanneer iemand de feiten of het recht waarop zijn goede trouw betrekking heeft behoorde te kennen.

In het eerste geval betreft het een persoon die weet dat er iets niet in orde is, maar niets met die wetenschap doet.
Stel, je koopt een tweedehands mobiele telefoon, terwijl je weet dat die gestolen is. In dat geval ben je niet te goeder trouw. Je weet immers dat de telefoon is gestolen, maar deze wetenschap weerhoudt je er niet van om de telefoon te kopen.
Het tweede geval gaat om een persoon die had moeten weten dat er iets niet klopte, maar die niets heeft ondernomen om dit te achterhalen. Ook wanneer het onmogelijk is om onderzoek te doen, kan iemand worden beschouwd als een persoon die de feiten had moeten kennen.
Stel, je koopt een tweedehands auto van een louche autohandelaar. Eigenlijk vertrouw je het niet helemaal, maar omdat de auto zo goedkoop is, vraag je verder niets. Ook nu ben je niet te goeder trouw. Wanneer je een tweedehands auto koopt van een autohandelaar die niet betrouwbaar overkomt en de auto is goedkoper dan normaal, dan heb je een zekere onderzoeksplicht. Dit houdt in dat je moet onderzoeken of de auto bijvoorbeeld gestolen is. Als je aan deze onderzoeksplicht hebt voldaan en na de aankoop blijkt de auto toch gestolen te zijn, dan kun je je wel beroepen op goede trouw. Je hebt er dan immers alles aan gedaan om te weten te komen of alles in orde was, alvorens tot aankoop over te gaan.
Iemand is dus te goeder trouw wanneer hij niet wist en niet hoefde te weten dat feiten of het recht waarop zijn goede trouw betrekking heeft niet juist waren.
Doet zich een situatie voor waarin onderzoek niet mogelijk was, dan betekent dat niet automatisch dat je te goeder trouw bent. Ook in dat geval kan je verweten worden dat je de feiten had behoren te kennen.

Tussenvraag 1.7
Geef aan of er in de volgende gevallen sprake is van goede trouw in de zin van art. 3:11 BW.
a Andrea koopt van iemand die bij haar aanbelt een flatscreen televisie. Ze heeft dezelfde televisie een week geleden voor een veel hogere prijs in een reguliere winkel gezien.
b In een fietsenwinkel die al twintig jaar bestaat, koopt Sandy een tweedehands fiets. De verkoper vertelt haar dat de fiets helemaal in orde is en geeft Sandy een jaar garantie.
c Jonathan vindt een portemonnee met inhoud op straat. Hij besluit de portemonnee mee te nemen en te houden.

Samenvatting

Goederen zijn alle zaken en alle vermogensrechten. Zaken zijn voor menselijke beheersing vatbare stoffelijke objecten. Dit zijn objecten van een bepaald materiaal, die we kunnen vastpakken. Vermogensrechten zijn rechten met een waarde die in geld is uit te drukken. Er zijn drie categorieën vermogensrechten:

1 rechten die afzonderlijk of tezamen met een ander recht overdraagbaar zijn;
2 rechten die ertoe strekken de rechthebbende stoffelijk voordeel te verschaffen;
3 rechten die verkregen zijn in ruil voor verstrekt of in het vooruitzicht gesteld stoffelijk voordeel.

Zaken kunnen worden onderverdeeld in roerende en onroerende zaken. Roerende zaken zijn zaken die verplaatsbaar zijn. Onroerende zaken zijn zaken die niet verplaatsbaar zijn. De verschillende soorten onroerende zaken die de wet kent zijn:

- de grond;
- delfstoffen die nog niet zijn gewonnen;
- beplanting die met de grond is verenigd;
- gebouwen die duurzaam met de grond zijn verenigd;
- werken die duurzaam met de grond zijn verenigd;
- gebouwen en werken die door vereniging met andere gebouwen of werken duurzaam met de grond zijn verenigd.

Zaken kunnen voorts worden onderscheiden in hoofdzaken en bestanddelen. Een hoofdzaak en een bestanddeel vormen in juridisch opzicht één geheel. Er zijn twee verschillende typen bestanddelen:

1 een zaak die volgens verkeersopvatting deel uitmaakt van een andere zaak;
2 een zaak die zodanig met een andere zaak is verbonden, dat deze niet zomaar (zonder schade) van die andere zaak is los te maken.

Goederen kunnen worden onderverdeeld in registergoederen en niet-registergoederen. Registergoederen zijn goederen waarvan de overdracht of de vestiging in de daartoe bestemde openbare registers moet worden ingeschreven. De wet bepaalt welke goederen registergoederen zijn. Alle goederen die geen registergoederen zijn, zijn niet-registergoederen.

De wet kent natuurlijke vruchten en burgerlijke vruchten. Natuurlijke vruchten zijn zaken die in het maatschappelijk verkeer worden beschouwd als vruchten van andere zaken. Burgerlijke vruchten zijn rechten die in het maatschappelijk verkeer worden beschouwd als vruchten van goederen.

Goede trouw wordt aangenomen wanneer iemand niet wist en niet hoefde te weten dat feiten of het recht waarop zijn goede trouw betrekking heeft niet juist waren. Het gaat dus om niet-weten en ook niet hoeven weten.

Studie-eindvragen

Casus 1.1

Jason en Marianne hebben recentelijk een woning aangeschaft. Ze hebben nieuwe meubels gekocht om de woning in te richten. In de tuin hebben ze een aantal planten en struiken geplant. De vorige eigenaar van de woning had een perenboom in de tuin geplant, waaraan inmiddels volop fruit groeit. Verder is er een schutting geplaatst tussen hun tuin en die van de buren.
Aangezien Jason en Marianne geen auto hebben, hebben ze de parkeerplaats die bij de woning hoort verhuurd aan een collega van Marianne. Elke maand ontvangen ze de huurbetaling voor deze parkeerplaats.

a Benoem alle goederen die in casus 1.1 zijn opgenomen en geef aan of het zaken of vermogensrechten zijn.
b Geef aan welke zaken roerend en welke zaken onroerend zijn.
c Bepaal of de goederen bestanddelen, registergoederen of niet-registergoederen zijn.
d Welke natuurlijke vruchten zijn in casus 1.1 opgenomen?
e Welke burgerlijke vruchten zijn in casus 1.1 opgenomen?

Casus 1.2

Marco is geïnteresseerd in antieke horloges. Hij verzamelt niet alleen de horloges maar ook de onderdelen ervan. Tijdens een beurs ontmoet Marco andere verzamelaars en leert hij Ton kennen. Ton heeft een horloge van zijn grootvader geërfd, maar helaas werkt het niet meer. Marco biedt aan om het horloge van Ton open te maken om te zien of hij het kan repareren. Marco ziet al snel waar het aan ligt: een van de radertjes is gebroken. Gelukkig heeft Marco het betreffende onderdeel liggen en hij zet dit in het horloge van Ton. Hierna loopt het horloge weer als vanouds.

a Benoem de zaken die in casus 1.2 zijn opgenomen.
b Is er een hoofdzaak en een bestanddeel aan te wijzen in casus 1.2?

2

Absolute rechten en relatieve rechten

Openingscasus

Een echte jurist

Na jarenlang als senior jurist bij een rechtsbijstandverzekeraar te hebben gewerkt, is de dag aangebroken dat Clifton met pensioen gaat. Gedurende het laatste jaar van zijn dienstverband heeft hij al een aantal zaken in werking gezet. Clifton wil zijn eengezinswoning in Utrecht verkopen en daarvoor in de plaats een vrijstaande bungalow in Noordwijk aan Zee aanschaffen. De bungalow heeft hij al gauw gevonden, maar voor zijn woning in Utrecht heeft zich nog geen geschikte koper gemeld.
Clifton besluit daarom de woning voor de periode van een jaar te verhuren aan zijn neef. Aan de achterzijde van de woning is een appartement gesitueerd, dat via een aparte ingang te bereiken is. Dit appartement is sinds 2008 verhuurd aan José. Om hem financieel tegemoet te komen, zegt Clifton tegen zijn neef dat hij de maandelijkse huuropbrengst van het appartement, gedurende het jaar dat hij de woning huurt, van José mag innen en houden.

Bij de nieuwe bungalow van Clifton in Noordwijk hoort een groot stuk grond, vanwaar hij direct het strand op kan lopen. Voor de bewoners van het naburige erf is het strand echter alleen bereikbaar via de grond van Clifton. Daarom hebben de vorige bewoners en de buren met elkaar afgesproken dat de buren via het erf dat bij de bungalow hoort naar het strand mogen lopen. Als tegenprestatie mag de eigenaar van de bungalow de appels van twee bomen die op het naburige erf staan plukken en houden.

Nadat Clifton een aantal maanden van zijn welverdiende rust heeft genoten, wordt hij op een avond opgeschrikt door luide muziek. Het lawaai houdt de

hele avond aan en Clifton heeft er veel last van. De daaropvolgende avonden gebeurt hetzelfde. Na enig onderzoek blijkt dat aan de andere kant van zijn erf de tuin van een zomerhuisje grenst. In deze tuin zit een groepje jongeren naar keiharde muziek te luisteren. Clifton gaat erop af en spreekt de jongeren aan op hun gedrag. Die zijn echter niet onder de indruk en schreeuwen naar Clifton dat ze in hun eigen tuin mogen doen wat ze willen, omdat het immers hun eigendom is. Verontrust gaat Clifton terug naar binnen. Is dit nu de welverdiende rust waarop hij zo had gehoopt?
De volgende avond is het weer raak. Dit keer besluit Clifton het anders aan te pakken. Hij gaat opnieuw naar de jongeren toe en neemt het burgerlijk wetboek mee. Voor de verandering zijn de jongeren bereid naar hem te luisteren en als Clifton, zwaaiend met zijn wetboek, aangeeft dat zij in strijd met de wet handelen door geluidsoverlast te veroorzaken, houden ze zich gedeisd.

De dag erna staat een van de jongeren bij Clifton op de stoep. Hij vertelt dat zijn ouders eigenaar zijn van het vakantiehuisje en komt Clifton zijn verontschuldigingen aanbieden voor de overlast die hij en zijn vrienden hebben veroorzaakt. Hij raakt met Clifton aan de praat en vertelt hem dat hij na de zomervakantie hbo-rechten gaat studeren. 'Toen u met het wetboek zwaaide en ons vertelde dat we in strijd met de wet handelden, zag ik plotseling dat we helemaal verkeerd bezig waren. Bent u echt jurist?'

In het vermogensrecht spelen zowel absolute als relatieve rechten een rol. In het kader van het goederenrecht houden we ons met name bezig met de absolute rechten, aangezien deze rechten voor het goederenrecht het belangrijkst zijn.

In paragraaf 2.1 maken we kennis met absolute en relatieve rechten. De kenmerken van absolute rechten worden in paragraaf 2.2 verder uitgewerkt. Paragraaf 2.3 gaat in op het onderscheid tussen volledige en beperkte rechten. De volledige rechten worden verder besproken in paragraaf 2.4. Ten slotte komen in paragraaf 2.5 de beperkte rechten aan bod.

2.1 Inleiding absolute en relatieve rechten

In het goederenrecht hebben we vrijwel uitsluitend te maken met absolute rechten. Om de strekking van deze rechten te kunnen begrijpen, is het ook van belang te weten wat relatieve rechten zijn.

Absolute rechten

Absolute rechten zijn rechten die een persoon op een goed kan hebben. Het kan dus zowel een recht op een zaak als een recht op een vermogensrecht zijn. Een absoluut recht geldt ten opzichte van iedereen. Het geeft de rechthebbende de bevoegdheid om een bepaalde heerschappij over het betreffende goed uit te oefenen. Met andere woorden: de rechthebbende kan bepalen wat hij met het goed doet.

Clifton uit de openingscasus is eigenaar van de woning in Utrecht. Hij heeft dus het eigendomsrecht op deze woning, met ander woorden: hij is de rechthebbende. Het eigendomsrecht is een absoluut recht. Het geeft Clifton (de rechthebbende) de bevoegdheid een bepaalde heerschappij over de woning uit te oefenen. Clifton kan de woning bijvoorbeeld verkopen. Hij kan er echter ook voor kiezen om de woning te verhuren. In beide gevallen is het Clifton die bepaalt wat er met de woning gebeurt, daar hij hierop een absoluut recht heeft. Naast het eigendomsrecht bestaan er nog andere absolute rechten; deze komen in de volgende paragraaf aan bod.

Relatieve rechten

Relatieve rechten worden ook wel persoonlijke rechten genoemd. Het zijn rechten die slechts tegenover een bepaalde persoon werken; relatieve rechten gelden dus niet ten opzichte van eenieder. Ter verduidelijking volgt hierna een voorbeeld waarin een relatief recht een rol speelt (voorbeeld 2.1).

Voorbeeld 2.1

Pamela heeft een enorme verzameling dvd's. Regelmatig leent ze één of meer dvd's uit aan vrienden; deze krijgt ze dan na een paar dagen weer terug. Omdat Pamela niet uit het oog wil verliezen wie welke dvd van haar heeft geleend, hanteert ze als regel dat degene die de dvd leent deze ook weer persoonlijk aan haar teruggeeft.

Er ontstaat telkens een relatief recht tussen Pamela en degene die één of meer dvd's van haar leent. Pamela heeft namelijk elke keer recht op teruggave van de dvd door degene aan wie zij deze heeft uitgeleend. Dit is een relatief recht, aangezien het een recht is dat slechts werkt tegenover één persoon.

2.2 Kenmerken absolute rechten

Alle absolute rechten die een rechthebbende op een goed kan hebben zijn in de wet opgenomen. In deze paragraaf bekijken we wat de kenmerken van absolute rechten zijn en waar dit juridisch gezien toe leidt. In de paragrafen 2.4 en 2.5 worden de absolute rechten verder inhoudelijk besproken.

Er zijn in totaal acht absolute rechten, die staan beschreven in boek 3 en in boek 5 van het Burgerlijk Wetboek. Het betreft de volgende rechten:

Boek 3 BW:
1 vruchtgebruik (art. 3:201 BW)
2 pand (art. 3:227 BW)
3 hypotheek (art. 3:227 BW)

Boek 5 BW:
4 eigendom (art. 5:1 BW)
5 erfdienstbaarheid (art. 5:70 BW)
6 erfpacht (art. 5:85 BW)
7 opstal (art. 5:101 BW)
8 appartement (art. 5:106 BW)

Waarom is het van belang te weten of een bepaald recht een absoluut recht is? Wanneer iemand een absoluut recht heeft op een goed, dan wil dat zeggen dat hij dat recht jegens eenieder kan uitoefenen; een ander mag geen inbreuk maken op een absoluut recht dat de rechthebbende op een goed heeft.

Behalve dat absolute rechten jegens eenieder werken, zijn er nog andere rechtsgevolgen verbonden aan deze rechten:
- zaaksgevolg – *droit de suite*;
- prioriteitsbeginsel – *droit de priorité*;
- bevoorrechte positie – *droit de préference*.

Zaaksgevolg – *droit de suite*

Zaaksgevolg

Absolute rechten hebben zaaksgevolg. In het Nederlandse rechtssysteem wordt dit beginsel ook wel met de Franse term *droit de suite* aangeduid (droit = recht; suite = gevolg). Zaaksgevolg houdt in dat het absolute recht op een goed blijft bestaan, ook al bevindt dat goed zich niet meer in de macht van de rechthebbende. Het absolute recht volgt dus het goed waarop het rust.

> **Voorbeeld 2.2**
> Lydia heeft voor haar verjaardag een nieuwe fiets gekregen. Een week later wordt de fiets gestolen en door de dief uitgeleend aan een derde.
> Lydia is eigenaar van de fiets op het moment dat deze wordt gestolen. Zij heeft dus een absoluut recht op deze fiets. Daarom is er sprake van zaaksgevolg. Dit houdt in dat het eigendomsrecht van Lydia op de fiets niet verloren gaat wanneer de fiets wordt gestolen. Ook al bevindt de fiets zich niet meer in de macht van Lydia (de rechthebbende), toch blijft zij eigenaar. Het feit dat de dief de fiets vervolgens uitleent brengt hierin geen verschil; Lydia blijft eigenaar.

Prioriteitsbeginsel – *droit de priorité*

Prioriteitsbeginsel

Voorts is op absolute rechten het prioriteitsbeginsel van toepassing. Dit beginsel wordt ook wel het *droit de priorité* genoemd (droit = recht; priorité = prioriteit, voorrang). Ingeval er meer dan één absoluut recht op een goed rust, dan gaat het eerder gevestigde absolute recht vóór een later gevestigd absoluut recht.

Stel dat Clifton uit de openingscasus op 1 juni overgaat tot aanschaf van de bungalow en op dat moment het eigendomsrecht hierop verkrijgt.
Zou de verkoper van de bungalow deze op 2 juni nogmaals verkopen aan een derde, dan zou er in beginsel een tweede eigendomsrecht op de bungalow ontstaan. Uit hoofde van het prioriteitsbeginsel gaat het eigendomsrecht van Clifton vóór, aangezien dit eerder is gevestigd dan het eigendomsrecht van de derde.

Bevoorrechte positie – *droit de préference*

Daarnaast neemt de rechthebbende van een absoluut recht op een goed een bevoorrechte positie in bij een faillissement van een ander. Dit principe wordt ook wel aangeduid als het *droit de préference* (droit = recht; préference = voorkeur). Wanneer een persoon of een bedrijf failliet gaat, dan vallen in beginsel al zijn of haar goederen in het faillissement. Bevinden zich op dat moment goederen onder de failliet waar een derde een absoluut recht op heeft, dan vallen die goederen niet onder het faillissement. De goederen kunnen door de rechthebbende buiten het faillissement worden gehouden (voorbeeld 2.3).

Voorbeeld 2.3
Christine heeft haar computer voor reparatie naar de PC-Chirurg gebracht. Terwijl de computer bij de PC-Chirurg staat, gaat dit bedrijf failliet. Dit heeft tot gevolg dat alle eigendommen van het bedrijf verkocht zullen worden, zodat met de opbrengst daarvan (een deel van) de schulden betaald kunnen worden.
Betekent dit nu dat Christine haar computer kwijt is? Nee, vanwege de bevoorrechte positie die Christine (de rechthebbende) inneemt, kan zij haar computer buiten het faillissement houden en weer terugkrijgen.

Tussenvraag 2.1
Welke acht absolute rechten kent het Burgerlijk Wetboek? Verwerk de relevante wetsartikelen in het antwoord.

Tussenvraag 2.2
Geef aan in welke van de volgende situaties sprake is van een absoluut of van een relatief recht.

a Peter leent een geldbedrag van €50 van Yassin. Ze spreken af dat het bedrag aan het eind van de maand wordt terugbetaald. Hierdoor verkrijgt Yassin een vordering van €50 op Peter. Dit betekent dat er tussen Yassin en Peter een verbintenis is ontstaan. Yassin kan het geldbedrag aan het eind van de maand van Peter terugvorderen; hij kan het niet van een ander terugvorderen.

b David koopt een tweedehands fiets van Kim. Kim garandeert dat de fiets haar eigendom is op het moment dat de fiets wordt gekocht. David wordt dan ook eigenaar van de fiets.

2.3 Onderscheid volledige en beperkte rechten

In deze paragraaf staan de volledige en de beperkte rechten centraal. In het goederenrecht wordt behalve het onderscheid tussen absolute en relatieve rechten een onderscheid gemaakt tussen volledige en beperkte rechten. Let op: zowel volledige als beperkte rechten zijn absolute rechten.
Schematisch ziet het eruit als in figuur 2.1.

Volledig recht

Het eigendomsrecht is het enige absolute recht dat kan worden aangemerkt als een volledig recht. De overige absolute rechten zijn alle beperkte rechten. Het eigendomsrecht is het meest omvattende recht dat een persoon op een zaak kan hebben (art. 5:1 BW). De rechthebbende van een volledig recht kan

Figuur 2.1 **Volledige en beperkte rechten**

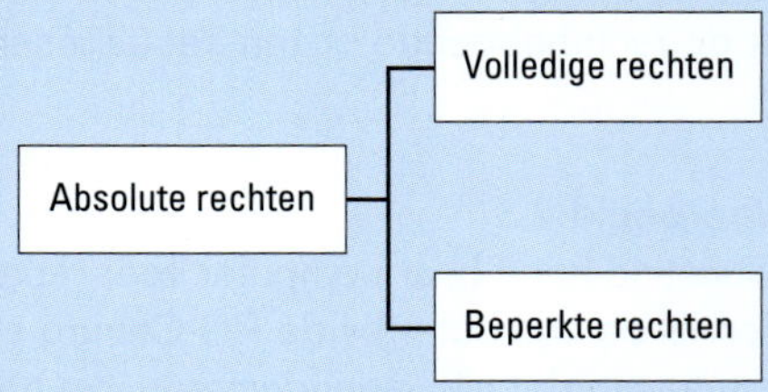

– binnen de grenzen van de wet – alles doen met het goed waar het volledige recht op rust.
Vertaald naar de praktijk komt dit op het volgende neer: een eigenaar (rechthebbende van een volledig recht) mag in beginsel alles doen met zijn eigendom (goed waarop het volledige recht rust).
De eigenaar mag zijn eigendom dus zelf gebruiken, maar hij mag het bijvoorbeeld ook verkopen of belasten (ook wel bezwaren genoemd) met een beperkt recht.

Volgens art. 3:8 BW is een beperkt recht:

> 'een recht dat is afgeleid uit een meer omvattend recht, hetwelk met het beperkte recht is bezwaard'.

Beperkt recht

Een beperkt recht is dus een minder vergaand recht dan een volledig recht. Het meer omvattende recht waaruit het beperkte recht is afgeleid is een volledig recht, te weten het eigendomsrecht. Het eigendomsrecht wordt ook wel het moederrecht genoemd, waarvan de beperkte rechten zijn afgesplitst.

Het schema in figuur 2.1 kan worden aangevuld als in figuur 2.2.

Figuur 2.2 **Volledige en beperkte rechten**

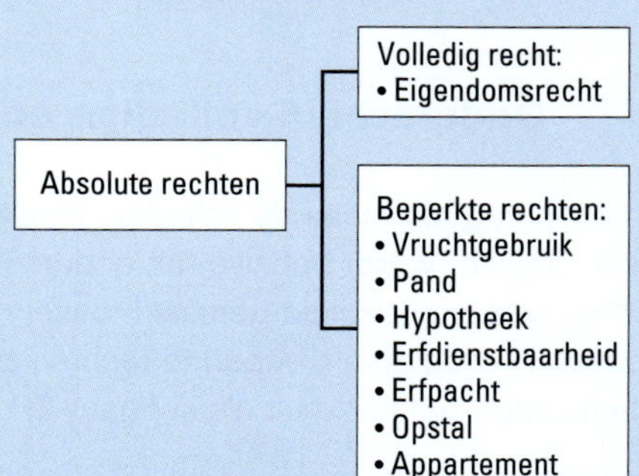

2.4 Volledige rechten - eigendom

Nu we weten dat het eigendomsrecht een volledig en het meest omvattende recht is dat een persoon op een zaak kan hebben, is het tijd om dit recht nader te bekijken. In deze paragraaf maken we nader kennis met het begrip eigendom; in hoofdstuk 3 staat het eigendomsrecht centraal en wordt het uitgebreider behandeld.
We zagen al dat de eigenaar van een goed zijn eigendom op elke mogelijke wijze mag gebruiken, zolang dit binnen de grenzen van de wet en de opvattingen van het maatschappelijk verkeer blijft; hij mag dus niet alles met zijn eigendom doen.

Clifton uit de openingscasus is eigenaar van een woning in Utrecht. Als hij dat wil, mag hij deze woning verkopen. Clifton mag de woning ook zelf bewonen of verhuren of zelfs weggeven.
Betekent dit dat Clifton alles met de woning mag doen? Het antwoord op deze vraag luidt: nee. Hij mag bijvoorbeeld geen overlast voor anderen veroorzaken, zoals de zoon van de buren in Noordwijk dat deed door harde muziek te draaien.
Concluderend: een eigenaar mag met zijn eigendom geen hinder veroorzaken of de wet op andere wijze overtreden.

Kraken is geen probleem maar een oplossing

Is kraken een schending van het eigendomsrecht?
Nee. Hoewel krakers inbreuk maken op het vrije beschikkingsrecht van een eigenaar door zich in diens pand te vestigen, blijft het eigendom onaangetast omdat de eigenaar nog steeds eigenaar van het pand is. Krakers verwerven huisvrede in hun gekraakte woning. Dat betekent dat een eigenaar niet zomaar de woning mag binnendringen of de krakers eigenhandig het huis uit mag zetten. Het huisrecht van krakers is niet anders dan dat van huurders.

Is kraken verboden?
Nee, het wonen in een kraakpand is niet strafbaar en niet verboden. Bij de totstandkoming van de huidige Leegstandswet is nadrukkelijk het kraken van lege panden niet strafbaar gesteld zolang er geen oplossing is voor leegstand en woningnood. Kraken moest mogelijk blijven. De bedoeling hiervan was om op deze manier leegstand te beperken. Als een eigenaar geen gebruikmaakt van zijn panden, loopt hij het risico dat deze gekraakt worden. Een eigenaar die op een verantwoorde wijze met zijn panden omgaat, loopt dit risico niet.

Kunnen alle panden gekraakt worden?
Nee, om een pand te kunnen kraken moet men er huisvrede kunnen hebben. Het moet dus 'voldoende besloten' (vaste muren, afsluitbare deur) zijn, en men moet er wonen. Ook moet het pand twaalf maanden voorafgaande aan de kraak niet actief in gebruik zijn geweest.
Woningen van particuliere eigenaren of corporaties, maar ook fabrieken, kantoren, scholen, loodsen, woonboten etc. kunnen gekraakt worden.

Kunnen huiseigenaren niets doen als hun panden gekraakt zijn?
Jawel, een eigenaar heeft veel mogelijkheden om de beschikking over zijn bezit terug te krijgen. Een eigenaar kan een regeling treffen met de bewoners van zijn pand. Veel kraakpanden worden na korte of lange tijd gelegaliseerd. De bewoners krijgen een huurcontract of kopen het pand dat zij gekraakt hebben. Veel krakers verlaten vrijwillig hun pand zodra de eigenaar redelijkerwijs kan aantonen dat hij het pand weer in gebruik gaat nemen of er een nieuwe bestemming voor heeft gevonden.
Komen krakers en eigenaar er samen niet uit,

dan kan een eigenaar zijn bewoners dagvaarden en de rechter om ontruiming vragen. De krakers moeten het pand verlaten als een eigenaar kan aantonen dat hij nieuwe plannen heeft en dat daarbij geen ruimte is voor de krakers. Een eigenaar kan via een kort geding binnen een à twee weken een ontruimingsbevel van de rechtbank krijgen.

Bron: www.krakengaatdoor.nl

Tussenvraag 2.3

Nadine is eigenaar van een antiek zwaard. Welke van de volgende handelingen mag zij met het zwaard verrichten?

a Nadine hangt het zwaard thuis aan de muur als siervoorwerp.
b Nadine geeft het zwaard in bruikleen aan een museum.
c Nadine pakt het zwaard in een woedeaanval en verwondt hiermee haar buurman.
d Nadine verkoopt het zwaard op een antiekbeurs.
e Nadine geeft het zwaard aan een zwaar depressieve vriendin om zelfmoord mee te plegen.

Tussenvraag 2.4

Robert is eigenaar van een racemotor. Gewoonlijk rijdt hij hiermee alleen op een raceparcours. In de nacht van zaterdag op zondag besluit Robert echter met de motor de snelweg op te gaan en daar eens flink te gaan racen. Op het moment dat hij een snelheid van 200 km per uur bereikt, wordt hij door een politieauto aan de kant gezet. Wanneer Robert wordt voorgehouden dat hij geen 200 km per uur op zijn motor mag rijden, zegt hij: 'Die motor is van mij, ik mag er dus mee doen wat ik wil!'

Heeft Robert gelijk?

2.5 Beperkte rechten

We zagen al dat alle absolute rechten, met uitzondering van het eigendomsrecht, beperkte rechten zijn. Deze rechten zijn van het eigendomsrecht afgeleid en minder omvattend dan het eigendomsrecht. In deze paragraaf komen de volgende rechten achtereenvolgens aan bod: het recht van vruchtgebruik, het recht van pand, het hypotheekrecht, het recht van erfdienstbaarheid, het recht van erfpacht, het recht van opstal en ten slotte het appartementsrecht.

2.5.1 Vruchtgebruik

Het recht van vruchtgebruik is opgenomen in titel 8 van boek 3 BW. In deze subparagraaf worden de belangrijkste artikelen uit deze titel besproken.

Vruchtgebruik

Art. 3:201 BW omschrijft vruchtgebruik als:

> 'het recht om goederen die aan een ander toebehoren, te gebruiken en daarvan de vruchten te genieten'.

Vruchtgebruiker

Dat wil zeggen dat de vruchtgebruiker het recht heeft om een goed van een ander te gebruiken of de vruchten van een goed in eigendom te verkrijgen. Degene die het recht van vruchtgebruik heeft op een woning, mag in deze woning wonen. In dit geval betekent vruchtgebruik het recht om een goed van een ander te gebruiken. De vruchtgebruiker gebruikt het goed zoals de eigenaar dit zou gebruiken en het lijkt alsof de vruchtgebruiker eigenaar is geworden. Dit is echter geenszins het geval. Een vruchtgebruiker heeft slechts een beperkt recht, terwijl een eigenaar een volledig recht heeft.
Vruchtgebruik is niet hetzelfde als bruikleen (art. 7A:1777 BW). Bruikleen is een relatief recht en geldt dus niet ten opzichte van eenieder, zoals vruchtgebruik.

Wanneer het gaat om het genieten van de vruchten, dienen we het onderscheid tussen natuurlijke en burgerlijke vruchten (art. 3:9 BW) in ogenschouw te nemen, zoals besproken in paragraaf 1.5 van hoofdstuk 1.
Stel dat een vruchtgebruiker een recht heeft op een appelboomgaard, dan wordt hij eigenaar van alle vruchten die van de bomen worden afgescheiden. Dit betreft natuurlijke vruchten.
Een vruchtgebruiker met een recht op een spaarrekening, wordt eigenaar van de vrijkomende rente. Hier gaat het om burgerlijke vruchten.

In de openingscasus zagen we dat de neef van Clifton de huuropbrengst van het appartement bij de woning in Utrecht mag houden. Clifton en zijn neef kunnen een recht van vruchtgebruik op het appartement vestigen, ten behoeve van de neef. De huuropbrengst van het appartement wordt aangemerkt als de vrucht ervan. Als vruchtgebruiker wordt de neef van Clifton eigenaar van de huuropbrengst. Dit is een voorbeeld van burgerlijke vruchten.
Er is nog een voorbeeld van vruchtgebruik opgenomen in de openingscasus: Clifton en zijn nieuwe buren in Noordwijk hebben afgesproken dat Clifton de appels van de twee bomen van de buren mag hebben. Deze afspraak kan eveneens gegoten worden in een recht van vruchtgebruik. Clifton verkrijgt dan een recht van vruchtgebruik op de appelbomen. Het betreft natuurlijke vruchten.

Vestigen

Verjaring

Art. 3:202 BW bepaalt dat vruchtgebruik wordt gevestigd of ontstaat door verjaring. Vestigen wil zeggen: doen rusten op. Wanneer een recht van vruchtgebruik is gevestigd op bijvoorbeeld een woning, dan komt dat recht te rusten op de woning. Verjaring wordt geregeld in art. 3:99 e.v. BW. Het houdt in dat een bezitter te goeder trouw een recht op roerende zaken, niet-registergoederen, kan verkrijgen door een onafgebroken bezit van drie jaar. Betreft het andere goederen dan dient de bezitter deze tien jaar onafgebroken in zijn bezit te hebben. Ter verduidelijking volgt voorbeeld 2.4.

Voorbeeld 2.4

Een tuinder en zijn buurman vestigen ten behoeve van de buurman een recht van vruchtgebruik op een rij van tien appelbomen die langs de erfafscheiding staan. De buurman heeft recht op de appels van deze tien bomen. Hij maakt gedurende een periode van vijftien jaar gebruik van dit recht. Op zekere dag wordt de buurman echter aangesproken door een an-

dere tuinder. Deze deelt hem mede dat de betreffende bomen al twintig jaar van hem zijn en dat hij de vruchten er zelf van wil plukken.
Wie heeft er recht op de appels?

In beginsel heeft de tweede tuinder, als eigenaar van de bomen, zelf recht op de appels. Het recht van vruchtgebruik op de bomen bestaat echter al meer dan tien jaar onafgebroken. De buurman wist niet dat de eerste tuinder geen eigenaar was van de bomen en kon dit ook niet weten; hij was te goeder trouw. In deze situatie is er een recht van vruchtgebruik door verjaring ontstaan.

Duur vruchtgebruik
Natuurlijk persoon
Rechtspersoon

De duur van het vruchtgebruik wordt door partijen zelf bepaald. Wanneer de vruchtgebruiker echter een natuurlijk persoon – een mens van vlees en bloed – is, beperkt de wet (art. 3:203 BW) de duur van het vruchtgebruik tot de duur van zijn leven. Komt deze persoon te overlijden, dan wordt het recht van vruchtgebruik van rechtswege beëindigd (dit gebeurt automatisch, uit hoofde van de wet). Wanneer de vruchtgebruiker een rechtspersoon is, zoals een bedrijf, stichting of vereniging, dan kan het recht van vruchtgebruik voor maximaal dertig jaar worden gevestigd. Op het moment dat de rechtspersoon ophoudt te bestaan, vervalt daarmee het recht van vruchtgebruik.

Tussenvraag 2.5
Harry verkrijgt een recht van vruchtgebruik op een hond, genaamd Sandy, die toebehoort aan een goede vriend. Waar heeft Harry recht op?

2.5.2 Pand

Pandrecht

Het recht van pand wordt uitgebreid behandeld in hoofdstuk 7 van dit boek. Toch maken we in deze subparagraaf al kort kennis met dit beperkte recht. Art. 3:227 lid 1 BW omschrijft het pandrecht als:

> 'een beperkt recht, strekkende om op de daaraan onderworpen goederen een vordering tot voldoening van een geldsom bij voorrang boven andere schuldeisers te verhalen. Het recht is op een niet-registergoed gevestigd.'

Schuldeiser
Schuldenaar
Pandhouder
Pandgever

Het artikel gaat uit van de volgende situatie:
- Iemand leent een geldbedrag uit aan een ander. Degene die het geld uitleent wordt ook wel schuldeiser genoemd; degene die het geld moet terugbetalen is de schuldenaar. Men zegt in dit geval dat de schuldeiser een geldvordering heeft op de schuldenaar.
- Om er zeker van te zijn dat de schuldeiser zijn geld terugkrijgt, wordt een recht van pand gevestigd op een niet-registergoed. Het betreffende niet-registergoed is het verpande goed.
- Komt de schuldenaar zijn betalingsverplichting onverhoopt niet na, dan kan de schuldeiser het verpande goed verkopen. Met de opbrengst daarvan wordt de vordering voldaan. De schuldeiser wordt ook wel pandhouder genoemd en de eigenaar van het verpande goed pandgever.

- In het geval dat er nog andere schuldeisers zijn, kan de pandhouder het goed met voorrang verkopen.

Ter verduidelijking voorbeeld 2.5.

> **Voorbeeld 2.5**
> Vanessa leent een bedrag van €100 aan Diana. Hierdoor ontstaat er een vordering van Vanessa op Diana; Vanessa is schuldeiser en Diana is schuldenaar. Ze spreken af dat de vordering in twee termijnen van €50 wordt voldaan.
> Om er zeker van te zijn dat Diana het geld terugbetaalt, wordt er een pandrecht gevestigd op de mobiele telefoon van Diana. Ingeval zij het geld niet terugbetaalt, kan Vanessa de telefoon verkopen en op die manier de vordering voldaan krijgen.

Het voorgaande is in figuur 2.3 schematisch weergegeven.

Figuur 2.3 **Recht van pand**

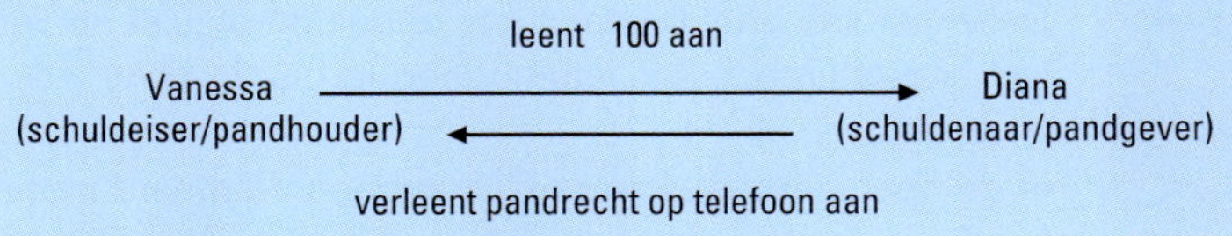

2.5.3 Hypotheek

Het recht van hypotheek wordt in hoofdstuk 8 uitgebreid behandeld. In deze subparagraaf wordt dan ook volstaan met een korte uitleg. Het recht van pand en dat van hypotheek lijken sterk op elkaar. In art. 3:227 lid 1 BW wordt het hypotheekrecht omschreven als:

> 'een beperkt recht, strekkende om op de daaraan onderworpen goederen een vordering tot voldoening van een geldsom bij voorrang boven andere schuldeisers te verhalen. Is het recht op een registergoed gevestigd, dan is het een recht van hypotheek'.

Hypotheekrecht

Het verschil tussen pand en hypotheek is dat een pandrecht op een niet-registergoed wordt gevestigd, terwijl een hypotheekrecht op een registergoed wordt gevestigd. Het hypotheekrecht is, net als het pandrecht, een beperkt recht dat zekerheid biedt aan een schuldeiser. Door een recht van hypotheek te vestigen kan de schuldeiser er zeker van zijn dat hij het geld dat hij heeft uitgeleend terugontvangt.

Hypotheekhouder

Hypotheekgever

Wanneer de schuldenaar het geld niet terugbetaalt, kan de schuldeiser het goed waarop het hypotheekrecht rust verkopen. De schuldeiser wordt ook wel aangeduid als hypotheekhouder. Met de opbrengst van de verkoop wordt de vordering voldaan. Zijn er nog andere schuldeisers dan mag de hypotheekhouder het registergoed met voorrang verkopen. De eigenaar van het goed waarop het hypotheekrecht rust noemen we de hypotheekgever.

Het recht van hypotheek speelt een belangrijke rol bij de financiering van een eigen woning. De schuldeiser is in zo'n geval vrijwel altijd een bank of een verzekeringsmaatschappij.
Figuur 2.4 laat zien hoe het hypotheekrecht in elkaar zit.

Figuur 2.4 **Recht van Hypotheek**

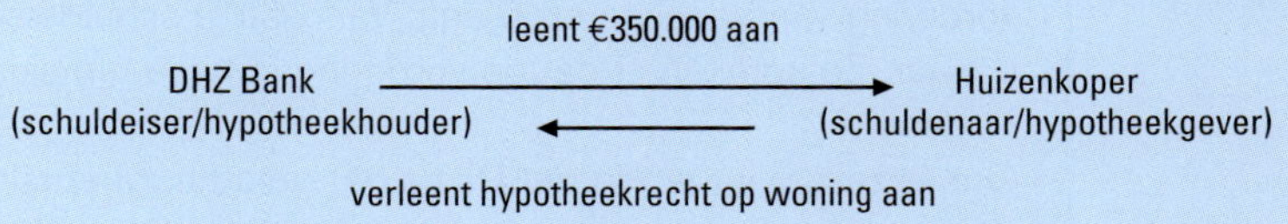

2.5.4 Erfdienstbaarheid

Erfdienstbaarheid
Dienend erf
Heersend erf

Het recht van erfdienstbaarheid is geregeld in titel 6 van boek 5 BW. Het is een last waarmee een onroerende zaak – het dienende erf – is bezwaard ten behoeve van een andere onroerende zaak – het heersende erf (art. 5:70 BW). Deze last kan eruit bestaan iets te dulden of juist om iets niet te doen; de last kan er niet uit bestaan iets te doen (art. 5:71 BW).

Recht van overpad

In de openingscasus werd Clifton geconfronteerd met een recht van erfdienstbaarheid op de grond van zijn nieuwe bungalow. Zijn buren en de vorige eigenaar van de woning hadden de afspraak gemaakt dat de buren via de tuin van de bungalow naar het strand mogen lopen. Dit is een erfdienstbaarheid, want een onroerende zaak (de tuin van Clifton) is bezwaard ten behoeve van een andere onroerende zaak (het erf van de buren). De last bestaat eruit dat Clifton moet dulden dat de buren door zijn tuin naar het strand lopen. Dit wordt ook wel een recht van overpad of een recht van weg genoemd. In dit voorbeeld is de tuin van Clifton het dienende erf en de tuin van de buren het heersende erf. We zien ook meteen het belang van de kwalificatie absoluut recht. Door de verkoop van de bungalow en de bijbehorende grond aan Clifton, is het recht van erfdienstbaarheid niet beëindigd. Dat rust namelijk op de onroerende zaak, te weten de tuin van Clifton.
Een recht van erfdienstbaarheid werkt tegenover eenieder en is verbonden aan twee onroerende zaken. Wanneer één of beide zaken een nieuwe eigenaar krijgen, dan blijft de erfdienstbaarheid dus bestaan.

Art. 5:72 BW bepaalt dat erfdienstbaarheden ontstaan door vestiging of verjaring.
De vestiging van een erfdienstbaarheid vindt plaats door middel van een notariële akte. Dit is een schriftelijk en ondertekend stuk, opgesteld door een notaris, dat tot bewijs kan dienen. Hierin dienen de afspraken tussen het heersende en het dienende erf nauwkeurig te worden omschreven. Verder kan er in de akte iets worden opgenomen over een financiële vergoeding die de eigenaar van het heersende erf aan de eigenaar van het dienende erf moet betalen.
Een veelvoorkomende wijze van ontstaan van erfdienstbaarheid is verjaring. Daarvoor moet voldaan worden aan de vereisten die we eerder zagen in art.

3:99 BW. Het recht van erfdienstbaarheid dient voor een periode van tien jaar onafgebroken in het bezit te zijn van de verkrijger. Daarnaast moet de verkrijger te goeder trouw zijn.

Voorbeeld 2.6

Raoul parkeert al jaren zijn auto op een stuk grond dat grenst aan zijn tuin en dat toebehoort aan een opslagbedrijf. Het opslagbedrijf heeft hiertegen geen bezwaar en laat Raoul rustig zijn gang gaan. Na twaalf jaar gaat het opslagbedrijf failliet en wordt de grond verkocht aan een garagebedrijf.
Na tien jaar is er door verjaring een recht van erfdienstbaarheid ontstaan; de tuin van Raoul is het heersende erf en de grond van het opslagbedrijf dat eraan grenst is het dienende erf. Op het moment dat het garagebedrijf de grond koopt, is dit belast met de erfdienstbaarheid. Erfdienstbaarheid is immers een absoluut recht, dat rust op een zaak. Raoul mag zijn auto dus nog steeds op de naast zijn tuin gelegen grond parkeren. Wanneer Raoul zijn woning en de daarbij behorende tuin verkoopt, dan mag de nieuwe eigenaar eveneens zijn auto op die grond parkeren. De erfdienstbaarheid is immers verbonden aan de tuin, zodat de nieuwe eigenaar van die tuin dezelfde rechten heeft als Raoul.

Beëindiging erfdienstbaarheid

Betekent dit nu dat een recht van erfdienstbaarheid nooit eindigt? Het antwoord op deze vraag luidt: nee. In art. 5:78 BW is de mogelijkheid opgenomen om een dienstbaarheid door de rechter te laten wijzigen of op te heffen. Dit kan in de volgende situaties:

- onvoorziene omstandigheden waardoor het jegens de eigenaar van het dienende erf in strijd met de redelijkheid en billijkheid zou zijn om de erfdienstbaarheid in stand te laten;
- strijd met het algemeen belang bij een erfdienstbaarheid die reeds twintig jaar of langer bestaat.

Redelijk en billijk

Volgens art. 3:12 BW moet bij de vaststelling van wat redelijk en billijk is, gekeken worden naar de in Nederland levende rechtsovertuigingen en de maatschappelijke en persoonlijke belangen.
Art. 5:79 BW bepaalt dat een recht van erfdienstbaarheid op vordering van de eigenaar van het dienende erf door de rechter kan worden opgeheven. De rechter zal tot opheffing overgaan, wanneer uitoefening van het recht onmogelijk is geworden of wanneer de eigenaar van het heersende erf er geen belang meer bij heeft.
In art. 5:80 BW is opgenomen dat een recht van erfdienstbaarheid op vordering van de eigenaar van het heersende erf door de rechter kan worden gewijzigd. Voorwaarden hiervoor zijn: gewijzigde omstandigheden en een afgenomen belang van de eigenaar van het dienende erf.
Op grond van art. 5:82 BW kan de eigenaar van het heersende erf afstand doen van het recht van erfdienstbaarheid. De eigenaar van het dienende erf is verplicht hieraan mee te werken.

Tussenvraag 2.6
Stel dat de buren van Clifton hun woning zouden verkopen. Eindigt daarmee dan het recht van erfdienstbaarheid?

2.5.5 Erfpacht

Art. 5:85 lid 1 BW omschrijft het recht van erfpacht als een zakelijk recht dat de erfpachter de bevoegdheid geeft de onroerende zaak van een ander te houden en te gebruiken.

Erfpacht

Bij erfpacht verkrijgt de pachter de bevoegdheid om een onroerende zaak (meestal een stuk grond) van een ander te gebruiken. Erfpacht komt tegenwoordig in Nederland veel voor. Gemeenten verkopen namelijk hun (bouw)-grond niet meer, maar verlenen er een recht van erfpacht op. Dit heeft tot gevolg dat de gemeente eigenaar blijft van de grond en zo invloed kan uitoefenen op de bestemming ervan. De erfpachter krijgt de grond niet in eigendom, maar hij mag deze slechts gebruiken. De erfpachter heeft hetzelfde genot van de zaak als een eigenaar (art. 5:89 lid 1 BW), maar hij mag de bestemming van de onroerende zaak niet zonder toestemming van de eigenaar veranderen (art. 5:89 lid 2 BW).

Erfpachter

Canon

Volgens art. 5:85 lid 2 BW kan in de akte van vestiging worden opgenomen dat de erfpachter een bepaald geldbedrag – de canon genoemd – dient te betalen aan de eigenaar. Voorts kan in de akte van vestiging de duur van de erfpacht worden geregeld (art. 5:86 BW).
Aangezien een erfpachter de grond in veel gevallen zal willen gebruiken om er een woning of een ander gebouw op te zetten, heeft hij er belang bij dat zijn recht van erfpacht niet zomaar kan worden beëindigd. Art. 5:97 BW bepaalt dat erfpacht op vordering van de eigenaar of van de erfpachter door de rechter kan worden beëindigd. Voorwaarden zijn:

- sinds de vestiging van de erfpacht is een termijn van minimaal 25 jaar verlopen; en
- instandhouding van de erfpacht is in strijd met de redelijkheid en de billijkheid.

Wanneer een erfpachter op het gepachte stuk grond gebouwen, werken of beplantingen heeft aangebracht, heeft hij aan het einde van de erfpachtperiode recht op vergoeding van de waarde hiervan. In de akte van vestiging kan hierop echter een uitzondering worden gemaakt in de volgende gevallen:

- de grond had een andere bestemming dan woningbouw;
- de erfpachter heeft de gebouwen, werken of beplantingen niet zelf bekostigd;
- de erfpacht is geëindigd door opzegging van de erfpachter;
- de gebouwen, werken of beplantingen zijn onverplicht aangebracht en de erfpachter mocht ze aan het einde van de erfpachtperiode wegnemen (art. 5:99 BW).

Clifton uit de openingscasus is eigenaar van een woning in Utrecht. Hij is echter niet de eigenaar van de grond waarop deze woning staat. De gemeente Utrecht heeft de grond in eigendom en er is ten behoeve van Clifton een recht van erfpacht op gevestigd. Elke zes maanden betaalt Clifton hiervoor een vergoeding, de erfpachtcanon.

Erfpachtcanon

Stel dat Clifton zijn woning zou willen afbreken en op die plaats een park wil aanleggen. Dit mag niet zonder toestemming van de gemeente Utrecht, aangezien die nog altijd eigenaar is van de grond. De erfpachter mag de bestemming van de grond niet veranderen zonder toestemming van de eigenaar.

Tussenvraag 2.7

Wat is de belangrijkste reden voor een eigenaar van een onroerende zaak om deze niet aan een ander te verkopen maar er een recht van erfpacht op te vestigen?

2.5.6 Opstal

Opstal

Het recht van opstal is volgens art. 5:101 BW:

> 'een recht om in, op of boven een onroerende zaak van een ander gebouwen, werken of beplantingen in eigendom te hebben of te verkrijgen'.

De onroerende zaak van een ander is in de meeste gevallen een stuk grond dat aan een ander in eigendom toebehoort. Door middel van het recht van opstal kan iemand bijvoorbeeld eigenaar zijn van een gebouw dat op de grond van een ander staat.

De hoofdregel is namelijk dat de eigenaar van een stuk grond tevens eigenaar is van gebouwen en werken die duurzaam met dat stuk grond zijn verenigd (art. 5:20 lid 1 sub e BW). Hetzelfde geldt voor beplantingen (art. 5:20 lid 1 sub f BW). Zonder een recht van erfpacht zou de eigenaar van een stuk grond, door natrekking, ook eigenaar zijn van een gebouw dat door een ander op die grond is gebouwd.

Opstaller

In de praktijk zien we dan ook vaak dat, wanneer er een recht van erfpacht op een stuk grond wordt gevestigd, er tevens een recht van opstal op die grond wordt gevestigd. Door het recht van opstal kan de opstaller (degene ten behoeve van wie het recht van opstal is gevestigd), tevens erfpachter, een woning op dat stuk grond in eigendom hebben of verkrijgen.

Schakelbepaling

Het recht van opstal lijkt sterk op het recht van erfpacht. Art. 5:104 BW is een zogeheten schakelbepaling, waarin is opgenomen dat het merendeel van de wetsartikelen betreffende erfpacht ook van toepassing is op het recht van opstal. Dit zijn onder andere de artikelen over de duur, opzegging, wijziging en opheffing van het beperkte recht, zoals besproken in subparagraaf 2.5.5.

Retributie

Ten aanzien van opstal is specifiek bepaald dat in de akte van vestiging kan worden opgenomen dat de opstaller een bepaald geldbedrag – de retributie – dient te betalen aan de eigenaar (art. 5:101 lid 3 BW). Voorts kunnen de bevoegdheden van de opstaller in de akte van vestiging worden beperkt (art. 5:102 BW).

Tussenvraag 2.8
Stel dat een woning op het water zou drijven. Kan dan voor een dergelijke woning een recht van opstal worden gevestigd?

2.5.7 Appartement

Appartementsrecht

Het appartementsrecht wordt geregeld in titel 9 van boek 5 BW. In art. 5:106 BW is opgenomen dat een rechthebbende op een gebouw of op een stuk grond bevoegd is zijn recht te splitsen in appartementsrechten. Een appartementsrecht is een recht op het exclusieve gebruik van een gedeelte van een gebouw, te weten een appartement. Daarnaast is de appartementseigenaar – samen met de rechthebbenden op de andere appartementen – mede-eigenaar van het gehele gebouw. Het recht van appartement is van belang geworden met de opkomst van flatgebouwen en het opsplitsen van panden in verschillende appartementen.

Splitsingsakte

Art. 5:108 BW bepaalt dat appartementseigenaren verplichtingen jegens elkaar hebben ten aanzien van de bouw en de inrichting van het gebouw. De splitsing van een gebouw dient plaats te vinden door middel van een notariële akte, ook wel de splitsingsakte genoemd, gevolgd door de inschrijving daarvan in de openbare registers (art. 5:109 BW). In de splitsingsakte moeten de volgende punten zijn opgenomen:
- vermelding van de plaatselijke ligging van het gebouw;
- omschrijving van de verschillende gedeelten van het gebouw;
- kadastrale aanduiding van de appartementsrechten;
- vermelding van de appartementseigenaren;
- reglement waarin onder andere de financiële verplichtingen van de appartementseigenaren zijn opgenomen.

Een appartementsrecht kan als een zelfstandig registergoed worden overgedragen (art. 5:117 BW). De overdracht van registergoederen wordt uitgebreid behandeld in hoofdstuk 5.

Tussenvraag 2.9
Een vastgoedhandelaar koopt een voormalig kantoorpand aan de Herengracht te Amsterdam. Hij wil het pand verbouwen en er luxe twee- en driekamerflats in maken. Wat moet de vastgoedhandelaar doen alvorens hij tot de verbouwing kan overgaan?

Samenvatting

Absolute rechten zijn rechten die een persoon op een goed kan hebben. Een absoluut recht geldt ten opzichte van iedereen. Het geeft de rechthebbende de bevoegdheid een bepaalde heerschappij over het betreffende goed uit te oefenen.
Relatieve rechten worden ook wel persoonlijke rechten genoemd. Het zijn rechten die slechts tegenover een bepaalde persoon werken; ze gelden niet ten opzichte van iedereen.

Er zijn in totaal acht absolute rechten, te weten:
1 vruchtgebruik (art. 3:201 BW)
2 pand (art. 3:227 BW)
3 hypotheek (art. 3:227 BW)
4 eigendom (art. 5:1 BW)
5 erfdienstbaarheid (art. 5:70 BW)
6 erfpacht (art. 5:85 BW)
7 opstal (art. 5:101 BW)
8 appartement (art. 5:106 BW)

Absolute rechten hebben zaaksgevolg (*droit de suite*). Dit houdt in dat het absolute recht het goed volgt waarop het rust, ongeacht waar dit goed zich bevindt.
Voorts is op absolute rechten het prioriteitsbeginsel (*droit de priorité*) van toepassing. Indien er meer dan één absoluut recht op een goed rust, gaat het eerder gevestigde absolute recht vóór een later gevestigd absoluut recht.
Daarnaast neemt de rechthebbende van een absoluut recht op een goed, een bevoorrechte positie in bij een faillissement van een ander (*droit de préference*). Hij kan zijn goed buiten het faillissement houden.

Er wordt onderscheid gemaakt tussen volledige en beperkte rechten. De rechthebbende van een volledig recht kan – binnen de grenzen van de wet – alles doen met het goed waar het volledige recht op rust. Een beperkt recht is een minder vergaand recht dan een volledig recht. Het eigendomsrecht is het enige absolute recht dat kan worden aangemerkt als een volledig recht. De overige absolute rechten zijn alle beperkte rechten.
Het eigendomsrecht is het meest omvattende recht dat een persoon op een zaak kan hebben.

Het recht van vruchtgebruik geeft de vruchtgebruiker het recht een goed van een ander te gebruiken of de vruchten van een goed van een ander in eigendom te verkrijgen. Vruchtgebruik wordt gevestigd of ontstaat door verjaring. De duur van het vruchtgebruik wordt door partijen zelf bepaald. Wanneer de vruchtgebruiker een natuurlijk persoon is, beperkt de wet de duur van het vruchtgebruik tot de duur van diens leven. Is de vruchtgebruiker een rechtspersoon, dan kan het recht van vruchtgebruik voor maximaal dertig jaar worden gevestigd. Op het moment dat de rechtspersoon ophoudt te bestaan, vervalt daarmee het recht van vruchtgebruik.

Het recht van pand is een recht op een niet-registergoed dat bij het niet-voldoen van de onderliggende geldvordering zekerheid biedt aan een schuldeiser.

Het recht van hypotheek is een recht op een registergoed dat bij het niet-voldoen van de onderliggende geldvordering zekerheid biedt aan een schuldeiser.

Het recht van erfdienstbaarheid is een last waarmee een onroerende zaak – het dienende erf – is bezwaard ten behoeve van een andere onroerende zaak – het heersende erf. Deze last kan eruit bestaan iets te dulden of juist iets niet te doen; de last kan er niet uit bestaan een bepaalde actie te ondernemen. Erfdienstbaarheden ontstaan door vestiging of verjaring. De vestiging van een erfdienstbaarheid vindt plaats door middel van een notariële akte.

Het recht van erfpacht is een recht dat de erfpachter de bevoegdheid geeft een onroerende zaak van een ander te gebruiken. In de akte van vestiging kan de duur van het recht worden geregeld. Het recht van erfpacht kan na minimaal 25 jaar op vordering van de eigenaar of van de erfpachter door de rechter worden beëindigd, wanneer instandhouding in strijd is met de redelijkheid en de billijkheid.
De erfpachter die op het gepachte stuk grond gebouwen, werken of beplantingen heeft aangebracht, heeft aan het einde van de erfpachtperiode recht op vergoeding van de waarde hiervan, tenzij hierop een uitzondering is gemaakt in de akte van vestiging.

Het recht van opstal is een recht om in, op of boven een onroerende zaak van een ander gebouwen, werken of beplantingen in eigendom te hebben of te verkrijgen. Wanneer er een recht van erfpacht op een stuk grond wordt gevestigd, wordt er vaak ook een recht van opstal op die grond gevestigd. De wetsartikelen die van toepassing zijn op de erfpacht zijn grotendeels ook van toepassing op het recht van opstal.

Een appartementsrecht is een recht op het exclusieve gebruik van een gedeelte van een gebouw, te weten een appartement. De appartementseigenaar is – samen met de rechthebbenden op de andere appartementen – mede-eigenaar van het gehele gebouw. Appartementseigenaren hebben verplichtingen jegens elkaar ten aanzien van de bouw en de inrichting van het gebouw.
De splitsing van een gebouw dient plaats te vinden door middel van een notariële akte, gevolgd door de inschrijving ervan in de openbare registers. Een appartementsrecht kan als een zelfstandig registergoed worden overgedragen.

Studie-eindvragen

Casus 2.1

José is eigenaar van een auto. Omdat zij in financiële problemen komt, leent ze €1.500 van haar vriendin Asha. Om er zeker van te zijn dat zij haar geld terugkrijgt, wordt de auto van José bij Asha voor de deur geparkeerd en geeft José de autosleutels aan Asha. Wanneer José het bedrag volledig heeft terugbetaald, krijgt zij haar auto terug.
Terwijl de auto bij Asha voor de deur staat, wordt deze gestolen.

a Welk beperkt recht kunnen José en Asha vestigen, zodat Asha zekerheid heeft op terugbetaling van het door haar aan José geleende bedrag?

b Verliest José op enig moment het recht van eigendom op de auto? Zo ja, wanneer? Zo nee, waarom niet?

Casus 2.2

Aida is eigenaar van een stuk grond. Zij heeft de grond niet zelf in gebruik, maar heeft hierop een beperkt recht gevestigd ten behoeve van Neville. Hij mag de grond gebruiken op welke manier hij wil. Neville wil graag zijn eigen loodgietersbedrijf beginnen en daarvoor heeft hij een opslagruimte nodig. Hij is van plan een loods te bouwen op het stuk grond van Aida. Hij wil echter niet dat zij als eigenaar van de grond ook eigenaar van de loods wordt.

a Welk beperkt recht is op het stuk grond van Aida gevestigd ten behoeve van Neville?

b Hoe kan Neville voorkomen dat Aida eigenaar wordt van de door hem te bouwen loods?

3

Eigendom

Openingscasus

Jurist of trompettist?

Leon speelt sinds een aantal jaren trompet. Hij heeft overduidelijk talent en is zich gaan specialiseren in jazz. Vorig jaar heeft hij deelgenomen aan de audities van het conservatorium, maar is toen niet toegelaten. Leon is daarom begonnen aan de studie rechten, zijn tweede passie. Hij heeft het eerste jaar hard gewerkt en in één keer zijn propedeuse gehaald. Daarnaast heeft hij echter ook flink geoefend op zijn trompet. Ondanks dat Leon zijn rechtenstudie uitermate boeiend vindt, doet hij nogmaals auditie voor het conservatorium. Ditmaal is hij meer succesvol: hij wordt toegelaten!
Leon kan zijn ogen niet geloven als hij de bevestigingsbrief van het conservatorium brief leest; het beoordelingspanel was erg onder de indruk van de vorderingen die hij gedurende het afgelopen jaar had gemaakt. Leon hoeft niet lang na te denken, voordat hij zijn keuze heeft gemaakt: hij verruilt zijn wettenbundels voor het instrument dat hij met zoveel plezier bespeelt.

Leon denkt terug aan hoe het allemaal begon. Op zijn veertiende kwam hij via een goede vriend in contact met jazzmuziek. Voor zijn verjaardag kreeg hij vervolgens van een oom zijn eerste trompet, waarna hij begon met muzieklessen. Het was al snel duidelijk dat Leon zeer talentvol was en het duurde dan ook niet lang voordat de trompet zijn grootste passie was geworden. Leon speelde het liefst dag en nacht, iets wat hem door zijn ouders (en de buren) niet in dank werd afgenomen. Op een nacht, toen hij weer aan het oefenen ging, stormde zijn vader zijn slaapkamer binnen en verbood Leon verder te spelen. Leon antwoordde hem hoogst verontwaardigd: 'Dit is mijn trompet en ik bepaal wat ik ermee doe! Bovendien is dit mijn slaapkamer en mag ik hier doen wat ik wil!' Hierop pakte zijn vader de trompet af en borg hem zorgvuldig op.

De volgende dag werden er duidelijke afspraken gemaakt over de tijdstippen waarop Leon zijn trompet mocht bespelen.
In het jaar van zijn eindexamen werkte hij niet alleen hard voor school, maar ook voor zijn muzieklessen. Op een dag, terwijl hij op weg naar huis was, viel hij in de trein in slaap. Op het moment dat het station waar hij eruit moest werd omgeroepen, werd Leon wakker en in een reflex sprong hij op en verliet de trein. Net toen de deuren gesloten waren en de trein het station uitreed, realiseerde Leon zich dat hij zijn trompet in de trein had laten liggen. Een week lang belde hij dagelijks naar de afdeling 'Gevonden Voorwerpen', maar zijn trompet kreeg hij niet terug.
De eerst weken was Leon ontroostbaar: hij miste zijn geliefde instrument. Hij besefte echter ook dat hij zijn trompet waarschijnlijk niet terug zou zien. Gelukkig had hij inmiddels wel een bedrag via de verzekeraar van zijn ouders ontvangen en samen met het geld dat hij op zijn spaarrekening had staan, kocht hij een nieuwe trompet.
Toen hij vorig jaar niet door de audities kwam, was hij ontzettend teleurgesteld. Nu is hij blij dat hij toch een jaar rechten heeft gestudeerd. Hij heeft er erg veel van geleerd en, mocht het op muzikaal gebied toch niet lukken, dan weet hij in ieder geval in welke richting hij het wel moet zoeken.

Het recht van eigendom wordt geregeld in boek 5 BW, titels 1 tot en met 5. Het zou te ver voeren alle artikelen van deze titels te bespreken en we zullen ons in dit hoofdstuk richten op de belangrijkste onderdelen van het eigendomsrecht.

In paragraaf 3.1 maken we nader kennis met het begrip eigendom en de bevoegdheden van de eigenaar, alsmede met misbruik van recht en hinder. In paragraaf 3.2 komt revindicatie aan bod. Paragraaf 3.3 staat in het teken van de verschillende wijzen van eigendomsverkrijging. Ten slotte wordt in paragraaf 3.4 het verlies van eigendom besproken.

3.1 Eigendom

Eerst gaan we in op de begrippen eigendom en eigenaar. Vervolgens wordt misbruik van recht behandeld. Ten slotte kijken we naar hinder.

3.1.1 Eigendom en eigenaar

Eigendom

In hoofdstuk 2 hebben we al kort kennisgemaakt met het recht van eigendom. We zagen toen dat eigendom het meest omvattende recht is dat een persoon op een zaak kan hebben (art. 5:1 lid 1 BW). Het eigendomsrecht is een volledig recht. Alle andere rechten die op een zaak kunnen worden gevestigd zijn beperkte rechten, dat wil zeggen: afgeleid van het eigendomsrecht.
Bovendien is het recht van eigendom een absoluut recht, dat wil zeggen: het geldt ten opzichte van iedereen.
Leon uit de openingscasus is eigenaar van zijn trompet. Zijn recht van eigendom op de trompet geldt dus, zonder uitzondering, ten opzichte van iedereen.

Recht van gebruik

Volgens art. 5:1 lid 2 BW heeft de eigenaar van een zaak het recht om deze zaak te gebruiken op welke manier hij maar wil. De eigenaar, ook wel rechthebbende genoemd, mag daarbij echter niet handelen in strijd met de rechten van anderen.
Leon mag zijn trompet gebruiken op welke manier dan ook, zolang hij niet handelt in strijd met andermans rechten. Voorbeelden van gebruik zijn: het bespelen van de trompet of deze aan de muur hangen. Als Leon dat zou willen dan zou hij de trompet ook mogen vernielen.

Eigenaar afgescheiden vruchten

In het derde lid van art. 5:1 BW is bepaald dat de eigenaar van een zaak automatisch eigenaar wordt van de afgescheiden vruchten, behoudens de rechten van anderen. Hiermee worden zowel natuurlijke als burgerlijke vruchten bedoeld.
Ter illustratie: wanneer de eigenaar van een zaak deze heeft bezwaard met een recht van vruchtgebruik, dan wordt niet hij maar de vruchtgebruiker eigenaar van de afgescheiden vruchten.
Het recht van de eigenaar om met zijn eigendom te doen wat hij wil, brengt met zich mee dat hij de zaak zelf mag gebruiken en de vruchten van zijn zaak mag genieten.

Natrekking

Voorts is de eigenaar van een zaak ook eigenaar van alle bestanddelen van die zaak; dit wordt ook wel natrekking genoemd, art. 5:3 BW.
In paragraaf 1.3 van hoofdstuk 1 maakten we kennis met bestanddelen (art. 3:4 BW); we zagen toen dat een bestanddeel een zaak is die volgens verkeersopvatting deel uitmaakt van een andere zaak. Een zaak die zodanig met een andere zaak is verbonden dat deze niet zonder meer van die andere zaak is lost te maken, is eveneens een bestanddeel.
Het begrip natrekking wordt uitgebreider behandeld in paragraaf 3.3.
Bij de trompet van Leon behoren verschillende mondstukken; deze maken volgens verkeersopvattingen deel uit van de trompet en zijn derhalve bestanddelen. Immers, zonder mondstuk is de trompet niet compleet. Als eigenaar van de trompet is Leon dus ook eigenaar van de mondstukken.

Daarnaast is een eigenaar beschikkingsbevoegd ten aanzien van zijn zaak. Dit houdt in dat een eigenaar zijn zaak mag vervreemden en bezwaren.

Vervreemden

Vervreemden is ervoor zorgen dat de zaak wordt overgedragen aan een nieuwe eigenaar. De eigenaar kan zijn zaak bijvoorbeeld verkopen aan een ander; de zaak krijgt daardoor een nieuwe eigenaar. Een andere manier om een zaak te vervreemden is deze aan een ander te schenken; ook dan verkrijgt een ander het eigendomsrecht van de zaak. Degene die het eigendomsrecht op een zaak vervreemdt (de eigenaar) wordt ook wel de vervreemder genoemd; degene die het eigendomsrecht op een zaak verkrijgt (de nieuwe eigenaar) wordt ook wel de verkrijger genoemd.
In figuur 3.1 is dit schematisch weergegeven.

Bezwaren

Bezwaren is het vestigen van een beperkt recht op de eigendom van een ander. In hoofdstuk 2 maakten we kennis met de beperkte rechten; deze rechten worden van het eigendomsrecht op een zaak afgesplitst. Wanneer een eigenaar toestaat dat een ander een beperkt recht op zijn zaak verkrijgt, dan

Figuur 3.1 **Vervreemden**

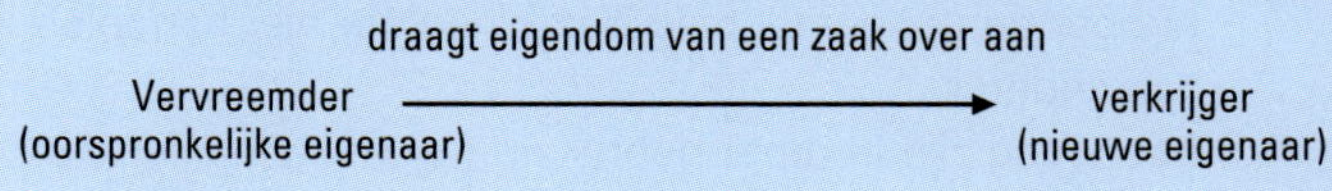

wordt dit het vestigen van een beperkt recht genoemd. De eigenaar kan bijvoorbeeld een recht van vruchtgebruik op zijn zaak vestigen ten behoeve van een ander. Het eigendomsrecht op die zaak wordt daardoor als het ware uitgehold. Dat wil zeggen: de eigenaar verliest de eigendom van zijn zaak niet, maar hij kan niet langer alles doen met de betreffende zaak. Hij moet nu rekening houden met de rechten van degene ten behoeve van wie het beperkte recht is gevestigd, ook wel de beperkt gerechtigde genoemd.
Schematisch ziet het eruit als in figuur 3.2.

Figuur 3.2 **Bezwaren**

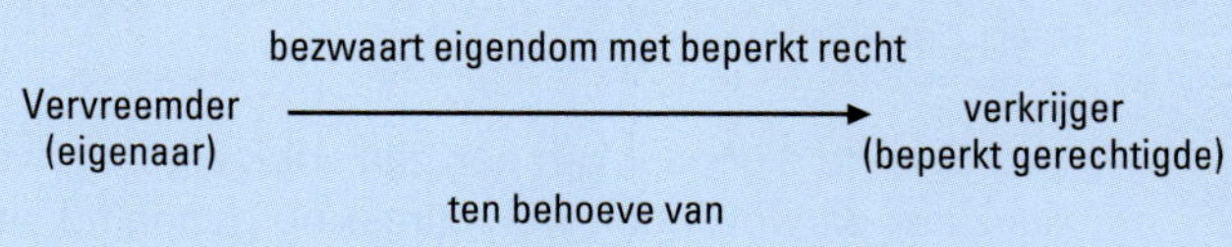

Leon mag zijn trompet dus vervreemden, als hij dat zou willen. Hij kan de trompet aan een ander verkopen of schenken. De eerste trompet waarvan Leon eigenaar was, kreeg hij van zijn oom. Die oom was eigenaar van de trompet en schonk deze aan Leon: zijn oom vervreemdde de trompet.
Toen Leon zijn eerste trompet was verloren, kocht hij een nieuwe trompet. De oorspronkelijke eigenaar, te weten de verkoper, vervreemdde de trompet aan Leon door deze aan hem te verkopen.

Revindicatie

Ten slotte komt de eigenaar het recht van revindicatie toe. Dit is de bevoegdheid die de eigenaar van een zaak heeft om deze op te eisen van iedereen die haar zonder recht houdt. In paragraaf 3.2 wordt het begrip revindicatie verder uitgelegd.

Kort samengevat kunnen we concluderen dat een eigenaar de volgende rechten en/of bevoegdheden toekomen:
- recht van gebruik
- recht op de afgescheiden vruchten
- eigendom door middel van natrekking
- beschikkingsbevoegdheid (vervreemden, bezwaren)
- recht van revindicatie.

Tussenvraag 3.1
Omira is eigenaar van een auto; ze vindt autorijden zo leuk, dat ze elk weekend urenlang in de auto rondrijdt.

Welk recht of welke bevoegdheid die een eigenaar toekomt wordt hier bedoeld?

Tussenvraag 3.2
Op een dag rijdt Omira weer lekker rond in haar auto, wanneer er plotseling een hond de weg op rent. Omira kan het dier niet meer ontwijken en rijdt de hond aan; deze overleeft het ongeluk niet. Omira is door het gebeuren zo aangedaan, dat ze zich voorneemt nooit meer auto te rijden. Ze verkoopt haar auto en gaat voortaan op de fiets.

Welk recht of welke bevoegdheid die een eigenaar toekomt wordt hier bedoeld?

3.1.2 Misbruik van recht

Ondanks het feit dat een eigenaar een zeer sterke juridische positie heeft, is het niet zo dat hij onbegrensd kan handelen met zijn eigendom. Het is een eigenaar op grond van art. 5:1 lid 2 BW uitdrukkelijk niet toegestaan om door middel van het gebruik van zijn eigendom in strijd te handelen met rechten van anderen. Evenmin mag een eigenaar handelen in strijd met de wet of met regels van ongeschreven recht. Een eigenaar mag dus geen misbruik maken van zijn eigendomsrecht of hinder veroorzaken.

Misbruik

In art. 3:13 BW is bepaald dat iemand geen beroep kan doen op een bevoegdheid, wanneer hij die bevoegdheid aanwendt voor misbruik. Met misbruik wordt bedoeld het gebruiken van een bevoegdheid:
- met als doel een ander te schaden;
- met een ander doel dan waarvoor de bevoegdheid is verleend; of
- waarbij in de uitoefening van die bevoegdheid de belangen van een ander onevenredig worden geschaad.

Art. 3:13 BW is ook van toepassing op de bevoegdheid van een eigenaar om zijn zaak naar eigen inzicht te gebruiken. Er is sprake van misbruik van een eigendomsrecht, wanneer een ander onevenredig veel nadeel ondervindt van het uitoefenen van het eigendomsrecht door de eigenaar.
De Hoge Raad heeft zich meermalen uitgesproken over misbruik van eigendomsrecht; een belangrijk arrest is bekend geworden als het Grensoverschrijdend Garage-arrest.
De centrale vraag in dit arrest luidt:
Levert het instellen van een vordering tot afbraak van een garage, die over de grens van een erf is gebouwd, misbruik van recht op?

Grensoverschrijdend Garage-arrest

Kuipers is eigenaar van een stuk grond, gelegen naast het erf dat in eigendom toebehoort aan De Jongh. Op zijn perceel bouwt Kuipers een garage, die de grensafscheiding met het erf van De Jongh ongeveer zeventig centimeter overschrijdt. De garage is zes meter lang. De Jongh verliest hierdoor het genot van haar eigendom, voor zover de garage van Kuipers daarop is gebouwd (een strook grond van zes meter bij zeventig centimeter).
De Jongh beroept zich op haar eigendomsrecht en sommeert haar buurman het gedeelte van de garage dat – zonder haar toestemming – op haar grond is gebouwd af te breken. Kuipers beroept zich op goede trouw: hij kon niet weten dat hij de erfgrens overschreed, aangezien hij dacht dat die grens lag ter hoogte van een heg die tussen de percelen was geplant. Achteraf bleek dat de heg niet op maar over de erfgrens stond.
Kuipers weigert zijn garage af te breken. Hij biedt De Jongh echter wel een redelijke schadevergoeding aan. De Jongh accepteert de schadevergoeding niet en daagt hem voor de rechter. De zaak komt uiteindelijk bij de Hoge Raad terecht, die het volgende heeft overwogen.

Kuipers heeft met de bouw van de garage de grens tussen zijn perceel en het perceel van De Jongh overschreden. Kuipers maakt hierdoor inbreuk op het eigendomsrecht van De Jongh. Door het handelen van Kuipers heeft De Jongh het genot verloren van haar eigendom, voor zover dat door de garage in beslag wordt genomen.
De Hoge Raad is van mening dat De Jongh in beginsel recht heeft op afbraak van het deel van de garage dat op haar eigendom staat. Het feit dat Kuipers te goeder trouw was op het moment dat hij de garage bouwde, alsmede het feit dat hij De Jongh een redelijke schadevergoeding heeft aangeboden, doen daar niet aan af.
Door gebruik te maken van haar recht op afbraak van het grensoverschrijdende deel van de garage, zou De Jongh zich echter schuldig kunnen maken aan misbruik van recht. Wanneer het nadeel dat Kuipers door de gedeeltelijke afbraak van de garage zou lijden niet in verhouding zou staan tot het belang dat De Jongh heeft bij afbraak, dan is er sprake van misbruik van recht aan de zijde van De Jongh.
Kuipers heeft op dit punt slechts gesteld dat de door hem te lijden schade onevenredig veel groter is dan het voordeel dat De Jongh heeft bij afbraak, zonder dit met bewijsmiddelen te staven. Kuipers wordt door de Hoge Raad dan ook in het ongelijk gesteld.

Hoewel het interessant is om te weten dat De Jongh de zaak heeft gewonnen, is dat in feite niet van belang. Immers, wanneer Kuipers wel had kunnen aantonen dat zijn schade groter was dan het belang van De Jongh, dan had de Hoge Raad wellicht anders besloten.
Wat we uit dit arrest kunnen leren is, dat een eigenaar door de uitoefening van zijn eigendomsrecht misbruik van recht kan maken, wanneer hierdoor een te grote inbreuk wordt gemaakt op de belangen van een ander.

Tussenvraag 3.3

Jeroen heeft besloten om als hobby bijen te gaan houden in zijn tuin. De bijen vliegen echter niet alleen in de tuin van Jeroen rond, maar ook in de tuin van de naastgelegen woning. Janine, de buurvrouw van Jeroen is al een aantal keren flink gestoken door de bijen. Zodra ze haar tuin inloopt, komen de bijen op haar af en wordt ze gestoken. Ook komen de bijen via openstaande ramen de woning van Janine binnen. Janine kan haar tuin niet meer in en evenmin kan ze haar ramen openzetten. Janine heeft Jeroen laten weten dat hij zijn hobby moet staken en de bijen moet wegdoen. Jeroen is het daar niet mee eens; hij is van mening dat Janine hem niet kan verbieden om bijen in zijn eigen tuin te houden.

Wat kan Janine hiertegen aanvoeren?

3.1.3 Hinder

In art. 5:37 BW is bepaald wat onder hinder wordt verstaan. Op grond van dit artikel mag de eigenaar van een erf geen onrechtmatige hinder toebrengen aan eigenaars van andere erven.

Hinder

Hinder kan bestaan uit:
- het verspreiden van rumoer, trillingen, stank, rook of gassen;
- het onthouden van licht of lucht;
- het ontnemen van steun.

Onrechtmatig

De hinder moet onrechtmatig zijn in de zin van art. 6:162 BW. In lid 2 van dit artikel is vastgelegd wat een onrechtmatige daad is:

> 'een inbreuk op een recht en een doen of nalaten in strijd met een wettelijke plicht of met hetgeen volgens ongeschreven recht in het maatschappelijk verkeer betaamt'.

Wanneer iemand een rechtvaardigingsgrond kan aanvoeren voor de hiervoor vermelde handelingen, dan is er evenwel geen sprake van een onrechtmatige daad. In voorbeeld 3.1 is een toelichting te vinden.

Voorbeeld 3.1

Stel, Klaas steekt Margot opzettelijk met een mes. Margot raakt hierdoor gewond aan haar arm, bovendien wordt haar kleding beschadigd.
De handelingen van Klaas kunnen worden beschouwd als een inbreuk op een recht (het recht op lichamelijke integriteit en het eigendomsrecht). Met andere woorden: Klaas heeft een onrechtmatige daad gepleegd jegens Margot.

Voorbeeld 3.2

Stel, Klaas werkt als arts op de afdeling Spoedeisende Hulp. Op een avond wordt Margot hevig bloedend binnengebracht; het lijkt erop dat er sprake is van een slagaderlijke bloeding. Klaas knipt het t-shirt dat Margot draagt open en voert vervolgens een operatie uit, teneinde de bloeding te stoppen.
Ook in dit geval snijdt Klaas in het lichaam van Margot en beschadigt hij haar kleding (inbreuk op het recht op lichamelijke integriteit en het eigendomsrecht). Er is echter geen sprake van een onrechtmatige daad, aangezien er een rechtvaardigingsgrond bestond voor het handelen van Klaas: de gevaarlijke situatie waarin Margot verkeerde.

Terug naar het begrip hinder. Het is dus niet voldoende om vast te stellen dat er sprake is van hinder, deze hinder moet ook onrechtmatig zijn. Ten aanzien van hinder is eveneens jurisprudentie van de Hoge Raad verschenen. Een belangrijke uitspraak is bekend geworden als het Vogelplaag-arrest.

Vogelplaag-arrest

In deze zaak spelen de volgende partijen een rol: enerzijds Lekkerkerker, eigenaar van een boomgaard met fruitbomen en anderzijds Vermeulen, een transportbedrijf.
Vermeulen heeft een vergunning om, vlakbij de boomgaard van Lekkerkerker, vuilnis te storten. Er komen enorm veel vogels op de stortplaats af, die zich niet alleen te goed doen aan het vuil, maar ook aan de fruitbomen. Hierdoor lijdt Lekkerkerker aanzienlijke schade, bestaande uit een sterk verminderde fruitopbrengst en daardoor minder inkomsten.
Lekkerkerker stelt Vermeulen aansprakelijk voor de door hem geleden schade. Vermeulen beroept zich er echter op dat hij een vergunning heeft en gaat door met het storten van vuil.

De Hoge Raad laat zich als volgt uit over de zaak. Vermeulen handelt overeenkomstig de aan hem verleende vergunning, door in de omgeving van de boomgaard van Lekkerkerker vuil te storten. Aangezien er veel vogels op de stortplaats afkomen, die schade aanrichten aan de boomgaard van Lekkerkerker, kan gesteld worden dat Lekkerkerker hinder ondervindt door de gedragingen van Vermeulen.
De vraag is of de hinder die Lekkerkerker ervaart onrechtmatig is. Met andere woorden: kan het handelen van Vermeulen worden aangemerkt als een inbreuk op het eigendomsrecht van Lekkerkerker?
Het feit dat Vermeulen over een vergunning beschikt, brengt niet automatisch met zich mee dat hij hinder jegens een ander mag veroorzaken.
De Hoge Raad oordeelt in deze zaak dat Lekkerkerker ernstige hinder ondervindt in het genot van de eigendom van zijn grond, door de gedragingen van Vermeulen. Deze hinder hoeft Lekkerkerker niet te dulden en wordt door de Hoge Raad dan ook als onrechtmatig bestempeld.
Kortom: door Vermeulen is inbreuk gemaakt op het eigendomsrecht van Lekkerkerker en er is sprake van hinder op grond van art. 5:37 BW.

In de openingscasus zagen we dat Leon hinder veroorzaakte. De buren (en Leons ouders) ondervonden geluidshinder doordat hij 's nachts trompet speelde. De vraag is of er ook sprake was van onrechtmatige hinder. In de meeste gevallen dat omwonenden geluidsoverlast ondervinden van muziekspelende buren, zal een rechter (mocht het zover komen) oordelen dat de geluidshinder onrechtmatig is en dat er dus sprake is van hinder uit hoofde van art. 5:37 BW. De onrechtmatigheid bestaat erin dat omwonenden worden gestoord in de uitoefening van hun woongenot.
Het standpunt van Leon – dat hij eigenaar is van de trompet en deze naar eigen goeddunken mag gebruiken – gaat, zoals we inmiddels weten, niet op. Evenmin mag Leon alles doen wat hij wil in zijn eigen slaapkamer; hij dient zich ook daar te onthouden van het veroorzaken van hinder.

Tussenvraag 3.4

Catherine verhuist naar een nieuwe woning. Het is een erg leuk huis; het enige probleem is dat het erg donker is. Dit wordt met name veroorzaakt door een drie meter hoge struik van de buren. Het licht dat normaal gesproken door het zijraam naar binnen zou komen, wordt volledig weggenomen door de struik. Catherine heeft de buurman al gevraagd of hij de struik kan snoeien of weghalen. De buurman beroept zich echter op zijn eigendomsrecht; de struik staat immers in zijn tuin.

Moet Catherine hiermee genoegen nemen?

3.2 Revindicatie

Revindicatie

Revindicatie is het terugvorderen van een zaak door de eigenaar daarvan en wordt geregeld in art. 5:2 BW. Dit artikel geeft de eigenaar van een zaak de bevoegdheid die zaak op te eisen van iedereen die haar zonder recht houdt. Onder opeisen wordt niet alleen verstaan het terugvorderen van een roerende zaak, maar bijvoorbeeld ook een vordering tot ontruiming van een onroerende zaak.
In revindicatie komt de absolute werking van het eigendomsrecht duidelijk tot uiting: het kan tegen eenieder worden uitgeoefend.

Rechtsvordering uit onrechtmatige daad

Naast revindicatie staat een eigenaar ook een rechtsvordering uit onrechtmatige daad ter beschikking; een dergelijke vordering kan echter alleen worden ingesteld tegen de pleger van de onrechtmatige daad (bijvoorbeeld de dief). De pleger kan worden veroordeeld tot vergoeding van de schade of herstel in de oude toestand. Een vordering tot revindicatie kan ook worden ingesteld tegen een derde die de zaak inmiddels onder zich heeft.

Voorbeeld 3.3

Joseph is eigenaar van een fiets, die wordt gestolen door Christian en na enkele weken wordt doorverkocht aan Mario.

Via welke weg kan Joseph het best zijn fiets terugvorderen, ingeval:
- deze nog in het bezit is van Christian;
- deze inmiddels in het bezit is van Mario?

Wanneer Christian de fiets nog in zijn bezit heeft dan kan Joseph:
- deze revindiceren op grond van art. 5:2 BW (hij kan de fiets immers van een ieder opeisen); of
- een rechtsvordering uit onrechtmatige daad op grond van art. 6:162 BW instellen (hij kan een dergelijke rechtsvordering immers jegens de pleger van de onrechtmatige daad instellen).

Wanneer de fiets is doorverkocht aan Mario dan kan Joseph:
- deze revindiceren op grond van art. 5:2 BW (hij kan de fiets immers van eenieder opeisen).

Joseph kan echter geen vordering uit onrechtmatige daad instellen jegens Mario, aangezien die de onrechtmatige daad niet heeft gepleegd. Joseph zou in deze situatie wel een vordering uit onrechtmatige daad kunnen instellen jegens Christian (ter verkrijging van schadevergoeding); daarmee heeft hij zijn fiets echter nog niet terug!

Art. 3:125 lid 1 BW ziet op de situatie dat een bezitter het bezit van een goed verliest. Een bezitter is niet noodzakelijkerwijs ook de eigenaar; in hoofdstuk 4 komt dit begrip uitgebreid aan bod. Op basis van dit artikel kan een bezitter dezelfde rechtsvorderingen instellen om het goed terug te verkrijgen als de eigenaar.

Stel dat Leon uit de openingscasus een maand nadat hij zijn trompet in de trein heeft laten liggen een straatmuzikant hierop ziet spelen. Hoe kan hij zijn trompet dan terugkrijgen?
Leon is nog steeds eigenaar van de trompet en hem komt derhalve het recht van revindicatie toe. De straatmuzikant heeft geen recht op de trompet; Leon is bevoegd de trompet van hem op te eisen.
Kan Leon ook een vordering uit onrechtmatige daad instellen jegens de straatmuzikant? Wanneer die de vinder was van de trompet dan is dit een mogelijkheid. Hij heeft dan namelijk gehandeld in strijd met een wettelijke plicht, te weten: aangifte van zijn vondst te doen (zie ook subparagraaf 3.3.3 ten aanzien van vinderschap) hetgeen een onrechtmatige daad kan opleveren.

Tussenvraag 3.5

Tugba heeft haar wettenbundels uitgeleend aan Claudia. Wanneer zij deze terugvraagt, zegt Claudia dat ze de wettenbundels op haar beurt heeft uitgeleend aan Dorinda. Tugba heeft haar wettenbundels zelf nodig en wil ze direct terug.

Op welke wijze kan Tugba de wettenbundels terugkrijgen?

3.3 Eigendomsverkrijging

In de wet wordt bepaald hoe goederen in eigendom verkregen kunnen worden; op welke wijze iemand eigenaar wordt. Na een korte uitleg van eigendomsverkrijging, volgt een uitleg van de wijzen van eigendomsverkrijging op grond van art. 3:80 lid 2 BW. Daarna worden de wijzen van eigendomsverkrijging volgens art. 3:80 lid 3 BW behandeld. De wijzen van eigendomsverkrijging overeenkomstig art. 3:80 lid 2 en 3 BW worden kort geïntroduceerd; in paragraaf 5.1 van hoofdstuk 5 komen de begrippen nogmaals en dan uitgebreider aan bod.

3.3.1 Introductie eigendomsverkrijging

Titel

Volgens art. 3:80 lid 1 BW kunnen goederen onder algemene of onder bijzondere titel worden verkregen. Met de titel wordt bedoeld wat de reden is van verkrijging: op basis waarvan wordt er verkregen (bijvoorbeeld een koop- of een schenkingsovereenkomst).

Verkrijging onder algemene titel

Bij verkrijging onder algemene titel gaat een volledig vermogen (alle zaken, rechten en verplichtingen) van de ene persoon over op een andere persoon.

Verkrijging onder bijzondere titel

Bij verkrijging onder bijzondere titel gaat een bepaald goed (of bepaalde goederen) over van de ene persoon op de andere persoon. In hoofdstuk 5 wordt dieper ingegaan op dit verschil.

Eigendomsverkrijging onder algemene titel betreft:
- erfopvolging
- boedelmenging
- fusie
- splitsing.

Eigendomsverkrijging onder bijzondere titel betreft:
- overdracht
- verjaring
- onteigening
- overige in de wet aangegeven wijzen van eigendomsverkrijging.

3.3.2 Eigendomsverkrijging onder algemene titel

We zagen dat in de wet is opgenomen wanneer er sprake is van verkrijging onder algemene titel. Het resultaat van verkrijging onder algemene titel is dat een volledig vermogen van de ene persoon overgaat op een andere persoon. Hierna volgt een korte toelichting op elk van de wijzen van eigendomsverkrijging: erfopvolging, boedelmenging, fusie en splitsing.

Erfopvolging

Erfopvolging

Erfopvolging is de opvolging van een overleden persoon (erflater) in zijn volledige vermogen. Wanneer iemand overlijdt, gaan al zijn zaken, rechten en verplichtingen over op een ander (de erfgenaam). De erfgenaam zet als het ware de juridische persoon van de overledene voort.

Boedelmenging

Boedelmenging

De meest voorkomende vorm van boedelmenging is wanneer twee mensen met elkaar in het huwelijk treden of een geregistreerd partnerschap sluiten, zonder daarbij huwelijkse voorwaarden op te stellen. Door met elkaar te trouwen smelt het vermogen van de ene persoon samen met het vermogen van de andere persoon.

Fusie

Fusie

Van fusie is sprake wanneer het vermogen van één of meer ondernemingen overgaat in een andere onderneming. Er is tevens sprake van fusie wanneer de vermogens van twee rechtspersonen samensmelten tot het vermogen van een nieuwe rechtspersoon. In beide situaties ontstaat één vermogen.

Splitsing

Splitsing

Bij splitsing gaat het om een rechtspersoon die ophoudt te bestaan, waarvan het vermogen overgaat op twee of meer andere rechtspersonen.

3.3.3 Eigendomsverkrijging onder bijzondere titel

Wanneer er sprake is van het overgaan van één of meerdere bepaalde goederen dan hebben we te maken met eigendomsverkrijging onder bijzondere titel. Het betreft de volgende wijzen van eigendomsverkrijging: overdracht, verjaring, onteigening, overige in de wet aangegeven wijzen van eigendomsverkrijging.

Overdracht

Overdracht

Van overdracht is sprake wanneer het eigendomsrecht op een zaak van de ene persoon overgaat op de andere. Dit is bijvoorbeeld het geval wanneer iemand iets koopt; het recht van eigendom gaat dan over van de verkoper op

de koper. De koper betaalt de koopprijs aan de verkoper en de verkoper draagt zijn eigendomsrecht over aan de koper. We hebben dus dagelijks met eigendomsverkrijging door middel van overdracht te maken; denk maar aan alles wat we in de supermarkt of andere winkels kopen.
Een andere mogelijkheid is dat het eigendomsrecht van de ene persoon overgaat op de andere persoon door middel van schenking. In dit geval draagt de vervreemder het eigendomsrecht op een goed over aan de verkrijger.
Leon krijgt zijn eerste trompet van een oom voor zijn verjaardag. Hier is sprake van eigendomsverkrijging door middel van overdracht (schenking). Het eigendomsrecht op de trompet gaat over van de oom (vervreemder) op Leon (verkrijger).
Wanneer hij zijn trompet verliest, koopt Leon een nieuwe trompet. Ook in dit geval is er sprake van eigendomsverkrijging door middel van overdracht (koop). Het eigendomsrecht op de trompet gaat over van de verkoper (vervreemder) op Leon (verkrijger).
Het voorgaande is schematisch weergegeven in figuur 3.3.

Figuur 3.3 **Overdracht**

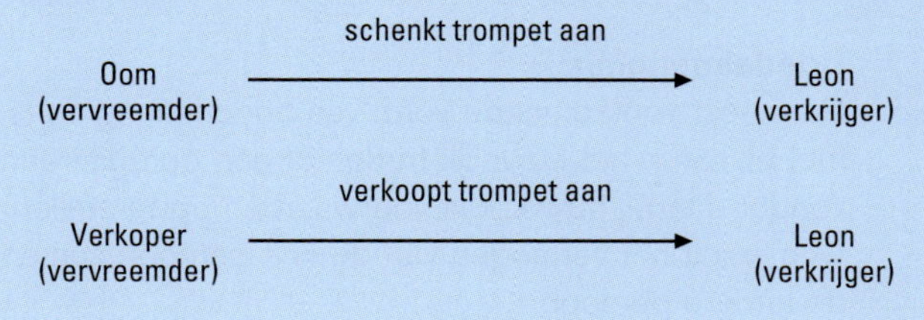

Verjaring

Verjaring

Verjaring houdt in het verkrijgen van het eigendomsrecht door het te goeder trouw, onafgebroken bezit van een goed voor een bepaalde periode. Stel, iemand koopt een gestolen tweedehands fiets, terwijl hij niet wist of kon weten dat deze fiets gestolen was. De oorspronkelijke eigenaar kan hierdoor zijn fiets niet meer gebruiken (hij verliest het genot van de fiets), maar het eigendomsrecht blijft bestaan. Na een onafgebroken bezit van drie jaar wordt de koper echter te goeder trouw eigenaar van de gestolen fiets door middel van verjaring. Ten aanzien van registergoederen geldt een periode van tien jaar.
Voorts is het mogelijk de eigendom van een goed te verkrijgen door middel van verjaring, doordat het goed gedurende een periode van twintig jaar niet in het bezit van de oorspronkelijke rechthebbende is.
Stel dat de trompet van Leon daadwerkelijk door de straatmuzikant wordt gevonden. Die begrijpt natuurlijk wel dat de trompet door iemand in de trein vergeten is en dat hij hiervan aangifte moet doen (of in ieder geval de trompet bij een station moet afgeven). Onze straatmuzikant doet dit echter niet. Hierdoor is hij niet te goeder trouw; toch kan hij door middel van verjaring eigenaar worden van de trompet, en wel na een periode van twintig jaar.

Onteigening

Onteigening

Er is sprake van onteigening wanneer een goed aan een eigenaar wordt ontnomen en tot eigendom van de overheid wordt gemaakt. Een gemeente kan bijvoorbeeld een stuk grond onteigenen vanwege het algemeen belang, zoals de aanleg van een weg.

Overige in de wet aangegeven wijzen van eigendomsverkrijging

Naast overdracht, verjaring en onteigening, spreekt art. 3:80 lid 3 BW ook van overige in de wet aangegeven wijzen van eigendomsverkrijging. Hieronder worden verstaan: natrekking, toe-eigening, vinderschap, schatvinding, vermenging, zaaksvorming en vruchttrekking.

Natrekking

Natrekking

We maakten al kennis met art. 5:3 BW, dat bepaalt dat de eigenaar van een zaak eigenaar is van al haar bestanddelen, ook wel natrekking genoemd.
Een bestanddeel is een zaak die volgens verkeersopvatting deel uitmaakt van een andere zaak, of een zaak die zodanig met een andere zaak is verbonden, dat deze niet zonder meer van die andere zaak is los te maken. Wanneer een roerende of een onroerende zaak bestanddeel wordt van een andere zaak, dan wordt de eigenaar van de hoofdzaak daardoor ook eigenaar van het bestanddeel.

Natrekking roerende zaken

Ten aanzien van roerende zaken wordt natrekking geregeld in art. 5:14 BW. Volgens lid 1 van dit artikel gaat

> 'de eigendom van een roerende zaak die bestanddeel wordt van een andere roerende zaak die als hoofdzaak is aan te merken, over aan de eigenaar van deze hoofdzaak'.

Hoofdzaak

De hoofdzaak is de zaak met de hoogste waarde of de zaak die volgens verkeersopvatting als hoofdzaak wordt beschouwd (art. 5:14 lid 3 BW). Wanneer de zaken aan verschillende eigenaren toebehoren en er geen hoofdzaak is aan te wijzen, dan worden de oorspronkelijke eigenaren na natrekking mede-eigenaar van de nieuwe zaak (art. 5:14 lid 2 BW).

Natrekking onroerende zaken

Art. 5:20 BW regelt natrekking betreffende onroerende zaken. Uit dit artikel volgt dat de grond altijd de hoofdzaak is, wanneer onroerende zaken worden verenigd. De eigenaar van de grond wordt door natrekking ook eigenaar van de onroerende zaak die met zijn grond wordt verenigd.
Wanneer er sprake is van vereniging van een roerende en een onroerende zaak, dan is de onroerende zaak altijd de hoofdzaak. De eigenaar van de onroerende zaak wordt door natrekking ook eigenaar van de roerende zaak.

Toe-eigening

Toe-eigening
Inbezitneming

Toe-eigening wordt ook wel inbezitneming genoemd. Volgens art. 5:4 BW verkrijgt

> 'hij die een aan niemand toebehorende roerende zaak in zijn bezit neemt, daarvan de eigendom'.

Uit het artikel volgt dat toe-eigening alleen van toepassing is op een roerende zaak die aan niemand toebehoort. Een dergelijke zaak wordt ook wel aangeduid met de Latijnse term 'res nullius' (res = zaak; nullius = van niemand). Een duidelijk voorbeeld van een *res nullius* is een zaak die door iemand bij het vuil is gezet. Op het moment dat iemand deze zaak oppakt en meeneemt, wordt hij eigenaar van de zaak.
Niet elke zaak waarvan de eigenaar niet in zicht is, is een *res nullius*; het kan ook een zaak zijn die iemand tijdelijk ergens heeft neergezet of die door iemand is verloren. In dat geval is er sprake van een onbeheerde zaak en gelden de regels ten aanzien van vinderschap (waarover hierna meer).
Een onroerende zaak kan nooit een *res nullius* zijn. Op grond van art. 5:24 BW behoren onroerende zaken die geen andere eigenaar hebben namelijk toe aan de Staat.

Vinderschap

Vinderschap

Wanneer iemand een onbeheerde zaak vindt en onder zich neemt, is er sprake van vinderschap. Uit hoofde van art. 5:5 BW dient de vinder de zaak aan de eigenaar te retourneren of aangifte te doen van de vondst bij een daartoe bevoegde ambtenaar. De zaak kan in bewaring worden gegeven bij de gemeente waarbinnen de zaak is gevonden. Wanneer de vinder de zaak niet afgeeft, is hij verplicht deze zelf in bewaring te nemen en voor het onderhoud daarvan zorg te dragen.
Op grond van art. 5:6 BW verkrijgt de vinder die aan de vereisten van art. 5:5 BW heeft voldaan na één jaar de eigendom van de gevonden zaak.
Wanneer een eigenaar zijn door een ander gevonden zaak binnen een jaar opeist, dan is hij verplicht de kosten van bewaring, onderhoud en opsporing van de eigenaar van de zaak te vergoeden. Tevens heeft de vinder recht op

Vindersloon

een redelijke beloning, ook wel vindersloon genoemd, wanneer hij aan zijn verplichtingen heeft voldaan (art. 5:10 BW).
Degene die de trompet van Leon in de trein vond, had dus overeenkomstig voorgaande dienen te handelen.

Schatvinding

Schatvinding

Art. 5:13 lid 2 BW bepaalt dat een schat een zaak is die waarde heeft, die zolang verborgen is geweest dat daardoor de eigenaar niet meer kan worden getraceerd. Volgens art. 5:13 lid 3 BW moet degene die de schat vindt, hiervan aangifte doen als omschreven in art. 5:5 lid 1 sub a BW. De schatvinder en de eigenaar van de roerende of onroerende zaak waarin de schat is verborgen worden voor gelijke delen eigenaar van de schat (art. 5:13 lid 1 BW).

Vermenging

Wanneer roerende zaken die aan verschillende eigenaren toebehoren door vermenging tot één zaak worden verenigd, dan is art. 5:14 BW overeenkom-

Vermenging

stig van toepassing (art. 5:15 BW). Van vermenging is sprake wanneer afzonderlijke hoeveelheden vloeistoffen of gassen met elkaar worden verenigd. Daarnaast kunnen soortgelijke zaken, zoals granen, met elkaar worden vermengd.
Stel dat twee vaten met daarin vloeistof samen in één groot vat worden gegoten, waardoor de vloeistoffen zich vermengen. Wanneer de vaten aan één ei-

genaar toebehoren, dan verandert er niets aan het eigendomsrecht en is er geen probleem. Zouden de twee vaten vloeistoffen echter toebehoren aan twee verschillende eigenaren dan kan na vermenging niet meer worden vastgesteld wie van welk deel vloeistof eigenaar is. In zo'n geval worden de oorspronkelijke eigenaren ieder mede-eigenaar van de vermengde vloeistof (art. 5:15 jo. 5:14 lid 2 BW). Een derde mogelijkheid is dat een van de vaten vloeistof meer waard is dan de vloeistof waarmee deze wordt vermengd; in dat geval wordt de eigenaar van de vloeistof die meer waard is, eigenaar van de vermengde vloeistof (art. 5:15 jo. 5:14 lid 1 jo. 5:14 lid 3 BW).

Zaaksvorming

Zaaksvorming

In art. 5:16 BW wordt zaaksvorming geregeld. Volgens lid 1 van dit artikel is er sprake van zaaksvorming, wanneer iemand uit één of meerdere roerende zaken een nieuwe zaak vormt. De eigenaar van de oorspronkelijke zaken wordt eigenaar van die nieuwe zaak. Ingeval de oorspronkelijke zaken toebehoren aan verschillende eigenaren, dan wordt degene die de nieuwe zaak heeft gevormd in beginsel eigenaar van die nieuwe zaak. Dit is niet het geval als de kosten van de vorming van de nieuwe zaak gering zijn.

Vruchttrekking

Vruchttrekking

Volgens art. 5:1 lid 3 BW is de eigenaar van een zaak ook eigenaar van de vruchten daarvan.
In art. 5:17 BW wordt bepaald dat degene die recht heeft op de vruchten van een zaak (bijvoorbeeld een eigenaar, maar ook een vruchtgebruiker), het eigendomsrecht op de vruchten verwerft, zodra deze zijn afgescheiden.
Ter illustratie: de eigenaar (of de vruchtgebruiker) van een appelboom wordt eigenaar van de appels, op het moment dat deze van de boom afvallen of geplukt worden.

Tussenvraag 3.6
Matthijs zet een nieuwe horlogebandje aan het horloge van zijn zus.
Van welke wijze van eigendomsverkrijging is hier sprake?

Tussenvraag 3.7
Matthijs is eigenaar van een hond, die vier puppies krijgt.
Van welke wijze van eigendomsverkrijging is hier sprake?

3.4 Eigendomsverlies

Er zijn verschillende manieren waarop een eigenaar zijn eigendomsrecht kan verliezen:

- Een eigenaar verliest het recht van eigendom wanneer een ander dit verkrijgt.
- Een eigenaar doet afstand van een zaak.
- De zaak waarop het eigendomsrecht rust gaat teniet.

We nemen de hiervoor vermelde wijzen van eigendomsverlies één voor één onder de loep.

3.4.1 Een ander verkrijgt het recht van eigendom

Eigendomsverlies door eigendomsverkrijging

In paragraaf 3.3 bespraken we de verschillende wijzen van eigendomsverkrijging. In veel gevallen van eigendomsverkrijging door de ene persoon is er sprake van eigendomsverlies door een andere persoon, bijvoorbeeld bij overdracht. Op het moment dat de nieuwe eigenaar immers het eigendomsrecht op een goed verkrijgt, wordt dit door de oorspronkelijke eigenaar verloren. In figuur 3.4 is dit schematisch weergegeven.

Figuur 3.4 **Eigendomsverlies**

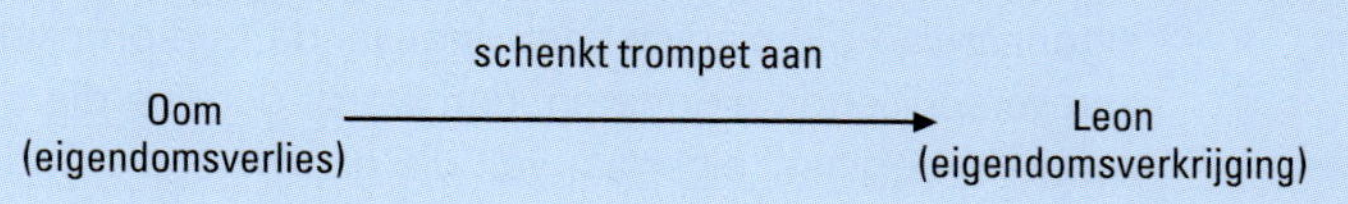

Er zijn echter ook wijzen van eigendomsverkrijging waarbij er geen sprake is van eigendomsverlies; denk maar aan vruchttrekking. Er ontstaat immers een nieuwe zaak waarvan een persoon eigenaar wordt. Er is dan geen sprake van eigendomsverlies.
Let op: door diefstal verliest een eigenaar zijn eigendomsrecht niet, evenmin in geval van vermissing. De eigenaar behoudt zijn recht van eigendom, ook al kan hij niet meer over de eigendom beschikken.
Leon blijft eigenaar van de trompet die hij in de trein laat liggen, ook al kan hij er niet meer over beschikken.

3.4.2 Afstand

Art. 5:18 BW bepaalt dat:

> 'De eigendom van een roerende zaak wordt verloren, wanneer de eigenaar het bezit prijsgeeft met het oogmerk om zich van de eigendom te ontdoen.'

We kunnen in dit artikel de volgende voorwaarden onderscheiden:
- de eigenaar
- geeft het bezit van een roerende zaak prijs
- met het oogmerk om zich van de eigendom te ontdoen.

Wordt aan deze drie voorwaarden voldaan dan treedt het rechtsgevolg in werking: de eigendom van de roerende zaak wordt verloren.
In de eerste voorwaarde wordt uitdrukkelijk gesteld dat alleen de eigenaar afstand kan doen van zijn eigendomsrecht; een ander kan dus niet voor de eigenaar besluiten dat zijn recht van eigendom wordt beëindigd.
Volgens de tweede voorwaarde kan het alleen een roerende zaak betreffen. Het bezit van die roerende zaak wordt door de eigenaar prijsgegeven. Met

bezit wordt bedoeld de macht die een eigenaar over de zaak uitoefent; de eigenaar ziet van het bezit van zijn zaak af.
In de laatste voorwaarde komt de bedoeling van de eigenaar aan bod. Niet iedere eigenaar die het bezit van een zaak prijsgeeft, heeft de bedoeling zijn eigendomsrecht op te geven. Om de eigendom van een zaak te verliezen, dient de eigenaar niet alleen het bezit van die zaak op te geven, hij moet ook het oogmerk (de bedoeling) hebben zich van het eigendomsrecht op die zaak te ontdoen.
In het geval van Leon en de trompet die hij in de trein laat liggen, is er duidelijk geen sprake van afstand: hij geeft het bezit van de trompet niet prijs met het oogmerk zich van de eigendom te ontdoen.
Stel dat Leon, nadat hij besloten heeft te stoppen met zijn rechtenstudie, zijn wettenbundels bij het oud papier zet, dan geeft hij het bezit daarvan prijs met het oogmerk zich van de eigendom te ontdoen.
Wanneer een eigenaar het bezit van een roerende zaak prijsgeeft, dan wordt het een *res nullius* (een zaak die aan niemand toebehoort). We zagen in de vorige paragraaf dat wanneer iemand een dergelijke zaak in bezit neemt, hij eigenaar wordt van die zaak.

Ten aanzien van dieren, dit zijn immers ook zaken, kan de eigendom eveneens verloren worden. Volgens art. 5:19 lid 1 BW verliest de eigenaar van een tam dier de eigendom daarvan, wanneer het dier, nadat het uit de macht van de eigenaar is geraakt, is verwilderd.
Het tweede lid van dit artikel ziet op het verlies van eigendom van andere dieren. Hiervan is sprake wanneer die dieren de vrijheid verkrijgen en de eigenaar niet direct probeert ze te vangen, of zijn pogingen daartoe staakt.

Voorbeeld 3.4

Ori heeft een konijn dat in een hok in de tuin zit. Op een ochtend, wanneer hij zijn konijn gaat voeren, zit er een gat in het gaas van het hok; het konijn is verdwenen. Ori doorzoekt de hele tuin, maar vindt zijn konijn niet terug. Zes maanden later wanneer hij aan het voetballen is op een grasveld, niet ver bij zijn huis vandaan, ziet hij opeens zijn konijn zitten. Ori probeert het te vangen, maar het konijn is zo verwilderd dat het hard wegrent.
Hier is sprake van bezitsverlies. Het konijn is immers uit de macht van Ori geraakt en is vervolgens verwilderd.

Er is niet altijd duidelijkheid over wie de eigenaar is van een roerende zaak; het recht van eigendom brengt namelijk niet altijd voordelen met zich, maar soms ook nadelen. In 2003 deed het Gerechtshof te Arnhem uitspraak in een zaak waarin partijen er verschillende ideeën op nahielden over wie de eigenaar was van snoeiafval (en wie aansprakelijk was voor de daardoor veroorzaakte schade); de oorspronkelijke eigenaar had het bezit prijsgegeven met het oogmerk zich van de eigendom te ontdoen. In deze zaak was het volgende aan de hand.

Derksen – Gemeente Rijnwaarden

Ene Derksen is eigenaar van een weiland waarin hij zijn koeien laat grazen. Op zekere dag zijn dertien van zijn, tot dan toe gezonde, koeien gestorven. Derksen heeft de oorzaak van deze plotselinge koeiensterfte algauw achterhaald: de dieren hebben snoeiafval van taxusstruiken gegeten, dat iemand vlak naast zijn weiland had gedumpt. Taxus is een struik die gebruikt wordt om heggen mee te vormen, maar die uitermate giftig is voor koeien en paarden.

Onderzoek wijst uit dat de gemeente een week eerder een advertentie heeft geplaatst, waarin is opgenomen dat men de gemeente kan bellen om snoeihout en -afval te laten ophalen. Ene Houtman heeft hiervan gebruikgemaakt en de gemeente gebeld om zijn snoeiafval te komen ophalen. Houtman legt het afval echter op een plaats waar de vrachtauto van de gemeente niet kan komen. De gemeente verzoekt Houtman om het afval in de berm van de Aerdtse dijk te leggen, tegen de afrastering van het weiland van Derksen. Deze instructie wordt door Houtman opgevolgd.
Niemand zich realiseert echter dat zich tussen het snoeiafval van Houtman takken van taxusstruiken bevinden. De koeien van Derksen ontdekken de taxustakken en algauw doen ze zich hier te goed aan, met fatale gevolgen.

Derksen stelt de gemeente aansprakelijk en vordert een schadevergoeding op grond van onrechtmatige daad. Hij stelt dat de gemeente, door het plaatsen van de advertentie en het instrueren van Houtman om het taxussnoeisel naast zijn weiland te leggen, de feitelijke macht is gaan uitoefenen over het taxussnoeisel. Derhalve dient de gemeente op te draaien voor de door hem geleden schade, aldus Derksen.

Het Hof beslist echter anders:

> 'Het enkele feit dat Houtman (of anderen) ingevolge artikel 5:18 BW de eigendom van het snoeiafval heeft verloren door het aan de weg te plaatsen, brengt niet reeds met zich, zoals Derksen betoogt, dat de gemeente daarvan bezitter of eigenaar is geworden. Daarvoor is inbezitneming door de gemeente vereist (artikel 5:4 BW).'

De vordering van Derksen tegen de gemeente wordt dan ook afgewezen door het Hof.
Uit deze uitspraak volgt dat het feit dat een eigenaar zijn eigendom prijsgeeft en daardoor verliest, niet automatisch leidt tot bezitsverkrijging van een ander. De ander dient de zaak in bezit te nemen overeenkomstig art. 5:4 BW, alvorens daarvan eigenaar te worden.

3.4.3 De zaak gaat teniet

Tenietgaan

Ten slotte verliest een eigenaar zijn eigendom, wanneer de zaak waarop het eigendomsrecht rust tenietgaat. Dat wil zeggen: de zaak houdt op te bestaan. Een boek dat wordt verbrandt bestaat niet langer, het is tenietgegaan. De eigenaar van het boek verliest daardoor zijn eigendom.

Tussenvraag 3.8
Geef aan op welke wijze een eigenaar zijn recht van eigendom kan verliezen en geef van iedere wijze een kort voorbeeld.

Samenvatting

Het eigendomsrecht is het meest omvattende recht dat een persoon op een zaak kan hebben. Het is een volledig recht, waarvan andere rechten kunnen worden afgeleid. Het recht van eigendom is een absoluut recht.

Een eigenaar komen verschillende rechten en bevoegdheden toe:
- De eigenaar van een zaak heeft het recht om deze zaak naar eigen inzicht te gebruiken, zolang hij niet handelt in strijd met de rechten van anderen.
- Hij wordt automatisch ook eigenaar van de afgescheiden vruchten van zijn eigendom, behoudens de rechten van anderen.
- De eigenaar van een zaak is tevens eigenaar van alle bestanddelen van die zaak, hetgeen natrekking wordt genoemd.
- Daarnaast is een eigenaar beschikkingsbevoegd ten aanzien van zijn eigendom; hij mag deze vervreemden en bezwaren.
- De eigenaar van een zaak is bevoegd om deze van eenieder die de zaak zonder recht houdt op te eisen, wat revindicatie wordt genoemd.

Een eigenaar mag geen misbruik maken van zijn eigendomsrecht of onrechtmatige hinder veroorzaken.
Er is misbruik van recht wanneer een ander onevenredig veel nadeel ondervindt van het uitoefenen van het eigendomsrecht door de eigenaar.
Hinder is er in geval van:
- het verspreiden van rumoer, trillingen, stank, rook of gassen;
- het onthouden van licht of lucht;
- het ontnemen van steun.

De hinder moet onrechtmatig zijn in de zin van art. 6:162 BW.

Goederen kunnen op verschillende wijzen in eigendom worden verkregen. In de volgende gevallen is sprake van eigendomsverkrijging onder algemene titel:
- erfopvolging
- boedelmenging
- fusie
- splitsing.

Eigendomsverkrijging onder bijzondere titel betreft:
- overdracht
- verjaring
- onteigening
- overige in de wet aangegeven wijzen van eigendomsverkrijging, zoals natrekking, toe-eigening, vinderschap, schatvinding, vermenging, zaaksvorming en vruchttrekking.

Een eigenaar kan zijn eigendomsrecht op de volgende wijzen verliezen:
- Een ander verkrijgt het recht van eigendom.
- Hij doet afstand van een zaak: hij geeft het bezit prijs met het oogmerk zich van de eigendom te ontdoen.
- De zaak waarop het eigendomsrecht rust gaat teniet.

Studie-eindvragen

Casus 3.1

Motorclub Heaven's Devils heeft al jaren een stuk grond van de gemeente in gebruik. Er staan een clubhuis en een aantal loodsen, waarin de leden aan hun motoren kunnen sleutelen. Wanneer er een nieuwe burgemeester aantreedt, worden de Heaven's Devils plotseling gesommeerd het terrein te ontruimen en terug te geven aan de gemeente. Er ontstaat een juridische strijd tussen gemeente en Devils die uiteindelijk aan de rechter wordt voorgelegd.
De advocaat van de Devils voert aan dat de gemeente misbruik maakt van haar eigendomsrecht; de Devils maken immers al jaren gebruik van het terrein en hebben geen mogelijkheden zich elders te vestigen. Bovendien heeft de gemeente niet duidelijk kunnen maken waarvoor zij het stuk grond zelf nodig heeft.

a Heeft de advocaat gelijk en is hier sprake van misbruik van recht?

Stel dat de Heaven's Devils de zaak winnen en van de gemeente een vergunning krijgen om het clubhuis ook als café te gebruiken. De Devils houden wel van een feestje en gaan geregeld tot diep in de nacht door. Er wordt harde muziek gedraaid en de Devils laten hun motoren flink ronken als zij het clubhuis verlaten. De omwonenden zijn hier allerminst gelukkig mee en hebben het probleem bij de Devils aangekaart. De Devils stellen zich echter op het standpunt dat zij eigenaar zijn van het clubhuis en dat zij een vergunning hebben om er een café in te runnen.

b Moeten de omwonenden hier genoegen mee nemen?

Casus 3.2

Moreno is eigenaar van een herdershond, genaamd Rex. De hond verblijft overdag in de tuin van Moreno en 's nachts slaapt hij in een kennel die tegen de woning is aangebouwd. Op een ochtend gaat Moreno, zoals altijd, naar buiten om Rex te voeren, en ziet dat de kennel openstaat en Rex is verdwenen. Ook de schuur, die achter in de tuin staat, is opengebroken en een aantal auto-onderdelen die Moreno daar had opgeslagen is eveneens verdwenen.
Een paar weken later is Moreno op bezoek bij een vriend die aan de andere kant van de stad woont. Plotseling ziet hij daar een jongen met een herdershond lopen die erg veel op Rex lijkt. Dichterbij gekomen, blijkt het inderdaad Rex te zijn.

a Kan Moreno zijn hond terugkrijgen? Zo ja, op welke wijze? Zo nee, waarom niet?

Weer een paar weken later ziet Moreno een auto geparkeerd staan, met daarop een opvallende grill gemonteerd. Hij loopt erheen en ziet dat het de grill is die uit zijn schuur is gestolen.

b Kan Moreno de grill terugkrijgen? Zo ja, op welke wijze? Zo nee, waarom niet?

4

Bezit

Openingscasus

Bezit en houderschap op de Veluwe

Mariëlle en Francesca hebben elkaar in augustus leren kennen tijdens de introductiedagen van de opleiding hbo-rechten. Ze studeren vaak samen en zijn inmiddels goede vriendinnen geworden. De weken van het eerste blok vliegen voorbij en voordat ze het goed en wel beseffen is het al bijna herfstvakantie. Omdat ze beiden zo hard gewerkt hebben, besluiten ze een weekendje weg te gaan. Nadat ze verschillende opties hebben bekeken, valt de keuze op een vakantiehuisje op de Veluwe. Het huisje ligt vlak bij het Nationaal Park De Hoge Veluwe en ook is er een gezellig café in de buurt.

Mariëlle en Francesca nemen in de loop van de ochtend de trein en komen 's middags bij het vakantiehuisje aan. Nadat ze hun spullen hebben uitgepakt, lopen ze naar de nabij gelegen buurtsupermarkt om inkopen te doen voor het weekend. Onderweg ontdekken ze een fietsenverhuurder en ze bespreken de mogelijkheid om de volgende dag een fiets te huren en het nationaal park te bekijken.
Wanneer ze met de boodschappen terugkomen in het huisje, zet Francesca de televisie aan om het weerbericht voor de volgende dag te bekijken. Dan blijkt dat de televisie niet werkt. Ze bellen de beheerder van het huisje, die meteen iemand stuurt om het probleem te verhelpen; de televisie wordt omgeruild voor een andere en, na het bekijken van het weerbericht, besluiten de vriendinnen om de volgende dag te gaan fietsen.

Na een goede nachtrust gaan Mariëlle en Francesca vroeg op pad. Ze huren ieder een fiets en kopen een routebeschrijving voor een fietstocht van 25 kilometer. Het is een prachtige route en Mariëlle, die het fototoestel van haar broer heeft geleend, neemt een flink aantal foto's.

Teruggekomen in het huisje, pakt Francesca haar laptop erbij om de foto's die Mariëlle onderweg heeft genomen te bekijken. Het zijn mooie plaatjes geworden en zijn het erover eens dat het een zeer geslaagde dag was.

De volgende dag gaan Mariëlle en Francesca naar een subtropisch zwembad, met onder andere een golfslagbad en sauna. Na een ochtendje genieten is het tijd om hun spullen in te pakken en het huisje op te ruimen. Voordat ze vertrekken, komt de beheerder langs om te controleren of het huisje in orde is, wat het geval is. Hierna nemen de vriendinnen de trein naar huis, waar ze laat in de middag arriveren.
Het was een zeer geslaagd weekend en de mooie foto's zijn hiervan onomstotelijk het bewijs!

Bezit en houderschap worden geregeld in titel 5 van boek 3 BW. In dit hoofdstuk komt zowel bezit als houderschap uitgebreid aan bod. Verder wordt besproken hoe bezit en houderschap zich verhouden tot het eigendomsrecht.

Paragraaf 4.1 staat in het teken van bezit en houderschap. Vragen als: Wat is bezit? Wat is houderschap? Wat is het verschil tussen bezit en houderschap? worden in deze paragraaf beantwoord. In paragraaf 4.2 wordt behandeld op welke wijzen bezit kan worden verkregen en komen de verschillende wijzen van bezitsoverdracht aan bod. In paragraaf 4.3 zien we wie bezitter te goeder trouw is en wat de gevolgen daarvan zijn. Ten slotte wordt in paragraaf 4.4 het verlies van bezit besproken.

4.1 Bezit en houderschap

Eerst gaan we in op de begrippen bezit en bezitter. Vervolgens worden de begrippen houderschap en houder behandeld. In de daaropvolgende subparagraaf worden onmiddellijk en middellijk bezit geïntroduceerd. Ten slotte kijken we naar onmiddellijk en middellijk houderschap.

4.1.1 Bezit en bezitter

Bezit

Art. 3:107 lid 1 BW omschrijft bezit als:

> 'het houden van een goed voor zichzelf'.

Dit artikel bestaat uit twee bestanddelen:
- een goed
- houden voor zichzelf.

Bezitter

We zien dat bezit betrekking kan hebben op zowel zaken als vermogensrechten (beide zijn immers een goed). Het voor zichzelf houden van een goed geeft aan bij wie het goed zich bevindt. Degene die het goed in zijn feitelijk macht heeft, wordt de bezitter genoemd; een bezitter gedraagt zich over het algemeen als eigenaar van het goed.

Is de bezitter van een goed ook daadwerkelijk de eigenaar daarvan? In de meeste gevallen is dat inderdaad het geval, zoals ook uit voorbeeld 4.1 blijkt.

Voorbeeld 4.1
Hugo is de trotse eigenaar van een woonboot. Hij heeft de boot twee jaar geleden gekocht en nadat hij deze met een aantal vrienden heeft opgeknapt, woont hij er met veel plezier in.

Hugo heeft de woonboot in zijn feitelijke macht: hij woont erin. Daarnaast is hij de eigenaar van de boot. Hugo is dus zowel eigenaar als bezitter; hij houdt de woonboot (het goed) voor zichzelf en gedraagt zich hier ook naar (opknappen, bewonen).

Een dief houdt een goed echter ook voor zichzelf, hij heeft het goed immers als bezitter in zijn macht en gedraagt zich als eigenaar. Toch wordt een dief geen eigenaar op het moment dat hij het goed in bezit neemt. Dit zagen we al in hoofdstuk 3. In paragraaf 4.3 komen we terug op de dief als bezitter.

4.1.2 Houderschap en houder

Houderschap
Houder

Wanneer iemand een goed niet voor zichzelf houdt maar voor een ander, wordt dit houderschap genoemd. Net als bij bezit is er sprake van een goed dat zich in de macht van een persoon bevindt, in dit geval de houder. De houder heeft niet het recht om een zaak naar eigen goeddunken te gebruiken, zoals de eigenaar volgens art. 5:1 lid 2 BW dat heeft. De houder gedraagt zich dus niet als eigenaar van het goed; hij houdt het voor een ander.
Hieruit kunnen we concluderen dat de houder van een goed nooit de eigenaar daarvan is. De houder van een goed staat altijd in een rechtsverhouding tot een ander, meestal de eigenaar van dat goed. Vaak ligt er een overeenkomst aan het houderschap ten grondslag, zoals een huurovereenkomst of een bruikleenovereenkomst.

We zagen dat Mariëlle en Francesca in de openingscasus voor een weekend een vakantiehuisje huren, alsmede twee fietsen om een fietstocht door het Nationaal Park De Hoge Veluwe te maken.
Gedurende het weekend zijn Mariëlle en Francesca houder van het vakantiehuisje. Het huisje bevindt zich immers in hun macht. Mariëlle en Francesca zijn echter geen bezitters: zij hebben niet het recht om met het huisje te doen wat zij willen. De eigenaar van het vakantiehuisje zou dit bijvoorbeeld kunnen verkopen of verbouwen als hij dat zou willen, Mariëlle en Francesca kunnen dat niet. Wanneer de televisie niet werkt, belt Francesca de beheerder die het probleem oplost. Hieruit blijkt eveneens dat de vriendinnen houders zijn en geen bezitters. Een bezitter zou namelijk zelf voor de reparatie hebben moeten zorgen of hiertoe opdracht hebben gegeven.
Ook ten aanzien van de gehuurde fietsen is er sprake van houderschap. De vriendinnen hebben de fietsen feitelijk in hun macht, maar zij gedragen zich niet als eigenaar van de fietsen.

Verkeersopvatting

Volgens art. 3:108 BW moet de vraag of iemand een goed houdt en of hij dit voor zichzelf of voor een ander doet worden beoordeeld naar verkeersopvatting; dat wil zeggen: opvattingen die in de maatschappelijke omgang als norm gelden.
Verder verwijst art. 3:108 BW naar 'de navolgende regels'. Hiermee worden onder andere art. 3:109 tot en met 3:117 BW bedoeld; de meeste van deze artikelen zullen in deze en in de volgende paragrafen worden besproken.

Uiterlijke feiten

Ten slotte moet worden gekeken naar uiterlijke feiten. Denk daarbij aan de gedragingen van de personen die het goed in hun macht hebben, zoals in de openingscasus en in voorbeeld 4.1.

In art. 3:109 BW wordt gesteld dat:

> 'wie een goed houdt, wordt vermoed dit voor zichzelf te houden'.

Laten we nog eens kijken naar de twee vriendinnen in de openingscasus die een fiets huren; zij zijn houders van de fietsen. Volgens art. 3:109 BW mag men aannemen dat degene die een goed houdt, dit voor zichzelf houdt. We weten inmiddels dat degene die een goed voor zichzelf houdt de bezitter is van dat goed.
Dit betekent dat aangenomen moet worden dat Mariëlle en Francesca bezitters zijn van de fietsen. Volgens art. 3:108 BW dient echter ook gekeken te worden naar de verkeersopvattingen en uiterlijke feiten. Huurfietsen zijn meestal goed te onderscheiden door stickers of labels die de verhuurder erop heeft aangebracht; verder zien de fietsen er vaak hetzelfde uit (kleur, merk). Op basis van deze kenmerken kunnen Mariëlle en Francesca derhalve niet als bezitter, maar slechts als houder worden aangemerkt. Is er echter geen sprake van verkeersopvattingen of uiterlijke feiten die erop wijzen dat iemand voor een ander houdt, dan moeten we ervan uitgaan dat iemand voor zichzelf houdt.

Processuele functie

Bewijsfunctie

Voorts is in art. 3:119 BW bepaald dat de bezitter van een goed vermoed wordt rechthebbende te zijn. Dit wordt ook wel de processuele functie of bewijsfunctie van bezit genoemd. Wanneer er dus twijfel bestaat over wie de rechthebbende is van een goed dan wordt er in beginsel van uitgegaan dat de bezitter de rechthebbende is.
In samenhang met art. 3:109 BW kunnen we nu het volgende concluderen: in beginsel wordt ervan uitgegaan dat iemand die de feitelijke macht heeft over een bepaald goed, dit goed voor zichzelf houdt. Deze persoon wordt dus aangemerkt als bezitter, hij houdt immers voor zichzelf. Daarbij komt nu dat iemand die een bepaald goed bezit, vermoed wordt de rechthebbende te zijn. Met andere woorden: in beginsel gaan we ervan uit dat iemand die de feitelijke macht uitoefent over een goed ook de rechthebbende is op dat goed. Wanneer iemand op een fiets rondrijdt, wordt hij vermoed de rechthebbende op die fiets te zijn. Iemand die met een hond aan de riem loopt, wordt vermoed de rechthebbende op die hond te zijn.

Art. 3:111 BW bepaalt dat wanneer iemand is begonnen een goed krachtens een bepaalde rechtsverhouding (bijvoorbeeld uit hoofde van een huurovereen-

Interversie van houderschap

komst) te houden, hij daarmee doorgaat, tenzij is gebleken dat de rechtsverhouding is gewijzigd. In dat geval is er sprake van interversie van houderschap: een houder wordt bezitter. Een wijziging kan blijken uit een handeling van degene voor wie men houdt of wanneer het recht van degene voor wie men houdt openlijk wordt weersproken.
Stel dat Mariëlle en Francesca de gehuurde fietsen van de verhuurder kopen (huurfietsen worden soms aan het einde van een seizoen verkocht).
In dat geval is de rechtsverhouding gewijzigd: Mariëlle en Francesca zijn, op basis van een huurovereenkomst, begonnen de fietsen te houden voor de verhuurder. Op het moment dat zij de fietsen kopen, wijzigt de rechtsverhouding in die zin dat de huurovereenkomst eindigt en er een koopovereenkomst voor in de plaats treedt. Overeenkomstig art. 3:111 BW is er sprake van een handeling van degene voor wie Mariëlle en Francesca houders waren, te weten de verhuurder van de fietsen. Deze handeling houdt in het verkopen van de fietsen aan Mariëlle en Francesca. Zij zijn vanaf dat moment niet langer houders; zij zijn eigenaar geworden van de fietsen.

Een ander voorbeeld. Stel, iemand leent een boek en ontdekt dat hij eigenlijk eigenaar is van dat boek. Hij kan dan uit hoofde van art. 3:111 BW het eigendomsrecht van degene die het boek aan hem heeft uitgeleend openlijk weerspreken.

Tussenvraag 4.1

Zoek de volgende zaken op in de openingscasus en geef aan wie de bezitter en wie de houder is:

a fototoestel
b laptop
c fietsen (tijdens verhuur)
d fietsen (na verkoop)

Goederenrechtelijke positie

Of iemand houder of bezitter is, wordt ook wel zijn goederenrechtelijke positie genoemd.

4.1.3 Onmiddellijk en middellijk bezit

Onmiddellijk bezit

We keren nog even terug naar art. 3:107 BW. In het tweede lid van dit artikel wordt bepaald dat bezit onmiddellijk is wanneer een persoon een goed bezit zonder dat een ander het goed voor hem houdt. Hugo (voorbeeld 4.1) is onmiddellijk bezitter van de woonboot: hij oefent zelf de feitelijke macht over de woonboot uit.
Een ander voorbeeld: Mohamed is bezitter van een mobiele telefoon en draagt deze bij zich of heeft de telefoon in zijn tas zitten. Mohamed oefent de feitelijke macht uit over de telefoon en is onmiddellijk bezitter.

Middellijk bezit

Art. 3:107 lid 3 BW stelt dat bezit middellijk is wanneer door iemand anders de feitelijke macht wordt uitgeoefend namens de bezitter (voorbeeld 4.2).

Voorbeeld 4.2

Stel dat Mohamed zijn mobiele telefoon voor reparatie achterlaat in een telefoonwinkel. Mohamed is vanaf dat moment geen onmiddellijk bezitter meer; hij heeft de telefoon immers niet meer onder zich. De feitelijke macht wordt voor hem uitgeoefend door een medewerker van de telefoonwinkel die de telefoon repareert. Deze medewerker houdt de telefoon voor Mohamed. Op het moment dat Mohamed zijn telefoon weer ophaalt bij de telefoonwinkel, is hij weer onmiddellijk bezitter.

De bezitter van de huurfietsen die Mariëlle en Francesca in de openingscasus huren is tevens middellijk bezitter vanaf het moment dat de vriendinnen de huurfietsen meenemen.
Uit het voorgaande kunnen we concluderen dat slechts één persoon bezitter kan zijn van een goed. Slechts één persoon kan immers de feitelijk macht over een goed uitoefenen. Uiteraard is het – onder bepaalde omstandigheden – mogelijk dat twee of meer personen samen een goed bezitten; in dat geval is er sprake van medebezit.

Medebezit

Schematisch ziet dat eruit als in figuur 4.1.

Figuur 4.1 **Onmiddellijk en middellijk bezit**

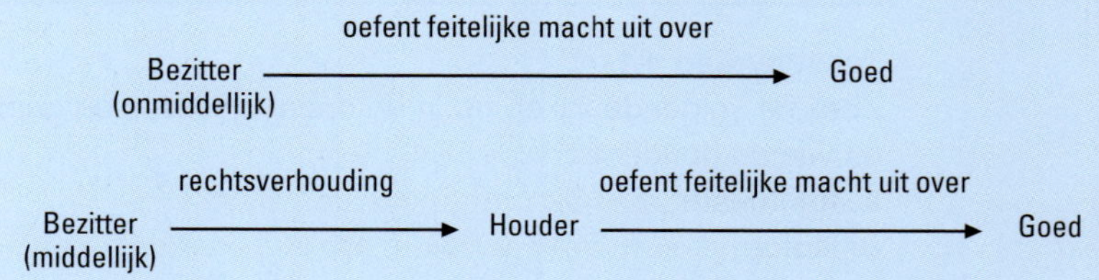

4.1.4 Onmiddellijk en middellijk houderschap

Op grond van art. 3:107 lid 4 BW is houderschap op overeenkomstige wijze middellijk of onmiddellijk.

Onmiddellijk houder

De houder van een goed houdt dit goed niet voor zichzelf maar voor een ander. De houder kan het goed houden voor de eigenaar zelf, maar ook voor een bezitter die geen eigenaar is of voor een andere houder.
Een voorbeeld van een houder die houdt voor een eigenaar is iemand die een boek leent van de eigenaar van het boek. Zolang hij het boek onder zich heeft en er feitelijke macht over uitoefent, is hij onmiddellijk houder van het boek.

Stel dat degene die het boek uitleent niet de eigenaar is van dit boek, maar het heeft gestolen en het vervolgens uitleent. In een dergelijk geval houdt de houder voor een bezitter, niet-eigenaar. Ook hier is sprake van onmiddellijk houderschap.

Middellijk houder

Wanneer de houder van het boek dit op zijn beurt aan een ander uitleent, dan doet de situatie van middellijk houderschap zich voor. De eerste houder wordt middellijk houder, terwijl degene die het boek daadwerkelijk onder zich heeft onmiddellijk houder wordt. Ter verduidelijking staat het voorgaande schematisch in figuur 4.2.

Figuur 4.2 **Onmiddellijk en middellijk houderschap**

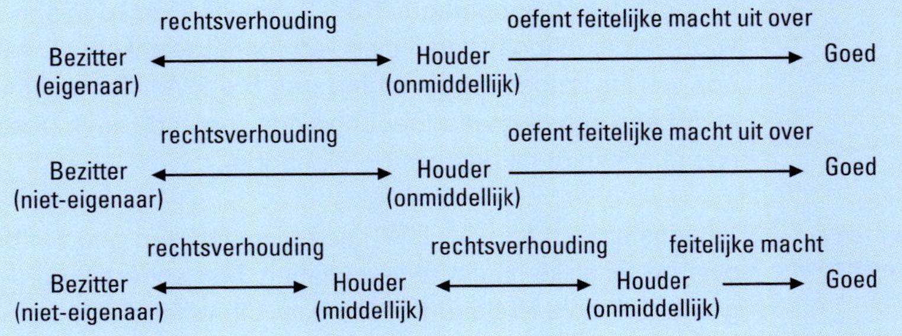

Tussenvraag 4.2

Kijk nog eens naar de antwoorden op vraag 4.1. Geef aan of er sprake is van onmiddellijk of middellijk bezit en/of houderschap.

Tussenvraag 4.3

Geef aan of er ten aanzien van de cursief gezette zaken sprake is van onmiddellijk of middellijk bezit en/of houderschap:

a Mariëlle maakt haar huiswerk op de *laptop* van Francesca.
b Hugo rijdt in zijn *auto* naar zijn werk.
c Francesca kijkt naar de *televisie* in het vakantiehuisje.
d Mohamed zoekt art. 3:107 BW op in zijn *wettenbundel*.
e. Hugo leent een *dvd* van zijn vriend en neemt deze mee naar huis.
f Mariëlle leent een *horloge* van Francesca, die deze op haar beurt van haar zus heeft geleend.

4.2 Bezitsverkrijging

In hoofdstuk 3, paragraaf 3.3 bespraken we verschillende wijzen van eigendomsverkrijging: overdracht, verjaring, onteigening, erfopvolging, boedelmenging en fusie. De wijzen waarop bezit verkregen kan worden komen grotendeels overeen. Volgens art. 3:112 BW kan bezit worden verkregen door inbezitneming, overdracht en opvolging onder algemene titel. Eerst wordt bezitsverkrijging door middel van inbezitneming behandeld. De volgende subparagraaf staat in het teken van bezitsoverdracht door een feitelijke handeling en daarna bekijken we bezitsoverdracht zonder feitelijke handeling. Tot slot wordt ingegaan op bezitsverkrijging door opvolging onder algemene titel.

4.2.1 Inbezitneming

Art. 3:113 lid 1 BW bepaalt:

> 'men neemt een goed in bezit door zich daarover de feitelijke macht te verschaffen'.

Inbezitneming

Dit wordt ook wel inbezitneming genoemd.
In hoofdstuk 3, subparagraaf 3.3.2 maakten we kennis met een bijzondere wijze van eigendomsverkrijging van roerende zaken, te weten toe-eigening, ook wel inbezitneming genoemd (art. 5:4 BW). Ter herinnering: wanneer iemand een aan niemand toebehorende roerende zaak (*res nullius*) in bezit neemt, verkrijgt hij daarvan de eigendom.

Inbezitneming roerende zaak

Volgens art. 3:113 lid 1 BW neemt iemand een goed in bezit door zich daarover de feitelijke macht te verschaffen. Met andere woorden: iemand gaat het goed voor zichzelf houden. Hoe gaat dit nu feitelijk in zijn werk?
In hoofdstuk 3 zagen we dat degene die een aan niemand toebehorende roerende zaak (bijvoorbeeld een stoel die bij het grofvuil staat) oppakt en meeneemt, zich de feitelijke macht over deze zaak verschaft. Hij wordt bezitter en, in dit geval, ook eigenaar van de zaak.
Een dief neemt ook roerende zaken in bezit; hij verschaft zich er immers de feitelijke macht over. Hij wordt echter geen eigenaar van de gestolen zaken.

Inbezitneming onroerende zaak

Inbezitneming van een onroerende zaak blijkt meestal uit meerdere handelingen. In het Grensoverschrijdende Garage-arrest, behandeld in paragraaf 3.1 van hoofdstuk 3, zagen we dat Kuipers een deel van zijn garage bouwde op het perceel van zijn buurvrouw. Kuipers gedroeg zich als bezitter van dat stuk grond. Hij bouwde immers zijn garage erop en had deze en de onderliggende grond in gebruik. Hierdoor had Kuipers zichzelf feitelijke macht verschaft over een stuk grond van zijn buurvrouw; hij was op dat moment bezitter van het betreffende stuk grond. Let op: Kuipers werd geen eigenaar van de grond.

Voordat men een goed dat in het bezit van een ander is in bezit kan nemen, dient de machtsuitoefening die de ander over het goed heeft verbroken te worden (art. 3:113 lid 2 BW). Een voorbeeld hiervan is de dief die een fiets steelt en hierop rondfietst alsof het zijn eigen fiets is. De machtsuitoefening van de oorspronkelijke bezitter is hierdoor geëindigd.

Tussenvraag 4.4

Geef aan of er in de volgende gevallen sprake is van inbezitneming:

a Daniël ziet een spiegel bij het grofvuil staan en neemt deze mee.
b Frank steelt een cd bij de Vrije Platenzaak.
c Mohamed leent zijn telefoon uit aan Daniël.
d Francesca geeft haar laptop cadeau aan Mariëlle.

4.2.2 Bezitsoverdracht door feitelijke handeling

Bezitsoverdracht

Bezitsoverdracht wordt geregeld in art. 3:114 BW:

> 'Een bezitter draagt zijn bezit over door de verkrijger in staat te stellen die macht uit te oefenen, die hij zelf over het goed kon uitoefenen.'

Met andere woorden: de oorspronkelijke bezitter dient er zorg voor te dragen dat de nieuwe bezitter dezelfde macht over het goed kan uitoefenen als hij (oorspronkelijke bezitter) had.
Stel dat Mohamed (voorbeeld 4.2) zijn mobiele telefoon verkoopt aan Daniël. Mohamed verschaft Daniël het bezit van de telefoon door deze aan hem te overhandigen; dit is een feitelijke handeling. Vanaf dat moment kan Daniël (de nieuwe bezitter) dezelfde macht over de telefoon uitoefenen als Mohamed (oorspronkelijke bezitter) er eerder over kon uitoefenen.

Feitelijke handeling

Wanneer het zaken betreft die niet aan de nieuwe bezitter kunnen worden overhandigd, zoals onroerende zaken maar ook grotere roerende zaken, dan vindt bezitsoverdracht veelal plaats door middel van een symbolische handeling. Stel dat Hugo (voorbeeld 4.1) zijn woonboot verkoopt. De bezitsoverdracht van de woonboot vindt zeer waarschijnlijk plaats door het overhandigen van de sleutels van de voordeur, na het ondertekenen van de benodigde notariële akten. Ook dit is een feitelijke handeling, waarmee de feitelijke macht over de woonboot wordt overgedragen aan de nieuwe bezitter.

Symbolische handeling

Bezitsverkrijging

Bezitsverkrijging vindt over het algemeen plaats door middel van bezitsoverdracht, waarmee de oorspronkelijke bezitter ervoor zorgt dat de nieuwe bezitter de macht over de zaak kan uitoefenen. Er vindt een feitelijke handeling plaats, te weten de daadwerkelijke of de symbolische overhandiging van de zaak aan de nieuwe bezitter.

Tussenvraag 4.5
Geef aan op welke wijze het bezit van de volgende zaken overgedragen kan worden:
a een boek
b een hond
c een fiets
d een woning
e een auto
f een paard
g een mobiele telefoon.

4.2.3 Bezitsoverdracht zonder feitelijke handeling

Art. 3:115 BW geeft drie mogelijkheden voor de overdracht van bezit, zonder feitelijke handeling; een tweezijdige verklaring volstaat in deze gevallen. Bezitsoverdracht zonder feitelijke handeling is mogelijk in de volgende gevallen:

Bezitsoverdracht zonder feitelijke handeling

- De vervreemder bezit de zaak en gaat deze zaak voortaan voor de verkrijger houden.
- De verkrijger was houder van de zaak voor de vervreemder.

- Een derde hield de zaak voor de vervreemder en gaat de zaak voor de verkrijger houden.

We bekijken elk van de hiervoor vermelde mogelijkheden aan de hand van een voorbeeld.

De vervreemder bezit de zaak en gaat deze zaak voortaan voor de verkrijger houden
Stel, Mohamed (voorbeeld 4.2) verkoopt zijn mobiele telefoon aan Daniël, maar hij wil de telefoon zelf nog een dag gebruiken aangezien hij zijn nieuwe telefoon pas de volgende dag bij de telefoonwinkel kan ophalen. Wanneer Mohamed en Daniël beiden instemmen met deze gang van zaken, dan is er sprake van bezitsoverdracht zonder feitelijke handeling. Mohamed (de vervreemder) was bezitter van de zaak; hij gaat de zaak houden voor Daniël (de verkrijger). Er vindt geen feitelijke handeling plaats: Mohamed hield de telefoon voor zichzelf en gaat deze houden voor een ander (Daniël). Deze wijze van bezitsoverdracht zonder feitelijke handeling wordt ook wel levering CP (= *constitutum possessorium*) genoemd.

Levering CP (constitutum possessorium)

De verkrijger was houder van de zaak voor de vervreemder
Mariëlle en Francesca in de openingscasus huren ieder een fiets; zij zijn op dat moment houder van de fietsen. Aan het einde van de huurperiode gaan ze over tot aankoop van de fietsen; zij worden dan bezitter. Wederom vindt er geen feitelijke handeling plaats: Mariëlle en Francesca hielden de fietsen voor een ander (de verhuurder) en gaan deze voor zichzelf houden. Deze wijze van bezitsoverdracht zonder feitelijke handeling wordt ook wel levering *brevi manu* (= met de korte hand) genoemd.

Levering brevi manu

Een derde hield de zaak voor de vervreemder en gaat de zaak voor de verkrijger houden
Stel, Hugo (voorbeeld 4.1) verhuurt zijn woonboot aan Lucia. Na enige tijd besluit Hugo de boot te verkopen aan Michel. Lucia was houder voor Hugo (de vervreemder); na de verkoop van de woonboot wordt Lucia houder voor Michel (de verkrijger). Ook in dit geval vindt er geen feitelijke handeling plaats: Lucia (de derde) was houder voor Hugo en wordt houder voor Michel. Deze wijze van bezitsoverdracht zonder feitelijke handeling wordt ook wel levering *longa manu* (= met de lange hand) genoemd.

Levering longa manu

Het voorgaande is schematisch in figuur 4.3 weergegeven.

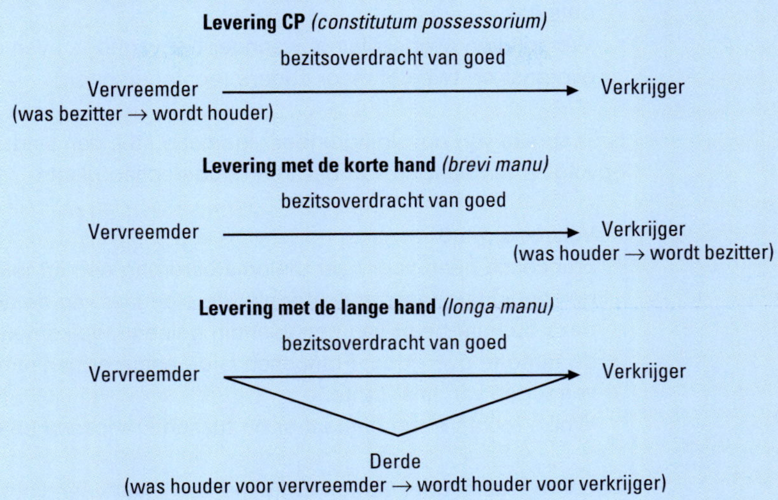

Figuur 4.3 **Bezitsoverdracht zonder feitelijke handeling**

Tussenvraag 4.6

Geef aan of in de volgende gevallen sprake is van levering CP, levering met de korte hand of levering met de lange hand. Vermeld het relevante wetsartikel.

a Caroline leent een boek over strafrecht van Michaella. Na een aantal weken deelt Michaella haar mede dat zij het boek mag houden.

b Patrick heeft een Spelcomputer 3 die hij aan een vriend verkoopt. Hij spreekt af dat de vriend de Spelcomputer de volgende dag mag komen ophalen, zodat Patrick er zelf nog één dag op kan gamen.

c Sandrine huurt een garagebox van Marco voor een periode van twee jaar. Na zes maanden verkoopt Marco de garagebox aan Arnold.

4.2.4 Opvolging onder algemene titel

Art. 3:116 BW bepaalt dat:

> 'hij die onder een algemene titel een ander opvolgt, volgt daarmede die ander op in diens bezit en houderschap, met alle hoedanigheden en gebreken daarvan'.

In hoofdstuk 3, paragraaf 3.3 zagen we dat goederen onder algemene titel verkregen kunnen worden door erfopvolging, boedelmenging, fusie en splitsing (art. 3:80 lid 2 BW). Even ter herinnering:

- Ingeval van erfopvolging zet de erfgenaam als het ware de juridische persoon van de overledene voort.
- Boedelmenging vindt plaats wanneer de vermogens van twee personen samensmelten, meestal bij een huwelijk.

- Van fusie is sprake wanneer het vermogen van één of meerdere rechtspersonen overgaat in een andere rechtspersoon, waardoor er één vermogen ontstaat.
- We spreken over splitsing, wanneer het vermogen van een rechtspersoon overgaat op twee of meer andere rechtspersonen.

Is er sprake van opvolging onder algemene titel, dan vindt dus automatisch opvolging ten aanzien van bezit en houderschap plaats.

Voorbeeld 4.3
Francesca heeft voor haar diploma-uitreiking een armband van haar tante geleend. Haar tante is echter niet de eigenaar van de armband, zij heeft deze op haar beurt van een vriendin geleend. Volkomen onverwacht komt de tante te overlijden; Francesca is de enige erfgenaam en erft het gehele vermogen van haar tante.
Welke rechtsrelatie bestaat er nu tussen Francesca en de armband?

De tante was houder van de armband voor haar vriendin, zij had deze immers van haar vriendin geleend. Door de armband aan Francesca uit te lenen, is die op haar beurt houder van de armband geworden, voor haar tante. Op het moment dat de tante overlijdt, zet Francesca als enige erfgenaam de juridische persoon van haar overleden tante voort. Dit houdt in dat zij houder wordt van de armband voor de vriendin van haar tante.

Tussenvraag 4.7
Romeo en Julia treden met elkaar in het huwelijk. Julia is eigenaar van een MP3-speler, die zij heeft uitgeleend aan haar jongere zus. Julia is hierdoor middellijk bezitter en haar zus is onmiddellijk houder van de MP3-speler geworden.

Wat is de rechtsrelatie tussen Romeo en de MP3-speler?

4.3 Bezit te goeder trouw

Eerst bekijken we wanneer een bezitter te goeder trouw is en wanneer goede trouw ontbreekt. De volgende subparagraaf staat in het teken van bezit te goeder trouw en het recht op vruchten.

4.3.1 Goede trouw

In hoofdstuk 1 maakten we al kennis met het begrip goed trouw (art. 3:11 BW). We zagen daar dat goede trouw wordt aangenomen wanneer iemand er niet van op de hoogte is dat er iets mis is en dit ook niet hoeft te zijn. We defi-

Goede trouw

nieerden goede trouw als: niet weten en ook niet hoeven weten dat feiten of het recht waarop de goede trouw betrekking heeft niet juist waren.
In de volgende gevallen kan men zich niet op goede trouw beroepen:

- Iemand weet dat er iets niet in orde is, maar doet niets met die wetenschap.
- Iemand had moeten weten dat er iets niet klopte, maar heeft niets ondernomen om dit te weten te komen. Ook wanneer het onmogelijk is om onderzoek te doen, kan iemand worden aangemerkt als een persoon die de feiten had moeten kennen.

Art. 3:118 BW regelt bezit te goeder trouw. Volgens het eerste lid van dit artikel is een bezitter te goeder trouw wanneer hij zich als rechthebbende beschouwt en zich ook redelijkerwijs als zodanig mag beschouwen.

Bezitter te goeder trouw

Een bezitter te goeder trouw beschouwt zichzelf als rechthebbende op het goed dat hij bezit. Dat wil zeggen: hij is ervan overtuigd dat hij het recht heeft het goed voor zichzelf te houden. Dit mag geen subjectieve overtuiging zijn, maar moet naar objectieve maatstaven zijn vast te stellen. Het simpelweg roepen: 'Ik ben te goeder trouw!' is dus niet voldoende.

Eenmaal te goeder trouw blijft te goeder trouw

Art. 3:118 lid 2 BW bepaalt dat wanneer een bezitter eenmaal te goeder trouw is, hij dat ook blijft.
Wanneer iemand aan het begin van zijn machtsuitoefening te goeder trouw is conform het eerste lid van dit artikel, dan blijft hij te goeder trouw zolang hij bezitter is. Dit verandert zelfs niet wanneer hij in een later stadium ontdekt dat hij geen rechthebbende is.
Volgens art. 3:118 lid 3 BW wordt goede trouw vermoed aanwezig te zijn; het ontbreken van goede trouw moet bewezen worden.

Wettelijk vermoeden

Op basis van dit artikel wordt een bezitter in beginsel vermoed te goeder trouw te zijn; dit wordt ook wel een wettelijk vermoeden genoemd. Wanneer een ander stelt dat een bezitter niet te goeder trouw is, dan dient hij dit te bewijzen. Slaagt hij hierin, dan is de bezitter niet langer te goeder trouw. Dit is echter alleen mogelijk wanneer de bezitter niet te goeder trouw was bij aanvang van zijn bezit. Anders treedt namelijk het tweede lid in werking: is iemand eenmaal te goeder trouw, dan blijft hij te goeder trouw.

Op grond van het volgende kunnen we concluderen dat er drie categorieën bezitters zijn:
1 bezitter, tevens rechthebbende;
2 bezitter te goeder trouw, niet-rechthebbende;
3 bezitter niet te goeder trouw, niet-rechthebbende.

Aan de hand van twee voorbeelden nemen we art. 3:118 BW nogmaals onder de loep.

Voorbeeld 4.4

Sangita koopt een laptop van Damien voor een bedrag van €250. Zij weet niet dat de laptop gestolen is. Voordat de koop wordt gesloten, vraagt ze voor de zekerheid of de laptop in orde is en of Damien de eerste eigenaar is. Damien laat haar zien dat de laptop goed werkt en geeft haar een (vervalste) kopie van het originele aankoopbewijs, dat op zijn naam is gesteld. Sangita is hierdoor overtuigd dat alles in orde is, overhandigt het bedrag en neemt de laptop mee naar huis.
Is Sangita bezitter te goeder trouw volgens art. 3:118 lid 1 BW?

Sangita is bezitter geworden: zij is de laptop voor zichzelf gaan houden. Tevens is zij te goeder trouw: zij mag er redelijkerwijs van uitgaan dat zij rechthebbende is geworden. Sangita heeft de laptop voor een normale prijs gekocht. Tevens heeft zij onderzoek gedaan naar de herkomst ervan en heeft een kopie van het aankoopbewijs waaruit blijkt dat Damien de eerste eigenaar was. Op basis van deze feiten kunnen we concluderen dat Sangita er niet van op de hoogte was dat de laptop was gestolen en dit ook niet had kunnen zijn.

voorbeeld 4.4 (vervolg)
Na een paar maanden leest Sangita een bericht in de krant over een partij gestolen laptops. Het valt haar op dat het hetzelfde merk en model betreft als de laptop die zij van Damien heeft gekocht. Wanneer zij het serienummer controleert, blijkt haar laptop een van de gestolen apparaten te zijn. Verandert deze wetenschap iets aan de goede trouw van Sangita volgens art. 3:118 lid 2 BW?

Op het moment dat Sangita bezitter werd en zij de feitelijke macht over de laptop verkreeg, was zij te goeder trouw. Het feit dat zij later ontdekt dat de laptop gestolen was, doet hieraan niets af; Sangita blijft te goeder trouw.

voorbeeld 4.4 (vervolg)
Een vriend van Sangita die bij de politie werkt, houdt zich bezig met de zaak van de gestolen laptops. Op een dag ziet hij de laptop van Sangita en herkent deze als afkomstig van de gestolen partij. Hij heeft een lijst met serienummers, waaruit onomstotelijk blijkt dat de laptop gestolen is.
Wordt hiermee het ontbreken van de goede trouw bewezen volgens art. 3:118 lid 3 BW?

Het feit dat de vriend kan bewijzen dat de laptop gestolen was, maakt geen verschil. Sangita was te goeder trouw bij aanvang van het bezit en blijft te goeder trouw op basis van art. 3:118 lid 2 BW.

Voorbeeld 4.5
Stel dat Sangita de laptop voor slechts €50 van Damien kocht en verder geen navraag deed naar de herkomst ervan.
Verandert dit gegeven de positie van Sangita?

Sangita is niet te goeder trouw op basis van art. 3:118 lid 1 BW. Zij wist of had kunnen weten dat er iets niet in orde was; de prijs was immers wel erg laag. Daar Sangita de laptop in haar bezit heeft, wordt zij op grond van art. 3:118 lid 3 BW vermoed rechthebbende te zijn. Op het moment dat echter bewezen kan worden dat de laptop is gestolen, vervalt dit vermoeden (art. 3:118 lid 3 BW). Sangita kan zich niet beroepen op art. 3:118 lid 2 BW, aangezien zij bij aanvang van haar bezit niet te goeder trouw was.
Let op: wanneer er sprake is van opvolging onder algemene titel conform art. 3:116 BW, dan gaan niet alleen bezit en houderschap over op de opvolger, maar ook de goede trouw. Dat wil zeggen: is de voorganger te goeder trouw, dan is de opvolger dit ook. Is de voorganger echter te kwader trouw, dan is de opvolger eveneens te kwader trouw (wellicht zonder dit te weten!).

Voorbeeld 4.6
Sangita is niet te goeder trouw op het moment dat zij de laptop koopt. Voordat zij er veel gebruik van heeft kunnen maken, komt zij echter door een noodlottig ongeval om het leven. Sangita's ouders zijn haar enige erfgenamen. Zij erven al haar bezittingen en dus ook de laptop, zonder te weten dat Sangita niet te goeder trouw was toen zij deze kocht. Er is overigens geen enkele aanwijzing dat de laptop niet te goeder trouw is aangeschaft.
Zijn de ouders van Sangita onder deze omstandigheden te goeder trouw?

Sangita was niet te goeder trouw toen zij de laptop kocht. Door erfopvolging volgen haar ouders haar op onder algemene titel. Conform art. 3:116 BW volgen zij Sangita op in haar bezit, met alle hoedanigheden en gebreken daarvan. De ouders van Sangita worden derhalve bezitters te kwader trouw ten aanzien van de laptop.

Tussenvraag 4.8
Geef aan of in de volgende gevallen sprake is van:
- een bezitter, rechthebbende;
- een bezitter te goeder trouw, niet-rechthebbende;
- een bezitter niet te goeder trouw, niet-rechthebbende.

a Ricardo koopt voor €30 een tweedehands fiets van een hem onbekende man die hem op straat benadert met de vraag of hij een fiets wil kopen.
b Cheryl koopt een flatscreen televisie bij de MediaHandel.
c Sue koopt een tweedehands auto bij een erkende autodealer. Uit de papieren blijkt dat de auto één eerdere eigenaar heeft gehad, wat door de verkoper desgevraagd wordt bevestigd. Desondanks betreft het een gestolen auto.

4.3.2 Goede trouw en het recht op vruchten

Art. 3:120 lid 1 BW bepaalt:

> 'Aan een bezitter te goeder trouw behoren de afgescheiden natuurlijke en de opeisbaar geworden burgerlijke vruchten toe.'

In paragraaf 1.5 van hoofdstuk 1 en in paragraaf 2.5 van hoofdstuk 2 zagen we reeds wat het verschil is tussen natuurlijke en burgerlijke vruchten.
Even ter herinnering:

Natuurlijke vruchten

Een eigenaar (of vruchtgebruiker) van een appelboomgaard wordt eigenaar van alle vruchten die van de bomen worden afgescheiden. Appels zijn natuurlijke vruchten.

Burgerlijke vruchten

Een eigenaar (of vruchtgebruiker) van een spaarrekening wordt eigenaar van de vrijkomende rente. Hier gaat het om burgerlijke vruchten.

Op grond van dit artikel is de bezitter te goeder trouw van een goed dus ook rechthebbende op zowel de natuurlijke als de burgerlijke vruchten van dat goed.

Vergoeding van kosten en/of schade

Uit hoofde van art. 3:120 lid 2 BW is de rechthebbende op een goed, die dit opeist of terugontvangt van een bezitter te goeder trouw, verplicht tot vergoeding van kosten en/of schade die de bezitter te goeder trouw ten behoeve van het goed heeft moeten maken. Daar tegenover staat dat eventueel voordeel dat de bezitter te goeder trouw door de vruchten heeft genoten dient te worden verrekend.

Retentierecht

Art. 3:120 lid 3 BW bepaalt dat zolang de bezitter te goeder trouw de hiervoor vermelde vergoeding niet van de rechthebbende heeft ontvangen, hij bevoegd is de teruggave van het goed op te schorten. Dit wordt ook wel het retentierecht (retentie = vasthouden) van de bezitter te goeder trouw genoemd.

Voorbeeld 4.7

Jessica is dol op honden, in het bijzonder labradors. Ze woont in een vrijstaand huis met een groot stuk grond eromheen en besluit een hondenkennel te laten bouwen om labradors te gaan fokken. Jessica koopt een labrador via een advertentie in de krant. Het bedrijf ziet er verzorgd uit en ze krijgt alle vereiste papieren van de verkoper overhandigd.
Anderhalf jaar later is het zover: het eerste nest puppies wordt geboren. Daar Jessica bezitter te goeder trouw is, behoren de van de hond afgescheiden vruchten: de puppies, ook aan haar toe (art. 3:120 lid 1 BW). Jessica kan haar geluk niet op en omringt moederhond en pups met alle benodigde zorg. Acht weken na de geboorte van de pups, op het moment dat deze allemaal verkocht zijn, komt ene Johan langs, die stelt rechthebbende op de moederhond te zijn. Johan kan daadwerkelijk aantonen dat hij de eigenaar is. Johan eist de moederhond op. Jessica wendt zich tot een juridisch adviseur, maar krijgt daar te horen dat Johan inderdaad recht heeft op teruggave van de hond. Jessica kan echter wel aanspraak maken op vergoeding van de kosten die zij heeft gemaakt om de hond te verzorgen. Jessica dient deze kosten echter wel te verrekenen met het geld dat zij heeft ontvangen door de puppies te verkopen (art. 3:120 lid 2 BW).
Wanneer Jessica (na verrekening) de rekening van de door haar gemaakte kosten aan Johan presenteert, weigert die tot betaling over te gaan. Jessica beroept zich op haar retentierecht en weigert op haar beurt de hond aan Johan over te dragen (art. 3:120 lid 3 BW).
Ten slotte komen Jessica en Johan tot een vergelijk: Jessica mag de moederhond – waaraan zij inmiddels erg gehecht is geraakt – houden in ruil voor de kosten die zij heeft gemaakt voor de verzorging van de hond. Als tegenprestatie neemt Johan genoegen met drie puppies uit het eerstvolgende nest.

Bezitter te kwader trouw

Art. 3:121 BW is van toepassing wanneer een bezitter niet te goeder trouw is, ook wel bezitter te kwader trouw genoemd. Op basis van dit artikel is de bezitter te kwader trouw jegens de rechthebbende niet alleen verplicht tot teruggave van het goed, hij is ook verplicht tot het afgeven van de afgescheiden natuurlijke vruchten, alsmede de opeisbaar geworden burgerlijke vruchten.

Daarnaast kan de rechthebbende vergoeding van eventueel geleden schade eisen van de bezitter die niet te goeder trouw is.
De bezitter te kwader trouw kan wel aanspraak maken op de door hem gemaakte kosten ten behoeve van het goed en het verkrijgen, ook wel de winning genoemd, van de vruchten.
Op grond van art. 3:122 BW kan de rechthebbende op het goed ervoor kiezen om, in plaats van het betalen van de schadevergoeding, het goed aan de bezitter over te dragen. Dit kan zowel in het geval dat de bezitter te goeder als te kwader trouw is.

Voorbeeld 4.8

Stel dat Jessica niet te goeder trouw is wanneer zij de moederhond koopt. Ook dit keer weet Johan haar te traceren, maar nu op het moment dat de puppies nog niet zijn verkocht.

Johan eist niet alleen de moederhond op, maar ook de pups (art. 3:121 lid 1 BW).
Jessica wendt zich wederom tot een juridisch adviseur. Daar krijgt ze te horen dat Johan inderdaad recht heeft op teruggave van de hond alsmede de pups. Jessica kan echter wel aanspraak maken op vergoeding van de kosten die zij heeft gemaakt om de honden te verzorgen (art. 3:121 lid 2 BW).
Wanneer Jessica de rekening van de door haar gemaakte kosten aan Johan presenteert, doet hij het volgende voorstel: Jessica mag de moederhond – waaraan zij inmiddels erg gehecht is geraakt – en één van de pups houden, in ruil voor de kosten die zij heeft gemaakt voor de verzorging van de honden. Johan neemt genoegen met het eigendomsrecht op de andere puppies (art. 3:122 BW).

Tussenvraag 4.9

Jennifer koopt een grote aardbeienplant van haar buurvrouw. Na enkele weken zijn de aardbeien rijp en plukt Jennifer ze van de plant af. Op dat moment komt haar andere buurvrouw langs, die beweert dat zij de eigenaar van de aardbeienplant is en dat deze een paar weken geleden uit haar tuin is gestolen. De buurvrouw kan aantonen dat zij daadwerkelijk de eigenaar van de plant is.

Wat zijn de gevolgen voor Jennifer en voor de buurvrouw (eigenaar) ten aanzien van de plant en ten aanzien van de geplukte aardbeien:
a ingeval Jennifer te goeder trouw was toen zij de aardbeienplant kocht?
b ingeval Jennifer te kwader trouw was toen zij de aardbeienplant kocht?

4.4 Bezitsverlies

Een bezitter van een goed kan het bezit daarvan op twee manieren verliezen (art. 3:117 lid 1 BW):
1 door het goed kennelijk prijs te geven;
2 wanneer een ander het bezit van het goed verkrijgt.

Wanneer geen van voorgaande mogelijkheden zich heeft voorgedaan, duurt het bezit onverminderd voort (art. 3:117 lid 2 BW).

Kennelijk prijsgeven

Het kennelijk prijsgeven van een goed gebeurt niet zomaar; er is een zekere mate van opzet voor nodig.

> **Voorbeeld 4.9**
> Rayan besluit om de zolder van zijn woning grondig onder handen te nemen en op te ruimen. Er staan allerlei oude meubels en boeken, die hij in de loop der jaren heeft verzameld en opgeslagen. Hij haalt de meubels en de boeken die hij niet meer wil van de zolder en zet ze bij het vuil. Terwijl hij hiermee bezig is, valt zijn portemonnee uit zijn broekzak, zonder dat Rayan er erg in heeft.
> Rayan zet de oude meubels en boeken bewust bij het grofvuil; hij wil deze spullen niet meer hebben. Deze handelingen kunnen als het kennelijk prijsgeven van goederen worden aangemerkt.
> Rayan verliest zijn portemonnee; het is uiteraard niet zijn bedoeling om deze kwijt te raken. Rayan geeft zijn portemonnee dan ook niet kennelijk prijs.

Bezitsverlies door bezitsverkrijging

Bezitsverlies doordat een ander het bezit van het goed verkrijgt, gaat als volgt in zijn werk. In paragraaf 4.2 bespraken we de verschillende wijzen van bezitsverkrijging:
- inbezitneming
- overdracht met feitelijke handeling
- overdracht zonder feitelijke handeling
- opvolging onder algemene titel.

Op het moment dat iemand het bezit van een goed op een van de hiervoor genoemde wijzen verkrijgt, verliest de oorspronkelijke bezitter het bezit van dat goed.
Let op: een eigenaar kan het bezit van een goed ook verliezen doordat een ander dit van hem steelt. Ook al is de dief niet te goeder trouw, hij houdt het goed voor zichzelf en is dus bezitter geworden. De oorspronkelijke bezitter blijft echter wel eigenaar van het goed, ook al is het goed niet langer in zijn bezit en is hij geen bezitter meer.

Tussenvraag 4.10

Geef aan in welk van de volgende gevallen sprake is van bezitsverlies:

a Ali schenkt een boek aan een goede vriend.
b Ricardo laat zijn mobiele telefoon ongemerkt vallen; de telefoon komt in de bosjes terecht en wordt door niemand gevonden.
c Farouk zet een oude televisie bij het grofvuil.
d Jan verkoopt een fiets aan een studiegenoot, die de fiets meteen meeneemt.
e De tas van Rina wordt gestolen.

Samenvatting

Bezit is het houden van een goed voor zichzelf. Degene die het goed feitelijk in zijn macht heeft, wordt bezitter genoemd.
Houderschap is het houden van een goed voor een ander. Degene die het goed in dit geval feitelijk in zijn macht heeft, wordt houder genoemd. In tegenstelling tot de bezitter, gedraagt de houder zich niet als eigenaar van het goed; hij houdt het immers voor een ander.
Bezit is onmiddellijk, wanneer iemand bezitter is en het goed feitelijk onder zich heeft. Van middellijk bezit is sprake wanneer het goed zich bij een ander bevindt.
Houderschap is op overeenkomstige wijze onmiddellijk of middellijk. Een onmiddellijk houder houdt een goed voor een ander en heeft het feitelijk onder zich. Wanneer een houder aan een derde de feitelijke macht over het goed verschaft, is er sprake van middellijk houderschap ten aanzien van de oorspronkelijke houder.

Bezit kan op de volgende wijzen worden verkregen:
- inbezitneming
- overdracht met feitelijke handeling
- overdracht zonder feitelijke handeling
- opvolging onder algemene titel.

Men neemt een goed in bezit door zich daarover de feitelijke macht te verschaffen. Inbezitneming geschiedt meestal door de nieuwe rechthebbende op een goed; een dief neemt een goed echter eveneens in bezit. Hij wordt hierdoor evenwel geen eigenaar.
Van overdracht met een feitelijke handeling is sprake wanneer het goed feitelijk aan de bezitter wordt overhandigd. Goederen die zich hiervoor niet lenen, kunnen op symbolische wijze worden overhandigd; dit is ook een feitelijke handeling.
Overdracht zonder feitelijke handeling kan op drie manieren plaatsvinden:
1 Levering CP (*constitutum possessorium*). De vervreemder bezit de zaak en gaat deze zaak voortaan voor de verkrijger houden.
2 Levering met de korte hand (*brevi manu*). De verkrijger was houder van de zaak voor de vervreemder en wordt bezitter.
3 Levering met de lange hand (*longa manu*). Een derde hield de zaak voor de vervreemder en gaat de zaak voor de verkrijger houden.

Wanneer iemand een ander onder algemene titel opvolgt, dan volgt hij die ander ook op in diens bezit en houderschap, met alle hoedanigheden en gebreken daarvan.

Er zijn drie categorieën bezitters:
1 bezitter, tevens rechthebbende
2 bezitter te goeder trouw, niet-rechthebbende
3 bezitter te kwader trouw, niet-rechthebbende.

Een bezitter is te goeder trouw wanneer hij zich als rechthebbende beschouwt en zich ook redelijkerwijs als zodanig mag beschouwen. Is een bezitter eenmaal te goeder trouw, dan blijft hij dit ook. Goede trouw wordt vermoed aanwezig te zijn; het ontbreken van goede trouw moet bewezen worden.
Een bezitter te goeder trouw is rechthebbende op de afgescheiden natuurlijke en de opeisbaar geworden burgerlijke vruchten.
De rechthebbende op een goed, die dit opeist of terugontvangt van een bezitter te goeder trouw, is verplicht tot vergoeding van kosten en/of schade die de bezitter te goeder trouw ten behoeve van het goed heeft moeten maken. Eventueel voordeel dat de bezitter te goeder trouw door de vruchten heeft genoten dient te worden verrekend. Ten aanzien van deze vergoeding heeft de bezitter te goeder trouw een retentierecht.
Een bezitter te kwader trouw is verplicht tot teruggave van het goed en afgifte van alle vruchten aan de rechthebbende, alsmede tot vergoeding van de schade die de rechthebbende heeft geleden. De bezitter te kwader trouw heeft recht op vergoeding van de door hem gemaakte kosten ten behoeve van het goed en de winning van de vruchten.
De rechthebbende kan, in plaats van het betalen van de schadevergoeding, het goed aan de bezitter (te goeder of te kwader trouw) overdragen.

Een bezitter van een goed kan het bezit daarvan op twee manieren verliezen:
1 door het goed kennelijk prijs te geven;
2 wanneer een ander het bezit van het goed verkrijgt.

Studie-eindvragen

Casus 4.1

Rianne is eigenaar van een auto, waarvan ze dagelijks gebruikmaakt. Wanneer ze voor haar werk gedurende een periode van vijf weken naar het buitenland moet, brengt ze de auto naar haar vriendin Emma. Emma heeft toestemming om de auto te gebruiken totdat Rianne terug is. Na twee weken gebruik te hebben gemaakt van de auto, krijgt Emma onderweg pech. Ze weet de auto naar de vluchtstrook te sturen, waarna ze een automonteur belt om de auto te komen repareren. Ter plekke gekomen, constateert de monteur dat de hele motor vervangen moet worden. De auto wordt met behulp van een takelwagen naar de garage gesleept en Emma krijgt te horen dat ze de auto na twee dagen kan komen ophalen.

a Wat is de goederenrechtelijke positie van Rianne ten opzichte van de auto vóórdat ze naar het buitenland vertrekt?
b Wat is de goederenrechtelijke positie van Rianne ten opzichte van de auto op het moment dat zij de auto bij Emma heeft gebracht?
c Wat is de goederenrechtelijke positie van Emma ten opzichte van de auto op het moment dat zij deze in gebruik heeft?
d Wat is de goederenrechtelijke positie van Emma ten opzichte van de auto op het moment dat deze in de garage staat?
e Wat is de goederenrechtelijke positie van de garagehouder ten opzichte van de auto op het moment dat deze daar gerepareerd wordt?

Casus 4.2

Wanneer Rianne terugkeert van vakantie, haalt zij haar auto weer op bij Emma. Rianne heeft de auto een jaar eerder geërfd van haar vader. Haar vader had de auto, een half jaar voordat hij overleed, van een louche autodealer gekocht, voor een extreem lage prijs.

a Op welke wijze heeft Rianne de auto verkregen?
b Is Rianne te goeder trouw?

5

Overdracht

Openingscasus

Eind goed al goed

Robert heeft sinds een aantal jaren een eigen bedrijf: hij koopt tweedehands zaken en soms complete inboedels op en verkoopt deze in zijn winkel, gelegen aan de Achtergracht te Delft. Gedurende drie dagen per week is Robert bezig met de inkoop; de rest van de tijd is hij in zijn winkel te vinden, waar hij de spullen probeert te verkopen.

Robert heeft een talent voor het vinden van koopjes en de zaken lopen erg goed. Hij besluit dan ook zijn oude bedrijfsauto, die het overigens nog prima doet, van de hand te doen en er een andere voor in de plaats te kopen. Zijn oog valt op een paar jaar oude bestelauto bij een garage niet ver bij hem vandaan. Nadat Robert een proefrit heeft gemaakt, besluit hij de bestelauto te kopen. Hij onderhandelt met de garagehouder over de koopprijs en wanneer ze het eens zijn, betaalt Robert het bedrag contant. De garagehouder overhandigt hem de benodigde papieren om de auto op zijn naam te laten overschrijven. Ze spreken af dat Robert de bestelauto de volgende dag zal ophalen, zodat de garagehouder nog een paar kleine reparaties kan uitvoeren.
Nadat Robert de auto de volgende dag heeft opgehaald, leent hij zijn oude auto uit aan Issam, een goede vriend van hem.

Enige tijd later overlijdt een tante van Robert. Uit haar testament blijkt dat Robert de enige erfgenaam is. Het vermogen van de tante behelst onder andere een riant appartement, gelegen aan de rand van Delft, de inboedel daarvan en een kleine collectie gouden sieraden. De buurvrouw van zijn overleden tante vertelt Robert dat zij zich meent te herinneren dat niet alle sieraden van zijn tante waren; zij had de gewoonte af en toe een ketting of een armband van een vriendin te lenen. Robert besteedt hier echter geen aandacht aan. Uit de financiële papieren blijkt verder dat Roberts tante recentelijk een nieuwe televisie bij een postorderbedrijf heeft gekocht; zij betaalde hiervoor maandelijks een bedrag van €20 en het uitstaande bedrag is €780. Robert besluit het appartement voorlopig gemeubileerd te verhuren. De sieraden neemt hij mee naar huis om op een later tijdstip te verkopen. Verder neemt hij de financiële en persoonlijke papieren van zijn tante mee. Het openstaande bedrag bij het postorderbedrijf betaalt Robert in één keer af.

Wanneer Robert op een avond door de papieren van zijn tante gaat, vindt hij een brief van een vriendin van zijn tante, waaruit blijkt dat zij twee gouden armbanden aan zijn tante heeft uitgeleend. Robert herinnert zich wat de buurvrouw hem vertelde en ook dat hij twee gouden armbanden tussen de sieraden van zijn tante heeft gezien. Eerder die dag heeft zich echter een geïnteresseerde koper aangediend, die een goed bod heeft uitgebracht op de gehele collectie sieraden. Geleend of niet geleend, Robert besluit de sieraden de volgende dag gewoon te verkopen. De klant betaalt het afgesproken bedrag en Robert overhandigt hem de sieraden.

Op zeker moment belt Robert Issam en vraagt hem hoe het met de auto gaat die hij van Robert heeft geleend. Issam vertelt hem dat de auto het prima doet en dat hij er dagelijks met veel plezier gebruik van maakt. Aangezien het Robert financieel goed gaat, besluit hij dat Issam de auto mag houden. Ze laten de auto diezelfde dag nog overschrijven op Issams naam.

Twee jaar na het overlijden van zijn tante, besluit Robert haar appartement te verkopen. De huizenprijzen zijn in de tussentijd flink omhooggegaan en Robert heeft er dan ook geen spijt van dat hij het appartement niet direct heeft verkocht. Hij verkoopt het appartement aan een vastgoedhandelaar die al een aantal andere appartementen in hetzelfde complex heeft opgekocht en voornemens is deze grondig te renoveren.

Niet lang na de verkoop van het appartement, ontmoet Robert tijdens een verjaardagsfeest van Issam ene Meeya. Ze kunnen het meteen erg goed met elkaar vinden en het duurt niet lang voordat ze gaan samenwonen. In het daaropvolgende jaar besluiten ze de grote stap te zetten en treden ze met elkaar in het huwelijk. Robert en Meeya zijn tot op de dag van vandaag gelukkig getrouwd!

Overdracht is het overgaan van een goed van de ene op de andere rechthebbende. We hebben al eerder kennisgemaakt met het begrip overdracht en weten dat het wordt geregeld in titel 4 van boek 3 BW. In dit hoofdstuk gaan we dieper in op de vereisten van overdracht en leren we wanneer er sprake is van een rechtsgeldige overdracht.

In paragraaf 5.1 komen verkrijging onder algemene en verkrijging onder bijzondere titel aan bod. Paragraaf 5.2 staat in het teken van overdracht, in het bijzonder de vereisten die voor een rechtsgeldige overdracht gelden. Het begrip levering wordt in paragraaf 5.3 besproken, gevolgd door het begrip titel in paragraaf 5.4. Ten slotte wordt in paragraaf 5.5 ingegaan op beschikkingsbevoegdheid en de gevolgen van het ontbreken daarvan.

5.1 Verkrijging onder algemene en bijzondere titel

Volgens art. 3:80 lid 1 BW kunnen goederen onder algemene en onder bijzondere titel verkregen worden; we zagen dit ook al in paragraaf 3.3 van hoofdstuk 3. Beide wijzen van verkrijging worden hier uitgebreider behandeld. Eerst gaan we in op verkrijging onder algemene titel en vervolgens op verkrijging onder bijzondere titel.

5.1.1 Verkrijging onder algemene titel

In art. 3:80 lid 2 BW wordt bepaald dat men goederen onder algemene titel verkrijgt door:
- erfopvolging;
- boedelmenging;
- fusie als bedoeld in art. 2:390 BW;
- splitsing als bedoeld in art. 2:334a BW.

Verkrijging onder algemene titel

Verkrijging onder algemene titel betreft het gehele vermogen, dus ook eventuele schulden en verplichtingen. Een geheel vermogen gaat van de ene persoon over op de andere persoon. De verschillende mogelijkheden van verkrijging worden hierna verder uitgewerkt.

Erfopvolging

Erflater
Erfgenaam

Van erfopvolging is sprake wanneer iemand overlijdt en een ander zijn vermogen erft. Erfopvolging is dus de opvolging van de erflater (de overleden persoon) in zijn volledige vermogen door de erfgenaam (degene die erft). Dat wil zeggen: alle zaken, rechten en verplichtingen van de overledene gaan over op zijn erfgenaam. De erfgenaam zet als het ware de juridische persoon van de overleden persoon voort.

In de openingscasus zagen we dat Robert de enige erfgenaam was van zijn overleden tante. Robert volgt zijn tante in haar volledige vermogen op en is verkrijger onder algemene titel. Hij wordt dus eigenaar van het riante appartement en de inboedel en van een deel van de collectie gouden sieraden. De twee armbanden waren door zijn tante geleend; zij was dan ook geen eigenaar maar houder van de armbanden. Dat betekent dat ook Robert houder wordt en niet eigenaar. Robert wordt echter wel eigenaar van het negatieve vermogen van zijn tante, te weten het bedrag dat zij verschuldigd was aan het postorderbedrijf.

Boedelmenging

Huwelijkse voorwaarden

Boedelmenging treedt op wanneer twee mensen met elkaar in het huwelijk treden of een geregistreerd partnerschap sluiten, zonder huwelijkse voorwaarden op te stellen. Dit zijn afspraken over het gescheiden houden van de vermogens. Zonder deze huwelijkse voorwaarden, bestaat, vanaf het moment dat het huwelijk is gesloten, tussen de echtgenoten van rechtswege een algehele gemeenschap van goederen. Dat wil zeggen dat de vermogens van beide echtgenoten als het ware samensmelten.

We zagen dat Robert en Meeya in de openingscasus met elkaar in het huwelijk treden. Zodra het huwelijk is voltrokken, ontstaat er een gemeenschap van goederen uit de volledige vermogens van Robert en Meeya. Zij zijn verkrijgers onder algemene titel en er is dus niet langer sprake van twee aparte vermogens.

Fusie

Fusie wordt geregeld in art. 2:309 BW en wordt omschreven als de verkrijging onder algemene titel van het vermogen van een rechtspersoon door een andere rechtspersoon.

> **Voorbeeld 5.1**
> Het gaat niet zo goed met de fabriek Dido; de omzet is gehalveerd en het ziet er niet naar uit dat de situatie op korte termijn verbetert. Bij de ernaast gelegen fabriek Brako gaat het een stuk beter; de omzet is verdriedubbeld en de afzetmarkt blijft groeien.
> Brako is ervan op de hoogte dat het steeds slechter gaat met Dido en aangezien zij zelf niet aan de vraag van hun afzetmarkt kunnen voldoen, doet Brako een overnamebod in de vorm van een fusie. Dido, die inziet dat een faillissement niet lang meer op zich zal laten wachten en dit te allen tijde wenst te voorkomen, accepteert het bod van Brako.
> De fabrieken gaan een fusie aan, waarbij Brako het volledige vermogen van Dido onder algemene titel verkrijgt. De naam Dido verdwijnt van de fabrieksgevel en wordt vervangen door Brako.

Fusie kan ook plaatsvinden doordat twee rechtspersonen een nieuwe rechtspersoon oprichten, waarbij hun vermogens onder algemene titel door de nieuwe rechtspersoon worden verkregen.

> **Voorbeeld 5.2**
> Stel Dido en Brako doen het beide goed. Ze zijn er echter van overtuigd dat, wanneer ze hun krachten zouden bundelen, de winst zou verveelvoudigen. Dido en Brako besluiten een nieuwe rechtspersoon op te richten, genaamd Dibra. Hun beider vermogens worden door Dibra onder algemene titel verkregen.

Splitsing

Er is sprake van splitsing wanneer een rechtspersoon ophoudt te bestaan en het vermogen onder algemene titel wordt verkregen door twee of meer andere rechtspersonen (art. 2:334a BW).

Voorbeeld 5.3
Stel, Dido en Brako bestaan nog steeds als afzonderlijke rechtspersonen en doen beide goede zaken. Met een nabijgelegen fabriek, genaamd Ziezo, gaat het wat minder goed. Dido en Brako doen Ziezo een overnamevoorstel, waarbij Ziezo wordt opgesplitst. Ziezo gaat hiermee akkoord en het vermogen wordt onder algemene titel verkregen door Dido en Brako; Ziezo houdt op te bestaan.

5.1.2 Verkrijging onder bijzondere titel

Volgens art. 3:80 lid 3 BW verkrijgt men goederen onder bijzondere titel door:
- overdracht
- verjaring
- onteigening
- overige in de wet voor iedere soort aangegeven wijzen.

Verkrijging onder bijzondere titel betreft slechts één of bepaalde vermogensbestanddelen die van de ene persoon overgaan op de andere persoon.

Overdracht
Van overdracht is sprake wanneer een goed door levering van de ene rechthebbende op een andere rechthebbende overgaat.
In de openingscasus zagen we dat Robert een bestelauto koopt van de garagehouder. Het eigendomsrecht op de bestelauto gaat over van de garagehouder op Robert.
Na deze paragraaf gaan we dieper in op het begrip overdracht.

Verjaring

Verkrijgende verjaring

Verkrijgende verjaring, ook wel acquisitieve verjaring genoemd, wordt geregeld in art. 3:99 BW. Volgens dit artikel verkrijgt een bezitter te goeder trouw rechten op roerende zaken, niet-registergoederen en op rechten aan toonder of order na een onafgebroken bezit van drie jaar. De vereisten voor verkrijgende verjaring die we uit dit artikel kunnen afleiden, zijn:
- rechten op roerende zaken, niet-registergoederen of rechten aan toonder of order;
- bezit te goeder trouw;
- onafgebroken bezit van drie jaar.

Robert in de openingscasus is geen eigenaar geworden van de twee gouden armbanden, maar bezitter. Hij wist dat zijn tante soms sieraden van een vriendin leende; dit was hem door haar buurvrouw verteld. Voorts was hem uit een brief gebleken dat zijn tante twee gouden armbanden van een vriendin had geleend; in de sieradencollectie bevonden zich daadwerkelijk twee gouden armbanden.
Roberts tante was middellijk houder van de armbanden. Door als eigenaar over de armbanden te beschikken, wetende dat zijn tante slechts houder van de armbanden was, dient Robert te worden bestempeld als bezitter te kwader trouw.

Is de koper van de armbanden nu ook te kwader trouw? Ervan uitgaande dat de winkel van Robert geen slechte reputatie heeft en er verder geen aanwijzingen zijn dat er iets niet in orde is, kan de koper bezitter te goeder trouw worden. Blijft hij drie jaar in het bezit van de armbanden, dan wordt hij uit hoofde van art. 3:99 lid 1 BW eigenaar door middel van verkrijgende verjaring.

Voor verkrijgende verjaring van overige goederen is een onafgebroken bezit van tien jaren vereist. De vereisten zijn dus:
- rechten op registergoederen;
- bezit te goeder trouw;
- onafgebroken bezit van tien jaren.

Art. 3:101 BW bepaalt dat een verjaring begint te lopen op de dag nadat het goed in bezit is verkregen.
Degene die een ander in zijn bezit opvolgt onder algemene titel, zet een lopende verjaring voort (art. 3:102 lid 1 BW). Ook een bezitter te goeder trouw die het bezit van een ander niet onder algemene titel verkrijgt, zet een lopende verjaring voort (art. 3:102 lid 2 BW).

Wanneer de bezitter het bezit van een goed onvrijwillig verliest, dan onderbreekt dit de verjaring niet, mits aan een van de volgende voorwaarden wordt voldaan:
- het bezit wordt binnen een jaar weer terugverkregen;
- binnen een jaar wordt een rechtsvordering tot terugverkrijging ingesteld, die tot terugverkrijging van het goed leidt.

Op grond van art. 3:105 jo 3:306 BW kan een bezitter die niet te goeder trouw is toch rechthebbende worden. Dit gaat als volgt in zijn werk:
- Een eigenaar van een zaak is bevoegd deze op grond van art. 5:2 BW van eenieder die haar zonder recht houdt op te eisen (revindicatie). De eigenaar heeft een vorderingsrecht op degene die zijn eigendom zonder recht houdt (hij kan het terugvorderen).
- Art. 3:306 BW bepaalt dat een rechtsvordering door verloop van twintig jaar verjaart.
- Uit hoofde van art. 3:105 lid 1 BW verkrijgt een bezitter van een goed dit op het moment dat er geen rechtsvordering meer mogelijk is; dit is na het verstrijken van een termijn van twintig jaar (zie art. 3:306 BW).

Na een periode van twintig jaar wordt iedere bezitter dus rechthebbende, ongeacht eventueel kwade trouw. In dit geval is eveneens sprake van verjaring, ook wel extinctieve (= bevrijdende) verjaring genoemd.

Bevrijdende verjaring

Stel dat Robert in de openingscasus de armbanden niet had verkocht maar zelf had gehouden. Als bezitter te kwader trouw kan Robert door middel van bevrijdende verjaring (art. 3:105 jo 3:306 BW) na een periode van twintig jaar uiteindelijk eigenaar van de armbanden worden.

Onteigening
Onteigening is de ontneming van een goed aan de rechthebbende om dit tot eigendom van een ander, te weten de overheid, te maken. Onteigening vindt slechts in het algemeen belang plaats.
Onteigening is voor het goederenrecht niet relevant en zal dan ook niet verder worden behandeld.

Overige in de wet voor iedere soort aangegeven wijzen
Hieronder worden andere vormen van verkrijging onder bijzondere titel verstaan. Met deze wijzen van verkrijging maakten we kennis in paragraaf 3.3 van hoofdstuk 3, waaronder natrekking (art. 5:3 BW), toe-eigening (art. 5:4 BW), vinderschap (art. 5:5 BW), vermenging (art. 5:14 BW) en zaaksvorming (art. 5:16 BW).
Deze vormen van verkrijging worden in dit hoofdstuk niet apart behandeld.

Tussenvraag 5.1
Geef aan wat het meest kenmerkende verschil is tussen verkrijging onder algemene en verkrijging onder bijzondere titel. Noem hierbij de relevante wetsartikelen.

Tussenvraag 5.2
Brenda en Danny treden met elkaar in het huwelijk, zonder daarbij huwelijkse voorwaarden op te stellen. Vóórdat ze getrouwd waren, heeft Brenda een aantal flinke schulden gemaakt; Danny was hiervan niet op de hoogte. Op zeker moment komt Brenda haar betalingsverplichtingen jegens de schuldeisers niet meer na.
Kunnen zowel Brenda als Danny door de schuldeisers worden aangesproken? Motiveer je antwoord mede aan de hand van relevante wetsartikelen.

Tussenvraag 5.3
André koopt een tweedehands fiets die gestolen is. Wanneer wordt André eigenaar van de fiets gesteld dat hij:
a te goeder trouw was;
b te kwader trouw was;
op het moment dat hij de fiets kocht?

5.2 Vereisten overdracht

Overdraagbaar

Art. 3:83 BW bepaalt dat eigendom, beperkte rechten en vorderingsrechten in beginsel overdraagbaar zijn. Alle andere rechten zijn slechts overdraagbaar wanneer de wet dit bepaalt.
Een overdracht dient aan een aantal vereisten te voldoen, die in deze paragraaf één voor één worden geïntroduceerd.

Overdracht

Overdracht is de overgang van een goed van het vermogen van een persoon naar het vermogen van een andere persoon.

Art. 3:84 lid 1 BW omschrijft overdracht als volgt:

> 'Voor overdracht van een goed wordt vereist een levering krachtens geldige titel, verricht door hem die bevoegd is over het goed te beschikken.'

Volgens dit artikel dient overdracht dus aan drie vereisten te voldoen; er moet sprake zijn van:
1 een levering
2 een geldige titel
3 beschikkingsbevoegdheid van de vervreemder.

Levering
De voor een overdracht vereiste levering bestaat uit twee delen.
Ten eerste is er een overeenkomst tussen de vervreemder en de verkrijger, waarmee partijen hun wil uiten om het goed van het ene vermogen naar het andere vermogen te laten overgaan. Met andere woorden: een wilsovereenkomst tussen de vervreemder en de verkrijger om te leveren. Het draait hierbij om aanbod (door de vervreemder) en aanvaarding (door de verkrijger). Deze overeenkomst wordt een goederenrechtelijke overeenkomst genoemd.

Goederenrechtelijke overeenkomst

Let op: de goederenrechtelijke overeenkomst is niet gelijk aan de overeenkomst die ten grondslag ligt aan de overdracht zelf, zoals een koopovereenkomst.
Ter verduidelijking een voorbeeld uit de openingscasus.

Robert verkoopt de gouden sieraden aan een klant. Er komt een koopovereenkomst tot stand waaruit twee verplichtingen voortvloeien:
1 De klant dient de koopprijs te betalen.
2 Robert dient de sieraden in eigendom aan de klant over te dragen.

De goederenrechtelijke overeenkomst (onderdeel van de levering) ziet erop dat Robert een aanbod doet de sieraden in het vermogen van de koper over te laten gaan; de koper dient dit aanbod te aanvaarden.
Het tweede onderdeel van de levering is de voor de overdracht vereiste rechtshandeling, ook wel leveringshandeling genoemd. Hiermee wordt bedoeld: de handeling of de handelingen die de vervreemder en de verkrijger van een goed dienen uit te voeren om de overgang van het goed te bewerkstelligen. In de rechtshandeling (of rechtshandelingen) is de goederenrechtelijke overeenkomst vaak impliciet opgenomen.

Leveringshandeling

In het geval van Robert die de gouden sieraden verkoopt zal de leveringshandeling bestaan uit het feitelijk overhandigen van de sieraden aan de koper. Robert doet hiermee impliciet een aanbod aan de koper om de sieraden in zijn vermogen over te laten gaan. Door de sieraden van Robert aan te nemen, aanvaardt de koper impliciet het aanbod van Robert.

Verschillende soorten goederen vereisen verschillende soorten levering. Deze komen in paragraaf 5.3 aan bod.

Titel

Titel

Voor een overdracht is een geldige titel vereist. Met de titel van een overdracht wordt de juridische basis ervan bedoeld; de titel ligt ten grondslag aan de overdracht. Het is meestal een verbintenis voortvloeiende uit een overeenkomst, met de verplichting tot overdracht. In paragraaf 5.4 wordt het begrip titel uitgebreider behandeld.

In het voorbeeld van levering hiervoor is de titel de koopovereenkomst tussen Robert en de klant die de gouden sieraden koopt.

In de openingscasus vinden we nog een aantal voorbeelden van titels:

- De koopovereenkomst tussen Robert en de garagehouder die ontstaat wanneer Robert besluit de bestelauto te kopen.
- De schenkingsovereenkomst tussen Robert en Issam die ontstaat wanneer Robert besluit zijn oude bedrijfsauto aan Issam te schenken.
- De verkoopovereenkomst tussen Robert en de vastgoedhandelaar, waarbij Robert het appartement van zijn tante aan de vastgoedhandelaar verkoopt.

Beschikkingsbevoegdheid

Beschikkingsbevoegdheid

Het derde vereiste van een overdracht is de beschikkingsbevoegdheid van de vervreemder; dit is het recht van de vervreemder om over het goed dat wordt overgedragen te beschikken. We zagen al eerder dat een eigenaar beschikkingsbevoegd is, maar een dief niet.
Is de vervreemder niet beschikkingsbevoegd dan komt er in beginsel geen geldige overdracht tot stand. Onder bepaalde omstandigheden kan de verkrijger echter worden beschermd tegen een beschikkingsonbevoegde vervreemder. Een en ander komt nader aan bod in paragraaf 5.5.

Schakelbepaling

Ten slotte kijken we naar art. 3:98 BW. Dit is een schakelbepaling, waarmee hetgeen in art. 3:80 tot en met 3:97 BW is opgenomen betreffende de overdracht van een goed, overeenkomstig van toepassing is op de vestiging, de overdracht en de afstand van een beperkt recht op een dergelijk goed.
Dat wil zeggen: op de overdracht van bijvoorbeeld een recht van erfdienstbaarheid op een stuk grond, zijn dezelfde wetsartikelen van toepassing die de overdracht van het stuk grond zelf regelen.

Tussenvraag 5.4
Welke vereisten liggen aan de overdracht van een goed ten grondslag? Motiveer je antwoord aan de hand van de wet.

5.3 Levering

De levering van goederen geschiedt op verschillende wijzen. Eerst komt de levering van registergoederen aan bod, gevolgd door de levering van roerende zaken, niet-registergoederen. Vervolgens kijken we naar de levering van vorderingsrechten aan toonder en order en dan maken we kennis met de levering van vorderingsrechten op naam. Ten slotte wordt de levering van overige goederen besproken.

5.3.1 Levering registergoederen

In paragraaf 1.4 van hoofdstuk 1 zagen we al dat voor de overdracht van registergoederen inschrijving in de daartoe bestemde openbare registers noodzakelijk is (art. 3:10 BW). In art. 3:89 BW wordt de levering van registergoederen geregeld. Het eerste lid van dit artikel bepaalt dat:

> 'de voor overdracht van onroerende zaken vereiste levering geschiedt door een daartoe bestemde, tussen partijen opgemaakte notariële akte, gevolgd door de inschrijving daarvan in de daartoe bestemde openbare registers'.

In het vierde lid is opgenomen dat voor de overdracht van andere registergoederen de bepalingen van dit artikel overeenkomstig van toepassing zijn; de vereisten uit het eerste lid zijn dus van toepassing op de levering van alle registergoederen.

Levering registergoed

Uit het voorgaande kunnen we opmaken dat er twee vereisten zijn voor de levering van een registergoed, te weten:
1. een tussen partijen opgemaakte notariële akte;
2. inschrijving van die notariële akte in de openbare registers.

Notariële akte

We weten dat een notariële akte een schriftelijk en ondertekend stuk is, dat is opgesteld door een notaris en dat tot bewijs kan dienen. Om een registergoed te leveren dient dus door de vervreemder en de verkrijger altijd een notariële akte te worden opgesteld.
Daarmee heeft de levering van het registergoed echter nog niet plaatsgevonden. De akte dient namelijk nog ingeschreven te worden in de openbare registers, de registers waarin informatie met betrekking tot registergoederen wordt opgeslagen. Deze registers zijn openbaar en derhalve voor eenieder toegankelijk om te raadplegen. Zolang de akte niet is ingeschreven, kan er niet gesproken worden van een voltooide levering en evenmin van een rechtsgeldige overdracht.
Zowel de vervreemder als de verkrijger kan de notariële akte laten inschrijven. In de notariële akte moet de titel van de overdracht nauwkeurig worden opgenomen. Dat wil zeggen dat de grondslag van de overdracht, te weten de reden waarom wordt overgedragen, in de akte moet worden omschreven.

Bijkomende bedingen

Eventuele bijkomende bedingen (ook wel: voorwaarden of bepalingen) die niet de overdracht zelf betreffen, hoeven niet in de akte te worden vermeld (art. 3:89 lid 2 BW).

Volmacht

Wanneer bij de akte van levering een ander als gevolmachtigde voor de vervreemder of de verkrijger optreedt, dan dient dit in de akte te worden opgenomen (art. 3:89 lid 3 BW). Er is sprake van een volmacht wanneer iemand de bevoegdheid aan een ander verleent om in zijn naam rechtshandelingen te verrichten (art. 3:60 lid 1 BW) (figuur 5.1). Degene die de bevoegdheid ver-

Volmachtgever
Gevolmachtigde

leent wordt ook wel de volmachtgever genoemd; degene die namens de volmachtgever optreedt wordt ook wel de gevolmachtigde genoemd.

Figuur 5.1 **Volmacht**

Volmachtgever —— verleent bevoegdheid namens hem rechtshandelingen te verrichten ——→ Gevolmachtigde

Tussenvraag 5.5
Aan welke vereisten dient de levering van een registergoed te voldoen? Noem relevante wetsartikelen.

5.3.2 Levering roerende zaken, niet-registergoederen

We weten dat er roerende zaken bestaan die tevens registergoederen zijn; het betreft bepaalde categorieën schepen en vliegtuigen. De levering daarvan geschiedt conform art. 3:89 BW zoals beschreven in de vorige subparagraaf.

Art. 3:90 lid 1 BW bepaalt dat:

> 'de levering vereist voor de overdracht van roerende zaken, niet-registergoederen, die in de macht van de vervreemder zijn, geschiedt door aan de verkrijger het bezit der zaak te verschaffen'.

In hoofdstuk 4 zijn de begrippen bezit en bezitsverschaffing uitgebreid behandeld. We zagen toen dat bezit het houden van een goed voor zichzelf is. In deze paragraaf zijn uiteraard uitsluitend het bezit van roerende zaken, niet-registergoederen aan de orde.
Verschaffing van het bezit vindt plaats door de zaak in de feitelijke macht van de verkrijger te brengen. Met andere woorden: de vervreemder dient er zorg voor te dragen dat de verkrijger dezelfde macht over de zaak kan uitoefenen, als hij zelf had (art. 3:114 BW). Dit is bezitsverschaffing door middel van een feitelijke handeling.

Bezitsverschaffing feitelijke handeling

Bezitsverschaffing zonder feitelijke handeling

Bezitsverschaffing is ook mogelijk zonder feitelijke handeling, zoals we zagen bij de behandeling van art. 3:115 BW in paragraaf 4.2 van hoofdstuk 4. De bezitsverschaffing geschiedt in dit geval door middel van een tweezijdige verklaring (een verklaring van zowel de vervreemder als de verkrijger). De drie manieren van deze wijze van bezitsverschaffing zijn:

1. levering CP (*constitutum possessorium*): de vervreemder was bezitter en wordt houder voor de verkrijger;
2. levering met de korte hand (*brevi manu*): de verkrijger was houder en wordt bezitter;
3. levering met de lange hand (*longa manu*): een derde hield de zaak voor de vervreemder en gaat de zaak voor de verkrijger houden.

Uit hoofde van art. 3:90 lid 2 BW werkt de levering CP, waarbij de zaak in het bezit blijft van de vervreemder, tegenover een derde die een ouder recht heeft op de zaak, pas op het moment dat de zaak in handen van de verkrijger is gekomen.

Stel dat Robert in de openingscasus de gouden armbanden aan de klant verkoopt en deze CP levert: de klant betaalt de koopprijs en spreekt af dat hij de armbanden de volgende dag komt ophalen (Robert was bezitter en is nu houder geworden). Wanneer de vriendin van Roberts tante zich zou aandienen vóórdat de klant de armbanden komt ophalen, dan werkt de levering CP op grond van dit artikel tegenover haar niet; zij heeft immers een ouder recht op de zaak, te weten een eigendomsrecht. In een dergelijke situatie ontstaat er een ongeldige overdracht; een van de vereisten voor overdracht ontbreekt immers, te weten de levering.

Opschortende voorwaarden

Roerende zaken kunnen ook worden geleverd wanneer er sprake is van een overdracht onder opschortende voorwaarden (art. 3:91 en 3:92 BW). Hiervan is sprake wanneer een overdracht pas volledig wordt door het plaatsvinden van een bepaalde gebeurtenis. In een dergelijke situatie dient de levering te bestaan uit het verschaffen van de feitelijke macht over de zaak aan de verkrijger.
Opschortende voorwaarden worden nader behandeld in paragraaf 5.4.

Levering door middel van akte

Ten slotte kijken we hier naar de situatie waarin de vervreemder het te leveren goed niet in zijn macht heeft, anders dan de gevallen als omschreven in art. 3:115 BW en er toch levering dient plaats te vinden. Een dergelijke situatie is bijvoorbeeld aan de orde wanneer een zaak is gestolen en de rechthebbende het bezit van zijn zaak derhalve heeft verloren. Wil hij aanspraak kunnen maken op een uitkering van zijn verzekering, dan zal de rechthebbende in de meeste gevallen de eigendom van de betreffende zaak aan de verzekeringsmaatschappij dienen over te dragen. Probleem is dan de levering van de zaak aan de verzekeringsmaatschappij. Op grond van art. 3:95 BW is levering echter toch mogelijk en wel door middel van een daartoe bestemde akte.

Tussenvraag 5.6
Op welke wijzen kan de levering van een roerende zaak, niet-registergoed plaatsvinden? Motiveer je antwoord mede aan de hand van relevante wetsartikelen.

Tussenvraag 5.7
Stel dat de auto van Issam wordt gestolen. Issam maakt melding van de diefstal bij zijn verzekeringsmaatschappij. Deze is bereid Issam schadeloos te stellen, maar verlangt dat hij de auto aan hen overdraagt.

Kan Issam de gestolen auto overdragen aan de verzekeringsmaatschappij, ook al weet hij niet waar de auto zich bevindt? Zo ja, op welke wijze vindt de levering plaats? Zo nee, waarom niet?

5.3.3 Levering vorderingsrechten aan toonder en order

Vorderingsrecht aan toonder

Een vorderingsrecht aan toonder is een recht op een bepaalde prestatie. We spreken ook wel van een recht aan toonder. Degene die het zogeheten toonderpapier heeft (kan tonen) wordt als rechthebbende, ook wel schuldeiser, beschouwd. Op het toonderpapier is de naam van de rechthebbende niet aangegeven; wel is vermeld wie de schuldenaar is. Voorbeelden van toonderpapieren zijn: een boekenbon, een cadeaubon, maar ook bankbiljetten.

Vorderingsrecht aan order

Een vorderingsrecht aan order is eveneens een recht op een bepaalde prestatie, ook wel recht aan order genoemd. Op orderpapieren staat echter wel de naam van degene die recht heeft op de prestatie. De rechthebbende kan zijn recht op de prestatie overdragen op een ander, hetgeen bij order gebeurt en op het orderpapier moet worden aangetekend. Op een orderpapier kan bijvoorbeeld het volgende zijn opgenomen: 'De betaling dient te worden voldaan aan de heer B.J. Sandoz of aan order.'
Stel dat de heer Sandoz zijn vorderingsrecht wenst over te dragen aan mevrouw A.C. Derksen, dan schrijft hij op de achterkant van het orderpapier een clausule (verklaring) die er als volgt uit kan zien: 'Verzoeke te betalen aan mevrouw A.C. Derksen of aan order.'

Clausule

Mevrouw Derksen kan vervolgens zelf aanspraak maken op de vordering of deze op haar beurt aan een derde overdragen op de wijze zoals hiervoor omschreven.
Voorbeelden van orderpapieren zijn cheques, obligaties (schuldbekentenissen van een lening van de staat of een bedrijf tegen een vaste rente) en pandbrieven (obligaties die door een bank zijn uitgegeven ter financiering van een hypothecaire lening).

In art. 3:93 BW wordt de levering van rechten aan toonder en van rechten aan order geregeld.
Wanneer het toonderpapier in de macht van de vervreemder is, dan geschiedt de levering van het recht aan toonder door middel van de levering van het toonderpapier conform art. 3:90 BW; de levering van een recht aan toonder vindt dus plaats door bezitsverschaffing van het toonderpapier als ware het een roerende zaak, niet-registergoed. In de meeste gevallen zal de vervreemder het toonderpapier simpelweg aan de verkrijger overhandigen. Net als een roerende zaak, kan een recht aan toonder ook onder opschortende voorwaarden worden geleverd (art. 3:91 en 3:92 BW).
De levering van een recht aan order, waarbij het orderpapier in de macht van de vervreemder is, geschiedt bijna helemaal op dezelfde wijze. Een extra vereiste is dat voor de levering tevens endossement vereist is. Endossement is het plaatsen en ondertekenen van de orderclausule op de achterkant van het orderpapier.

Endossement

5.3.4 Levering vorderingsrechten op naam

Rechten op naam

Alle andere vorderingsrechten, anders dan vorderingsrechten aan toonder of order, zijn rechten op naam. Dit zijn rechten die tegen één of meer bepaalde personen zijn uit te oefenen.

Stel dat Robert in de openingscasus een geldbedrag van €250 van Issam leent, dan ontstaat hierdoor een vorderingsrecht op naam. Issam verkrijgt immers hierdoor een recht om €250 van Robert (een bepaalde persoon) te vorderen.

Cessie
Cessieakte

De levering van een vorderingsrecht op naam wordt ook wel cessie genoemd; *cederen* (Latijn) betekent overdragen. Volgens art. 3:94 lid 1 BW worden vorderingsrechten op naam geleverd door middel van een daartoe bestemde akte, ook wel cessieakte genoemd, alsmede mededeling aan de persoon tegen wie het recht uitgeoefend kan worden. Deze mededeling kan zowel door de vervreemder als door de verkrijger worden gedaan.

Cedent
Cessionaris
Cessus

Degene die de vordering vervreemdt wordt ook wel cedent genoemd, de verkrijger van de vordering wordt ook aangeduid als cessionaris en de schuldenaar van de vordering heet de cessus.
Schematisch ziet het eruit als in figuur 5.2.

Figuur 5.2 **Cessie**

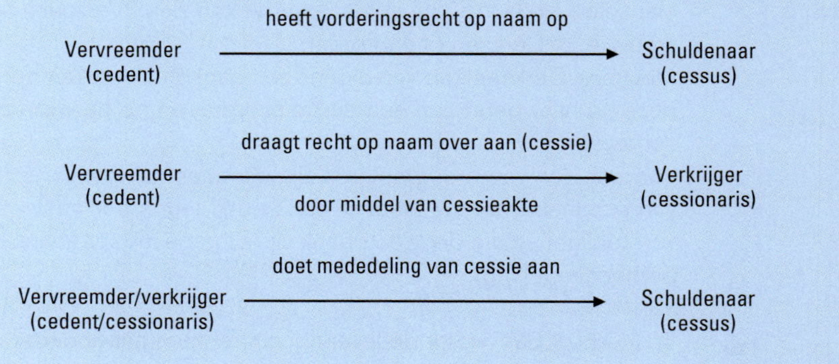

Wanneer de persoon tegen wie het recht is uit te oefenen (de cessus) onbekend is, kan er toch geleverd worden. Art. 3:94 lid 2 BW bepaalt dat de levering terugwerkt tot de dag waarop de cessieakte werd opgemaakt. Vereist is dat de mededeling met bekwame spoed wordt gedaan aan de schuldenaar, zodra bekend is geworden dat hij de schuldenaar is. Ter verduidelijking van deze wellicht wat cryptische wetsbepaling, volgt voorbeeld 5.4.

Voorbeeld 5.4

Emile is slachtoffer geworden van pinpasfraude met als gevolg een geplunderde bankrekening. De dader is onbekend. Dit vervelende voorval vindt plaats in de tweede week van augustus en Emile krijgt pas aan het einde van de maand zijn studiefinanciering en loon uitbetaald. Emile heeft geen financiële reserves, maar gelukkig wel een goede vriend, genaamd Nick. Nick geeft Emile €800, zodat hij in ieder geval zijn vaste lasten die maand kan voldoen en zijn boodschappen kan betalen. Emile is Nick hiervoor ontzettend dankbaar, maar maakt zich zorgen hoe hij het bedrag kan terugbetalen. Nick weet hier echter wel een oplossing voor: Emile heeft immers een vorderingsrecht op de nog onbekende dader van de pinpasfraude, welk recht overdraagbaar is. Nick stelt voor om het vorderingsrecht aan hem over te dragen, zodat niet Emile maar de onbekende dader hem het geld verschuldigd is. Nick en Emile stellen een cessieakte op waarin één en ander wordt vastgelegd.

In dit voorbeeld is sprake van cessie, waarbij de schuldenaar onbekend is. We zien dat er toch een levering kan plaatsvinden. Op het moment dat de identiteit van de dader bekend is, hoeft alleen nog mededeling van de cessie te worden gedaan, waarmee de levering voltooid is.

Leveren zonder mededeling

De mogelijkheid bestaat om vorderingsrechten op naam te leveren zonder mededeling daarvan aan de schuldenaar. In dat geval is een daartoe bestemde authentieke akte of een geregistreerde onderhandse akte vereist. Een tweede vereiste is dat de betreffende rechten op het tijdstip van de levering bestaan of direct zullen worden verkregen uit een bestaande rechtsverhouding (art. 3:94 lid 3 BW). De levering kan echter niet aan de schuldenaar worden tegengeworpen, voordat de vervreemder of de verkrijger hem daarvan mededeling heeft gedaan.

Documentatierecht

Op grond van het vierde lid van dit artikel kan een schuldenaar verlangen dat de vervreemder hem een gewaarmerkt uittreksel van de akte en de titel ter hand stelt. Dit wordt ook wel het documentatierecht genoemd. In het uittreksel hoeven geen bedingen te zijn opgenomen die voor de schuldenaar niet van belang zijn. Wanneer er geen akte van de titel is opgemaakt, moet de inhoud daarvan schriftelijk aan de schuldenaar worden medegedeeld, voor zover deze inhoud relevant is.

Tussenvraag 5.8

Leg uit wat het verschil is tussen een vorderingsrecht aan toonder, een vorderingsrecht aan order en een vorderingsrecht op naam. Geef tevens onder vermelding van de relevante wetsartikelen aan op welke wijze deze verschillende vorderingsrechten geleverd kunnen worden.

5.3.5 Levering overige goederen

Levering van overige goederen

Art. 3:95 BW betreft de levering van overige goederen, te weten goederen die niet vallen onder art. 3:89-3:94 BW. De levering van deze goederen geschiedt door middel van een daartoe bestemde akte. Een voorbeeld hiervan kwamen we tegen in subparagraaf 5.3.2.

De levering van beperkte rechten is niet apart in de wet vastgelegd. Uit hoofde van art. 3:98 BW (de schakelbepaling die we in paragraaf 5.2 bespraken) is de overdracht en daarmee ook de levering van een beperkt recht gelijk aan die van het goed waarvan het beperkte recht is afgeleid.

De levering van bijvoorbeeld een recht van erfdienstbaarheid op een onroerende zaak, volgt dus de regels van de levering van onroerende zaken, zoals vastgelegd in art. 3:89 BW.

5.4 Titel

In art. 3:84 lid 1 BW is uitdrukkelijk opgenomen dat voor de overdracht een geldige titel vereist is; een ongeldige titel kan niet tot een rechtsgeldige overdracht leiden. We zagen dat de titel de juridische basis van een overdracht is. Een titel kan nietig of vernietigbaar zijn. Voorts kan er sprake zijn van een voorwaardelijke titel. We beginnen met de nietigheid van een titel. Daarna gaan we in op de vernietigbaarheid van de titel. Ten slotte kijken we naar de voorwaardelijke titel.

5.4.1 Nietigheid

Nietige titel

Van een nietige titel is sprake ingeval van strijd met de wet, de openbare orde of goede zeden (art. 3:40 BW) (zie voorbeeld 5.5).

Voorbeeld 5.5

Twee drugsdealers sluiten een koopovereenkomst betreffende één kilogram cocaïne, waarbij de vervreemder zich verplicht tot overhandiging van de cocaïne en de verkrijger zich verplicht tot overhandiging van het afgesproken bedrag in briefjes van €50.

Op het afgesproken tijdstip vindt overhandiging van cocaïne en koopprijs plaats; er is dus sprake van een levering. De voor de overdracht vereiste titel zou de koopovereenkomst moeten zijn. De koop en verkoop van cocaïne zijn echter bij wet verboden, zodat de titel uit hoofde van art. 3:40 lid 2 BW nietig is.

Er is derhalve geen sprake van een geldige titel en evenmin van een geldige overdracht.

Voorts kan een titel nietig zijn als één partij ten onrechte aanneemt dat er een titel is, terwijl die niet bestaat.

Stel dat Issam in de openingscasus, op het moment dat Robert zijn auto aan hem uitleent, in de veronderstelling verkeert dat Robert hem de auto heeft geschonken. In dat geval is er geen sprake van een titel van overdracht. Immers, Robert heeft de auto slechts uitgeleend, zodat er geen verbintenis tot overdracht bestaat.

Rechtswege

Ingeval van nietigheid heeft de titel nooit bestaan. In een dergelijk geval is er nimmer sprake geweest van een geldige overdracht. Nietigheid werkt van rechtswege, er hoeft geen beroep op te worden gedaan en evenmin is er een rechterlijke uitspraak vereist om de nietigheid van een titel in te roepen.

5.4.2 Vernietigbaarheid

Vernietigbare titel

Een titel kan ook achteraf ongeldig worden verklaard. In dat geval is er sprake van een vernietigbare titel. Art. 3:44 lid 1 BW bepaalt:

> 'Een rechtshandeling is vernietigbaar, wanneer zij door bedreiging, door bedrog of door misbruik van omstandigheden tot stand is gekomen.'

Bedreiging

Bedreiging

Van bedreiging is sprake wanneer iemand een ander beweegt tot het verrichten van een bepaalde rechtshandeling, door hem of een derde met enig nadeel te bedreigen. De bedreiging moet zodanig zijn dat een redelijk oordelend persoon daardoor wordt beïnvloed (art. 3:44 lid 2 BW). In voorbeeld 5.6 staat hiervan een voorbeeld.

> **Voorbeeld 5.6**
> Simone is eigenaar van een vrijstaande woning met daaromheen een flink stuk grond. Haar buurman, Marty, die in een huis met een veel kleinere tuin woont, heeft Simone al meerdere malen gevraagd om hem een deel van haar grond te verkopen. Simone voelt daar echter niets voor en heeft dit ook duidelijk gemaakt aan Marty.
> Op zekere dag komt Marty langs en begint weer over de grond. Dit keer vraagt hij Simone echter niet de grond aan hem te verkopen; hij dreigt de woning van Simone in brand te steken als zij niet meewerkt aan de verkoop van de grond.
> Simone weet dat Marty een aantal jaren eerder veroordeeld is voor brandstichting en vreest dat hij het woord bij de daad zal voegen. Zij besluit dan ook een stuk van haar grond aan Marty te verkopen.

In dit voorbeeld is sprake van bedreiging:
- Simone wordt door Marty bewogen tot de verkoop van een stuk grond (een bepaalde rechtshandeling).
- Marty doet dit door te dreigen het huis van Simone in brand te steken als zij niet tot verkoop overgaat (bedreiging met enig nadeel van een goed).
- Simone wordt beïnvloed door de bedreiging, aangezien zij ervan op de hoogte is dat Marty in het verleden voor brandstichting is veroordeeld (de bedreiging is zodanig dat een redelijk oordelend persoon hierdoor wordt beïnvloed).

Bedrog

Bedrog

Van bedrog is sprake wanneer iemand een ander beweegt tot het verrichten van een bepaalde rechtshandeling door:
- opzettelijk onjuiste mededelingen te doen;
- opzettelijk feiten te verzwijgen, waar een plicht bestaat deze feiten mede te delen;
- een andere kunstgreep.

Aanprijzingen in algemene bewoordingen, ook al zijn die aanprijzingen onwaar, leveren op zichzelf geen bedrog op (art. 3:44 lid 3 BW).

> **Voorbeeld 5.7**
> Stel dat Marty nog steeds geïnteresseerd is in een gedeelte van de grond van Simone en dat Simone de grond niet aan hem wil verkopen. Dit keer bedreigt hij haar echter niet, maar vertelt hij haar dat een deel van haar grond vervuild is door een oude olietank die er ligt, wat geenszins het geval is. Marty deelt Simone tevens mede dat hij uit betrouwbare bron heeft vernomen dat de gemeente haar op korte termijn zal aanschrijven om haar te

sommeren de tank te laten verwijderen en de grond te laten saneren; dit is evenmin waar. Hij laat haar een vervalst intern e-mailbericht lezen, waaruit één en ander zou blijken.
Marty biedt Simone aan het betreffende stuk grond van haar voor een schappelijke prijs te kopen en de kosten die de verwijdering van de olietank en de grondsanering met zich meebrengen voor zijn rekening te zullen nemen.
Simone, die geen verstand van dergelijke zaken heeft, gelooft Marty op zijn woord en verkoopt hem het stuk grond voor een tiende van de werkelijke waarde.

In dit voorbeeld is sprake van bedrog:
- Simone wordt door Marty bewogen tot de verkoop van een stuk grond (een bepaalde rechtshandeling).
- Marty doet dit door haar te vertellen dat er een olietank in de betreffende grond ligt, waardoor deze vervuild is geraakt (opzettelijk een onjuiste mededeling doen).
- Voorts laat Marty Simone een vervalst e-mailbericht zien waaruit zou blijken dat de gemeente haar op korte termijn zal sommeren de tank te laten verwijderen en de grond te laten saneren (een andere kunstgreep).

Misbruik van omstandigheden

Misbruik van omstandigheden

Er is sprake van misbruik van omstandigheden wanneer iemand een rechtshandeling bevordert met een ander, terwijl hij weet of moet begrijpen dat die ander door bijzondere omstandigheden bewogen wordt tot het verrichten van een rechtshandeling. De bijzondere omstandigheden kunnen bestaan uit noodtoestand, afhankelijkheid, lichtzinnigheid, abnormale geestestoestand of onervarenheid (art. 3:44 lid 4 BW).

Voorbeeld 5.8

We gaan terug naar Simone en Marty. Stel, Marty is nog steeds geïnteresseerd in het stuk grond van Simone, die haar grond echter niet wil verkopen.
Op zeker moment overlijdt de beste vriendin van Simone. Door het overlijden van haar vriendin komt Simone in een zware depressie terecht, waardoor zij zich niet meer bewust is van haar doen en laten. Marty, die op de hoogte is van de dood van Simones vriendin en de daaruit voortvloeiende depressie, komt Simone opzoeken. Hij ziet zijn kans schoon om uiteindelijk het stuk grond in eigendom te verkrijgen; daartoe heeft hij een koopovereenkomst opgesteld waarin staat dat Simone hem het betreffende stuk grond verkoopt. Voorts heeft Marty een verklaring opgesteld waarmee Simone hem machtigt rechtshandelingen in haar naam te verrichten. Marty geeft de overeenkomst en de verklaring ter ondertekening aan Simone, die, zonder de documenten te lezen, haar handtekening plaatst en daarmee de koop bezegelt.

In dit voorbeeld is sprake van misbruik van omstandigheden:
- Marty stelt een koopovereenkomst en een machtigingsverklaring op en laat Simone deze ondertekenen (hij bevordert een rechtshandeling).

- Op het moment dat Simone de overeenkomst en de verklaring ondertekent, is zij zwaar depressief door het overlijden van haar beste vriendin (zij bevindt zich in een abnormale geestestoestand).
- Marty was op de hoogte van het overlijden van de vriendin van Simone en de zware depressie waarin Simone verkeerde (hij wist dat Simone werd bewogen tot de rechtshandeling door de bijzondere omstandigheden, te weten haar abnormale geestestoestand).

In voorgaande voorbeelden is telkens sprake van een vernietigbare rechtshandeling en derhalve van een vernietigbare titel.
Een vernietigbare titel zorgt niet automatisch voor een ongeldige overdracht. De titel zal dus eerst vernietigd moeten worden. Daarvoor is het noodzakelijk dat er een beroep wordt gedaan op de vernietigbaarheid van de rechtshandeling.

Op grond van art. 3:49 BW kan een rechtshandeling vernietigd worden door een buitengerechtelijke verklaring of door een rechterlijke uitspraak. We gaan hierna kort in op deze twee mogelijkheden voor vernietiging van een rechtshandeling.

Buitengerechtelijke verklaring

Buitengerechtelijke verklaring

Vernietiging door middel van een buitengerechtelijke verklaring wordt geregeld in art. 3:50 BW. Het betreft een vormvrije verklaring van de benadeelde gericht tegen degene die partij is bij de rechtshandeling. Art. 3:37 BW, betreffende de vorm en werking van verklaringen, is ook op de buitengerechtelijk verklaring van toepassing.
Wanneer het de vernietiging betreft van een rechtshandeling ten aanzien van een registergoed die heeft geleid tot inschrijving in de openbare registers, kan er slechts gebruik worden gemaakt van een buitengerechtelijke verklaring wanneer alle partijen hiermee instemmen (art. 3:50 lid 2 BW). Is er geen overeenstemming, dan kan de rechtshandeling alleen via een rechterlijke uitspraak worden vernietigd.

Rechterlijke uitspraak

Rechterlijke uitspraak

Vernietiging door middel van een rechterlijke uitspraak wordt geregeld in art. 3:51 BW. Om een dergelijke uitspraak te verkrijgen dient een rechtsvordering tot vernietiging te worden ingesteld tegen degene die partij is bij de rechtshandeling (art. 3:51 lid 2 BW). Wanneer de rechter een beroep op een vernietigingsgrond aanvaardt, vernietigt de rechterlijke uitspraak de betreffende rechtshandeling (art. 3:51 lid 1 BW).

Verjaringstermijn

Een beroep op een vernietigingsgrond kan niet onbeperkt worden gedaan. In art. 3:52 BW is de verjaringstermijn van een rechtsvordering tot vernietiging van een rechtshandeling geregeld. Deze termijn bedraagt drie jaar.

De vernietiging werkt terug tot het tijdstip waarop de rechtshandeling is verricht (art. 3:53 lid 1 BW). Vernietiging van de koopovereenkomsten in de voorbeelden van Simone en Marty hebben tot gevolg dat die koopovereenkomsten geacht worden nooit te hebben bestaan. Er is dus sprake van vernietiging met

Terugwerkende kracht

terugwerkende kracht. Hierdoor ontbreekt het (met terugwerkende kracht) aan een geldige titel, zodat niet voldaan is aan de vereisten voor een overdracht zoals neergelegd in art. 3:84 lid 1 BW. Het gevolg is dat er geen geldige overdracht heeft plaatsgevonden.
Op grond van art. 3:53 lid 2 BW kan de rechter desgevraagd bepalen dat een rechtshandeling slechts ten dele of in het geheel niet wordt vernietigd. Dit mag alleen wanneer de reeds ingetreden gevolgen van de vernietigbare rechtshandeling bezwaarlijk ongedaan gemaakt kunnen worden. Met andere woorden: als er te veel nadelen kleven aan de vernietiging van de rechtshandeling. De rechter kan een partij die daardoor onredelijk wordt bevoordeeld de verplichting opleggen aan de benadeelde partij een financiële vergoeding te verstrekken.

Voorwaardelijke titel

Voorwaardelijke titel

Naast de titel zoals hiervoor omschreven, bestaat er ook een voorwaardelijke titel van overdracht; art. 3:38 BW bepaalt dat een rechtshandeling onder een bepaalde voorwaarde kan worden verricht. In art. 6:21 is opgenomen dat een verbintenis voorwaardelijk is wanneer haar werking van een toekomstige onzekere gebeurtenis afhankelijk is gesteld.

Er zijn twee soorten voorwaarden, te weten opschortende en ontbindende voorwaarden.

Opschortende voorwaarde

Ontbindende voorwaarde

Volgens art. 6:22 BW is er sprake van een opschortende voorwaarde wanneer een verbintenis pas in werking treedt met het plaatsvinden van de betreffende gebeurtenis. Een ontbindende voorwaarde zorgt ervoor dat de verbintenis vervalt op het moment dat de gebeurtenis plaatsvindt.

Stel dat Issam in de openingscasus nog geen rijbewijs heeft. Robert zou hem de bedrijfsauto kunnen schenken onder voorwaarde dat Issam zijn rijbewijs haalt. In een dergelijk geval is er sprake van een opschortende voorwaarde: pas op het moment dat Issam zijn rijbewijs behaalt, treedt de schenkingsovereenkomst in werking (de verbintenis treedt pas in werking met het plaatsvinden van de betreffende gebeurtenis).
Stel dat Robert zijn auto aan Issam schenkt onder de voorwaarde dat wanneer de bestelauto hem na een maand gebruik niet goed bevalt, hij zijn oude bedrijfsauto weer van Issam terugkrijgt. In dit geval is er sprake van een ontbindende voorwaarde: op het moment dat de bestelauto Robert niet bevalt, vervalt de schenkingsovereenkomst tussen Robert en Issam (de verbintenis vervalt op het moment dat de gebeurtenis plaatsvindt).

Tussenvraag 5.9

Wat is het meest kenmerkende verschil tussen een nietige en een vernietigbare titel?

5.5 Beschikkingsbevoegdheid

Beschikkingsbevoegd

Voor een rechtsgeldige overdracht van een goed dient de vervreemder beschikkingsbevoegd te zijn. Een rechthebbende is in beginsel beschikkingsbevoegd; hij is bevoegd om het goed te vervreemden of te bezwaren. Een rechthebbende is niet alleen de eigenaar van een zaak maar ook de schuldeiser van een vordering en de gerechtigde tot een beperkt recht.
Als niet wordt voldaan aan het vereiste van beschikkingsbevoegdheid dan komt er in beginsel geen geldige overdracht tot stand.

Hierop heeft de wetgever, zowel ten aanzien van roerende zaken, niet-registergoederen als ten aanzien van registergoederen een uitzondering gemaakt. Onder bepaalde omstandigheden kan een verkrijger beschermd worden tegen de beschikkingsonbevoegdheid van een vervreemder. Dit wordt ook wel derdenbescherming genoemd. Hoofdstuk 6 staat volledig in het teken van deze derdenbescherming, zodat in deze paragraaf wordt volstaan met de hiervoor vermelde beknopte uitleg.

De beschikkingsbevoegdheid van een rechthebbende kan (tijdelijk) worden beperkt of zelfs geheel worden weggenomen. Van een beperking is bijvoorbeeld sprake bij beslaglegging, maar ook als gevolg van een huwelijk. Beschikkingsbevoegdheid wordt ontnomen ingeval van een faillissement, maar ook bij onderbewindstelling.

Handelingsbekwaamheid

Beschikkingsonbevoegdheid wordt soms verward met handelingsonbekwaamheid; het betreft echter twee verschillende begrippen. Handelingsbekwaamheid is de bevoegdheid om zelfstandig rechtshandelingen te verrichten. Iemand kan handelingsonbekwaam zijn vanwege het feit dat hij minderjarig is. Een minderjarige is zonder toestemming van zijn ouders of wettelijke vertegenwoordigers niet bekwaam rechtshandelingen te verrichten; hij is handelingsonbekwaam. Toch kan een minderjarige wel beschikkingsbevoegd zijn.

Voorbeeld 5.9

Jamie is twaalf jaar oud. Voor zijn laatste verjaardag heeft hij een nieuwe fiets gekregen. Jamie wil echter liever een spelcomputer; hij besluit zijn fiets, zonder toestemming van zijn ouders, te verkopen en met de opbrengst de spelcomputer te kopen. De buurjongen van Jamie is geïnteresseerd in de fiets. Hij betaalt de afgesproken prijs en Jamie geeft hem de fiets.

Jamie is beschikkingsbevoegd ten aanzien van de fiets, hij is immers eigenaar van de fiets. Vanwege het feit dat Jamie minderjarig is, is hij echter niet handelingsbekwaam. Op grond van art. 3:32 lid 2 BW is een rechtshandeling van een onbekwame vernietigbaar. De ouders van Jamie kunnen de koop dus zonder problemen vernietigen.

Tussenvraag 5.10

Is een onmiddellijk bezitter altijd beschikkingsbevoegd?

Samenvatting

Goederen kunnen onder algemene titel en onder bijzondere titel verkregen worden.
Verkrijging onder algemene titel betreft het gehele vermogen dat van de ene persoon overgaat op de andere persoon. Men verkrijgt goederen onder algemene titel door:

- erfopvolging: de opvolging van de erflater in zijn volledige vermogen door de erfgenaam;
- boedelmenging: het samensmelten van twee vermogens bij het sluiten van een huwelijk, resulterend in een gemeenschap van goederen;
- fusie: het vermogen van de ene rechtspersoon gaat over in het vermogen van een andere rechtspersoon; de vermogens van twee rechtspersonen smelten samen tot het vermogen van een nieuwe rechtspersoon;
- splitsing: het vermogen van een rechtspersoon die ophoudt te bestaan gaat over op twee of meer andere rechtspersonen.

Verkrijging onder bijzondere titel betreft slechts één of bepaalde vermogensbestanddelen die van de ene persoon overgaan op de andere persoon. Men verkrijgt goederen onder bijzondere titel door:

- overdracht: het door levering overgaan van een goed van de ene rechthebbende op een andere rechthebbende;
- verjaring: eigendomsverkrijging door onafgebroken bezit te goeder trouw gedurende een bepaalde periode (verkrijgende verjaring) of na twintig jaar uit het bezit van de oorspronkelijke rechthebbende (bevrijdende verjaring);
- onteigening: de ontneming van een goed aan de rechthebbende om dit tot eigendom van de overheid te maken;
- overige in de wet voor iedere soort aangegeven wijzen: onder andere natrekking, toe-eigening, vinderschap, vermenging en zaaksvorming.

Eigendom, beperkte rechten en vorderingsrechten zijn in beginsel overdraagbaar.

Een overdracht dient aan drie vereisten te voldoen:

1 levering;
2 geldige titel;
3 beschikkingsbevoegdheid van de vervreemder.

De voor een overdracht vereiste *levering* bestaat uit twee delen:

1 een goederenrechtelijke overeenkomst;
2 één of meerdere leveringshandelingen.

Voor de levering van een registergoed zijn vereist:

- een tussen partijen opgemaakte notariële akte, waarin de titel van de overdracht nauwkeurig moet zijn opgenomen;
- inschrijving van die notariële akte in de openbare registers; zowel de vervreemder als de verkrijger kan de akte laten inschrijven.

De levering van roerende zaken, niet-registergoederen, die in de macht van de vervreemder zijn, geschiedt door aan de verkrijger het bezit van de betreffende zaak te verschaffen. Bezitsverschaffing met feitelijke handeling vindt plaats door de zaak in de feitelijke macht van de verkrijger te brengen.
Bezitsverschaffing zonder feitelijke handeling geschiedt door middel van een tweezijdige verklaring op een van de volgende wijzen:
- levering CP (*constitutum possessorium*);
- levering met de korte hand (*brevi manu*);
- levering met de lange hand (*longa manu*).

De levering van rechten aan toonder en order geschiedt door middel van de levering van het toonder- of orderpapier door bezitsverschaffing als ware het een roerende zaak, niet-registergoed. Een extra vereiste voor de levering van een orderpapier is het endossement.

Vorderingsrechten op naam worden geleverd door middel van een cessieakte, alsmede mededeling (door de vervreemder of de verkrijger) aan de schuldenaar.
Ook wanneer de schuldenaar onbekend is, kan er geleverd worden. Vereist is dat de mededeling met bekwame spoed wordt gedaan aan de schuldenaar, zodra hij bekend is geworden. De levering werkt terug tot de dag waarop de cessieakte werd opgemaakt.
Vorderingsrechten op naam kunnen zonder mededeling worden geleverd; een authentieke akte of een geregistreerde onderhandse akte is dan vereist.

De levering van andere goederen geschiedt door middel van een daartoe bestemde akte.
De levering van beperkte rechten is gelijk aan die van het goed waarvan het beperkte recht is afgeleid.

De *titel* van een overdracht is de juridische basis ervan; de titel ligt ten grondslag aan de overdracht. Een ongeldige titel is nietig of vernietigbaar.
Nietigheid werkt van rechtswege; de titel heeft nooit bestaan.
Een titel is vernietigbaar wanneer deze door bedreiging, bedrog of misbruik van omstandigheden tot stand is gekomen.

Van bedreiging is sprake wanneer iemand een ander beweegt tot het verrichten van een bepaalde rechtshandeling door hem of een derde met enig nadeel in persoon of goed te bedreigen.

Van bedrog is sprake wanneer iemand een ander beweegt tot het verrichten van een bepaalde rechtshandeling door:
- opzettelijk onjuiste mededelingen te doen;
- opzettelijk feiten te verzwijgen, waar een plicht bestaat deze feiten mede te delen;
- een andere kunstgreep.

Er is sprake van misbruik van omstandigheden wanneer iemand een rechtshandeling bevordert met een ander, terwijl hij weet of moet begrijpen dat die ander door bijzondere omstandigheden, zoals noodtoestand, afhankelijkheid, lichtzinnigheid, abnormale geestestoestand of onervarenheid, bewogen wordt tot het verrichten van die rechtshandeling.

Vernietigbaarheid werkt niet van rechtswege; er dient een beroep op gedaan te worden. Een rechtshandeling kan worden vernietigd door een buitengerechtelijke verklaring of door een rechterlijke uitspraak. Vernietiging werkt terug tot het tijdstip waarop de rechtshandeling is verricht

Overdracht kan plaatsvinden onder een voorwaardelijke titel. Er is sprake van een opschortende voorwaarde wanneer een verbintenis pas in werking treedt met het plaatsvinden van een bepaalde gebeurtenis. Een ontbindende voorwaarde zorgt ervoor dat de verbintenis vervalt op het moment dat de gebeurtenis plaatsvindt.

Beschikkingsbevoegdheid is het recht van de vervreemder om het goed te vervreemden of te bezwaren. Een rechthebbende is in beginsel beschikkingsbevoegd.

Onder bepaalde omstandigheden kan een verkrijger beschermd worden tegen de beschikkingsonbevoegdheid van een vervreemder, ook wel derdenbescherming genoemd.
Beschikkingsbevoegdheid kan (tijdelijk) worden beperkt of zelfs geheel worden weggenomen. Handelingsbekwaam is hij die bevoegd is tot het zelfstandig verrichten van rechtshandelingen.

Studie-eindvragen

Casus 5.1

Bob is op zoek naar een tweedehands auto. Hij is al bij een paar autohandelaren geweest, wanneer hij plotseling de auto van zijn dromen ziet staan. Bob heeft voordat hij op autojacht ging al onderzoek gedaan naar de reputatie van een aantal autohandelaren; toch vraagt hij zekerheidshalve nog na of alles in orde is en de verkoper kan aantonen dat het geen gestolen auto betreft. Bob maakt een proefrit en de auto ziet er niet alleen mooi uit, maar rijdt ook erg goed. Alleen is de prijs wat aan de hoge kant. Na wat onderhandelen, komt Bob een prijs overeen met de verkoper en de koop wordt gesloten. Alle autopapieren worden op naam van Bob overgeschreven en de verkoper overhandigt hem de sleutels. Bob rijdt dolgelukkig weg in zijn nieuwe aanwinst.

a Van welke wijze van verkrijging is sprake?
b Loop de casus na en beschrijf stap voor stap of is voldaan aan de vereisten van een rechtsgeldige overdracht.

Casus 5.2

Anne verkoopt hometrainers. Op een dag heeft ze een afspraak bij de hoogbejaarde Thomas, die interesse heeft getoond in een loopband. Als Anne aanbelt, duurt het lang voordat de deur wordt geopend; Thomas loopt namelijk met een rollator en is erg slecht ter been. Anne vraagt hem of de loopband voor hemzelf is en Thomas geeft aan dat hij aan het trainen is voor de marathon van Rotterdam, die over twee maanden plaatsvindt. Anne heeft al snel in de gaten dat Thomas in de war is en niet goed begrijpt waar hij mee bezig is. Zij gaat echter mee in zijn verhaal en Thomas gaat over tot aankoop van de hometrainer. Het apparaat wordt de volgende dag bij hem afgeleverd.

a Is er sprake van een rechtsgeldige overdracht?

Enkele maanden later komt de kleindochter van Thomas bij hem op bezoek. Zij ziet de hometrainer staan en na veel vragen komt ze erachter hoe Thomas tot de aanschaf ervan is overgegaan.

b Kan de kleindochter van Thomas nog iets ondernemen om de koop ongedaan te maken?

6

Derdenbescherming

Openingscasus

Van je vrienden moet je het maar hebben!

Samira is in september begonnen met de opleiding hbo-rechten. Na een aantal maanden op en neer gependeld te hebben tussen het huis van haar ouders en de hogeschool, hoort ze van een vriendin, Deborah, dat een vriendin van haar gedurende een periode van zes maanden stage gaat lopen in het buitenland en haar kamer wil onderverhuren. Samira is zeer geïnteresseerd, aangezien de kamer vlakbij de hogeschool is gelegen. De vriendinnen komen bij elkaar en ze maken afspraken over huurbetaling en verhuisdata: Samira zal de kamer op 1 februari betrekken en gedurende zes maanden de huurpenningen betalen.

Nu Samira in de buurt van de hogeschool woont, besluit ze een fiets aan te schaffen. Ze heeft een mooie fiets gezien bij een fietsenwinkel bij haar in de straat en na een proefritje, gaat Samira over tot aanschaf ervan. Elke dag fietst ze heen en weer naar de hogeschool; ze moet daarvoor een aantal drukke kruispunten oversteken.
Op een regenachtige middag, als ze naar huis fietst, slaat een auto plotseling af waardoor Samira ten val komt. Haar fiets is onbeschadigd, maar Samira houdt er een gekneusde enkel aan over. De huisarts adviseert haar dan ook gedurende drie weken rust te houden. Deborah komt Samira thuis opzoeken; om haar vriendin op te beuren, geeft ze haar een portable dvd-speler en een paar films cadeau, zodat Samira zich niet zo verveelt. Als Deborah een paar uur later wil vertrekken, blijkt dat Deborah's fiets is gestolen. Samira, die Deborah zeer dankbaar is voor de dvd-speler en de films, leent haar fiets zolang uit aan Deborah.

Deborah, die – zoals zal blijken – toch niet zo'n goede vriendin is als zij zich voordoet, besluit Samira's fiets te verkopen aan ene Nicola. Ze vertelt Nicola dat ze de fiets een paar maanden geleden heeft gekocht, maar deze toch niet zo lekker vindt rijden. Nicola koopt de fiets voor 75% van de nieuwprijs. Nicola koopt de fiets echter niet voor zichzelf, maar als verjaardagscadeau voor haar nieuwe vriend Bram. Ze kennen elkaar nog niet zo lang en Nicola hoopt met dit cadeau indruk op Bram te maken. Bram is echter ook bevriend met Deborah; voordat Nicola hem de fiets schenkt, vertelt Deborah hem dat zij Samira's fiets aan Nicola heeft verkocht. Bram doet echter niets met deze kennis en neemt op zijn verjaardag de fiets blij in ontvangst.

Enige dagen later komt Ingrid op bezoek bij Samira, die haar enkel nog steeds niet mag belasten. Samira stelt voor een film te kijken op de dvd-speler die ze van Deborah heeft gekregen. Als Ingrid de dvd-speler en de films ziet, kijkt ze Samira met open mond aan en roept: 'Hoe kom jij aan mijn spullen?' Ik heb die dvd's en dvd-speler twee weken geleden aan Deborah uitgeleend!' Samira kan haar oren eerst niet geloven, maar zij kent Ingrid al sinds de lagere school en weet zeker dat ze dit niet verzint.
Samira, die opeens aan haar uitgeleende fiets denkt, pakt haar telefoon en belt het nummer van Deborah. In plaats van Deborah's stem, hoort ze: 'Dit nummer is niet meer in gebruik...'

In hoofdstuk 5 maakten we kennis met het begrip beschikkingsbevoegdheid, als een van de vereisten van een overdracht. Om een geldige overdracht van een goed te bewerkstelligen, dient de vervreemder beschikkingsbevoegd te zijn. Echter, onder bepaalde omstandigheden kan een verkrijger beschermd worden tegen een beschikkingsonbevoegde vervreemder. Dit wordt derdenbescherming genoemd.

In paragraaf 6.1 kijken we naar de verhouding tussen beschikkingsbevoegdheid en derdenbescherming. De derdenbescherming ten aanzien van roerende zaken, niet-registergoederen en rechten aan toonder of order wordt in paragraaf 6.2 behandeld. Paragraaf 6.3 staat in het teken van derdenbescherming in relatie tot registergoederen en rechten op naam. Ten slotte wordt in paragraaf 6.4 de derdenbescherming bij onvolledige of onjuiste inschrijving van gegevens in de openbare registers behandeld.

6.1 Beschikkingsonbevoegdheid en derdenbescherming

Uit hoofde van art. 3:84 lid 1 BW dient een rechtsgeldige overdracht te voldoen aan de volgende vereisten:

- een levering
- een geldige titel
- beschikkingsbevoegdheid van de vervreemder.

We zagen in hoofdstuk 5 al dat bij het ontbreken van één van deze vereisten in beginsel geen geldige overdracht kan plaatsvinden. Dus: indien er iets mis is met de levering of de titel, kan er nooit sprake zijn van een overdracht. Ten aanzien van het ontbreken van de beschikkingsbevoegdheid van de vervreemder, heeft de wetgever echter een uitzondering gemaakt: de verkrijger van een goed kan namelijk, onder bepaalde, zeer nauwkeurig in de wet omschreven omstandigheden, beschermd worden tegen de beschikkingsonbevoegdheid van de vervreemder.

Derden-bescherming

Beschikkings-onbevoegd

In paragraaf 5.5 van hoofdstuk 5 zagen we dat een vervreemder beschikkingsonbevoegd is, wanneer hij het goed niet mag vervreemden of bezwaren. Een rechthebbende, zoals de eigenaar van een zaak, de schuldeiser van een vordering of de gerechtigde tot een beperkt recht, is in beginsel beschikkingsbevoegd. Hierop bestaan echter ook weer uitzonderingen; denk bijvoorbeeld aan een faillissement of een beslag.
Vaak is een rechthebbende ook de bezitter. Een bezitter hoeft echter geen rechthebbende te zijn: een dief is wel bezitter (te kwader trouw) maar geen rechthebbende.
Voorts kan een houder zich voordoen als bezitter; een houder is echter niet bevoegd tot vervreemding van het goed.
Zoals gezegd, leidt beschikkingsonbevoegdheid dus niet automatisch tot een ongeldige overdracht. In bepaalde gevallen kan een verkrijger zich beroepen op derdenbescherming.

In de wet wordt onderscheid gemaakt tussen:
- beschikkingsonbevoegdheid bij de overdracht van roerende zaken, niet-registergoederen en rechten aan toonder of order (art. 3:86 BW);
- beschikkingsonbevoegdheid bij de overdracht van registergoederen, rechten op naam en andere goederen waarop art. 3:86 BW niet van toepassing is (art. 3:88 BW).

Zowel in art. 3:86 BW als in art. 3:88 BW is opgenomen dat de verkrijger te goeder trouw dient te zijn. De verkrijger moet dus in de gerechtvaardigde veronderstelling zijn dat hij te maken heeft met een beschikkingsbevoegde vervreemder; met andere woorden: de verkrijger wist niet en behoefde niet te weten dat de vervreemder beschikkingsonbevoegd was (art. 3:11 BW).

Tussenvraag 6.1
Het ontbreken van welk vereiste van een overdracht (art. 3:84 lid 1 BW) tast niet altijd de rechtsgeldigheid van die overdracht aan?

6.2 Derdenbescherming uit hoofde van art. 3:86 BW

Art. 3:86 BW regelt de derdenbescherming ten aanzien van roerende zaken, niet-registergoederen en rechten aan toonder of order. We beginnen met de voorwaarden voor derdenbescherming uit hoofde van dit artikel. Vervolgens komt derdenbescherming ingeval van diefstal aan de orde. Ten slotte wordt de zogeheten wegwijsplicht besproken.

6.2.1 Voorwaarden derdenbescherming

Art. 3:86 lid 1 BW bepaalt:

Derdenbescherming roerende zaak niet-registergoed

> 'Ondanks onbevoegdheid van de vervreemder is een overdracht overeenkomstig artikel 90, 91 of 93 van een roerende zaak, niet-registergoed of een recht aan toonder of order geldig, indien de overdracht anders dan om niet geschiedt en de verkrijger te goeder trouw is.'

Dit artikel bestaat uit de volgende vijf voorwaarden:
1 een onbevoegde vervreemder;
2 een overdracht van een roerende zaak, niet-registergoed of van een recht aan toonder of order;
3 een overdracht overeenkomstig art. 3:90, 3:91 of 3:93 BW;
4 een overdracht anders dan om niet;
5 een verkrijger te goeder trouw.

Wanneer aan alle voorwaarden is voldaan, treedt het rechtsgevolg, te weten een geldige overdracht, in werking. De voorwaarden worden hieronder één voor één besproken.

Ad 1 Onbevoegde vervreemder
De onbevoegdheid van de vervreemder is ruimschoots ter sprake gekomen in de vorige paragraaf, waarnaar dan ook wordt verwezen.

Ad 2 Overdracht van een roerende zaak, niet-registergoed of van een recht aan toonder of order
Er moet sprake zijn van een overdracht van een roerende zaak, niet-registergoed, of van een overdracht van een recht aan toonder of order. Ten aanzien van deze categorie goederen speelt feitelijke macht een belangrijke rol. Immers, door een buitenstaander zal een persoon die de feitelijke macht heeft over een roerende zaak, niet-registergoed worden aangemerkt als de rechthebbende en derhalve als beschikkingsbevoegd. Een verkrijger mag zich echter niet te gemakkelijk op dit principe beroepen; dit is vooral een belangrijk punt bij het bepalen van de goede trouw (zie onder Ad 5).

Ad 3 Overdracht overeenkomstig art. 3:90, 3:91 of 3:93 BW
Betreft het de overdracht van een roerende zaak, niet-registergoed, dan dient de levering door middel van bezitsverschaffing te hebben plaatsgevonden (art. 3:90 BW). De levering kan evenwel onder opschortende voorwaarden hebben plaatsgevonden (art. 3:91 BW).
Betreft het de overdracht van een recht aan toonder of aan order, dan dient de levering door middel van bezitsverschaffing van het toonder- of orderpapier te hebben plaatsgevonden. Ingeval van een recht aan order is tevens endossement vereist.

Ad 4 Overdracht anders dan om niet

Om niet
Om baat

'Om niet' betekent: zonder tegenprestatie. Verkrijging anders dan om niet wordt ook wel aangeduid met verkrijging om baat. Voorwaarde is dat de over-

dracht anders dan om niet is; er moet dus sprake zijn van een tegenprestatie (voorbeeld 6.1).
Een voorbeeld van een overdracht anders dan om niet vinden we bij een koopovereenkomst. Tegenover de verplichting tot overdracht van een zaak of een recht door de ene partij staat immers de verplichting tot betaling door de andere partij. Een ruilovereenkomst is eveneens een voorbeeld waarbij de overdracht anders dan om niet plaatsvindt. De ene partij verplicht zich om een zaak of een recht over te dragen in ruil voor de overdracht van een goed door de andere partij.
Een voorbeeld van een overeenkomst waarbij sprake is van een overdracht om niet is een schenkingsovereenkomst: de ene partij verplicht zich tot de overdracht van een zaak of een recht; hier staat echter geen verplichting van de andere partij tegenover.

Voorbeeld 6.1
Karin koopt van een goede vriend een 24 karaats gouden ketting; zij betaalt hiervoor slechts €5.
Is er in dit geval sprake van verkrijging anders dan om niet?

Het antwoord op deze vraag is: 'nee'. Het bedrag dat Karin voor de ketting betaalt is namelijk zo laag dat het niet als een tegenprestatie wordt beschouwd. Een dergelijk bedrag staat niet in verhouding tot het geleverde goed, zodat er een overdracht om niet heeft plaatsgevonden.

Ad 5 Verkrijger te goeder trouw

Goede trouw

De goede trouw (art. 3:11 BW) van de verkrijger is het laatste vereiste. Indien de verkrijger wist of behoorde te weten dat de vervreemder beschikkingsonbevoegd was, kan hij geen beroep doen op derdenbescherming.
In paragraaf 4.1 van hoofdstuk 4 zagen we dat degene die een goed houdt wordt vermoed dit voor zichzelf te houden (art. 3:109 BW). Dit betekent echter niet dat eenieder die een goed houdt dit ook daadwerkelijk voor zichzelf houdt (denk aan de dief!). Als verkrijger mag men er dan ook niet automatisch van uitgaan dat iemand die een goed in zijn macht heeft beschikkingsbevoegd is. De verkrijger kan in bepaalde gevallen een onderzoeksplicht hebben; hij zal dan zekerheid moeten krijgen ten aanzien van de bevoegdheid van de vervreemder.
In hoeverre een verkrijger de bevoegdheid van een vervreemder in twijfel dient te trekken, is afhankelijk van verschillende omstandigheden. Naarmate er meer aanwijzingen zijn dat de vervreemder niet beschikkingsbevoegd is, zal de verkrijger een grotere onderzoeksplicht hebben. Producten die op een markt of in een veilinghal worden verkocht of die op straat te koop worden aangeboden, zullen meer onderzoek van de verkrijger behoeven, dan wanneer een product in een reguliere winkel wordt gekocht (we zullen hierna zien dat in het laatste geval een verkrijger zelfs helemaal geen onderzoeksplicht heeft).
In paragraaf 4.3 van hoofdstuk 4 zagen we dat wanneer een bezitter eenmaal te goeder trouw is, hij dit ook wordt geacht te blijven (art. 3:118 lid 2 BW). Om een succesvol beroep op art. 3:86 BW te kunnen doen, dient een verkrijger op het moment van het verkrijgen van de feitelijke macht over de zaak te

goeder trouw te zijn. Mocht het de verkrijger daarna duidelijk worden dat de vervreemder niet beschikkingsbevoegd was, dan blijft hij dus te goeder trouw. Hoewel het in theorie mogelijk is dat een verkrijger in eerste instantie niet te goeder trouw was, maar dit ten tijde van de levering wel is, komt deze situatie in de praktijk niet vaak voor.

Samira in de openingscasus is eigenaar van een fiets; zij leent deze uit aan Deborah. Na een week verkoopt en levert Deborah de fiets aan Nicola, die geheel te goeder trouw is. Een paar dagen later schenkt en levert Nicola de fiets aan Bram. Voordat de levering aan Bram plaatsvindt, komt hij te weten dat Deborah de fiets niet had mogen vervreemden, daar zij deze had geleend van Samira. Bram neemt de fiets toch in ontvangst van Nicola.
Wie is er nu eigenaar van de fiets?
Bram is eigenaar van de fiets. Ter verduidelijking van dit antwoord, wordt een en ander in figuur 6.1 schematisch weergegeven.

Figuur 6.1 **Derdenbescherming art. 3:86 BW**

1 Samira is eigenaar van een fiets. Zij is onmiddellijk bezitter en beschikkingsbevoegd.

2 Samira —— leent de fiets uit aan ——→ Deborah

Samira wordt middellijk bezitter; zij blijft eigenaar en beschikkingsbevoegd. Deborah wordt onmiddellijk houder; hoewel zij beschikkingsonbevoegd is, gedraagt zij zich echter als eigenaar.

Figuur 6.1 **Derdenbescherming art. 3:86 BW (vervolg)**

3 Deborah —— verkoopt en levert de fiets aan ——→ Nicola (te goeder trouw)

Nicola wordt eigenaar van de fiets op grond van art. 3:84 lid 1 jo 3:86 lid 1 BW, immers aan de vereisten voor een rechtsgeldige overdracht is voldaan, met uitzondering van het vereiste van beschikkingsbevoegdheid. Nicola wordt echter beschermd door art. 3:86 lid 1 BW, aangezien aan alle vijf vereisten wordt voldaan:

1 Deborah is niet beschikkingsbevoegd (er is sprake van een onbevoegde vervreemder).
2 Het betreft de overdracht van een fiets (een overdracht van een roerende zaak, niet-registergoed).
3 De overdracht vindt plaats door middel van bezitsverschaffing (een overdracht overeenkomstig art. 3:90 BW).
4 Nicola betaalt 75% van de nieuwprijs (een overdracht anders dan om niet).
5 Nicola is te goeder trouw (een verkrijger te goeder trouw).

Figuur 6.1 **Derdenbescherming art. 3:86 BW (vervolg)**

4	Nicola	schenkt en levert de fiets aan →	Bram

Bram wordt eigenaar van de fiets op grond van art. 3:84 lid 1 BW, aangezien er voldaan is aan alle vereisten van dat artikel:

- De fiets wordt feitelijk overhandigd en er is een goederenrechtelijke overeenkomst (er is sprake van levering).
- Er is een schenkingsovereenkomst (een geldige titel).
- Nicola (de vervreemder) is beschikkingsbevoegd; zij is immers eigenaar van de fiets geworden.

Bram hoeft niet aan de vereisten van art. 3:86 lid 1 BW te voldoen, daar er sprake is van een beschikkingsbevoegde vervreemder; goede trouw is niet een vereiste van art. 3:84 BW.

Tussenvraag 6.2
Benoem de voorwaarden en het rechtsgevolg van art. 3:86 lid 1 BW.

Tussenvraag 6.3
Karim koopt een tweedehands mobiele telefoon van Hans. Karim weet niet dat Hans de telefoon van een vriend had geleend. Karim betaalt €75 aan Hans en krijgt de telefoon direct overhandigd.

Is Karim hierdoor eigenaar van de mobiele telefoon geworden?

6.2.2 Derdenbescherming bij diefstal

Een derde wordt niet altijd beschermd als hij aan alle voorwaarden van art. 3:86 lid 1 BW heeft voldaan. Art. 3:86 lid 3 bepaalt namelijk:

> 'Niettemin kan de eigenaar van een roerende zaak, die het bezit daarvan door diefstal heeft verloren, deze gedurende drie jaren, te rekenen van de dag van de diefstal af, als zijn eigendom opeisen, tenzij:
>
> *a* de zaak door een natuurlijke persoon die niet in de uitoefening van een beroep of bedrijf handelde, is verkregen van een vervreemder die van het verhandelen aan het publiek van soortgelijke zaken anders dan als veilinghouder zijn bedrijf maakt in een daartoe bestemde bedrijfsruimte, zijnde een gebouwde onroerende zaak of een gedeelte daarvan met de bij het een en ander behorende grond, en in de normale uitoefening van dat bedrijf handelde; of
> *b* het geld dan wel toonder- of orderpapier betreft.'

We zien hier het volgende:

- Hoofdregel is dat een verkrijger derdenbescherming kan genieten wanneer hij voldoet aan de voorwaarden gesteld in het eerste lid van art. 3:86 BW.
- Lid 3 maakt hierop een uitzondering in het volgende geval: de eigenaar van een roerende zaak, die conform het eerste lid in handen van de verkrijger terecht is gekomen, is deze zaak door diefstal kwijtgeraakt. In dat geval kan de eigenaar de zaak gedurende een periode van drie jaar (gerekend vanaf het moment van de diefstal) opeisen van de verkrijger.

Zaak door diefstal kwijtgeraakt

- Op deze regel zijn weer twee uitzonderingen gemaakt (sub *a* en *b*). De eigenaar kan zijn zaak niet opeisen wanneer aan de volgende voorwaarden is voldaan:

  a
  - De verkrijger is een natuurlijke persoon die niet handelt in de uitoefening van een beroep of bedrijf; met andere woorden: de verkrijger is een consument.
  - De vervreemder verkoopt dergelijke zaken beroepsmatig aan consumenten in een reguliere bedrijfsruimte (onroerende zaak); met andere woorden: er is geen sprake van markt- of veilingverkoop, maar er wordt in een winkel verkocht door een professionele verkoper.

  b
  - Het betreft de verkrijging van geld, toonderpapieren of orderpapieren.

Consumentenkoop

Uit het voorgaande kunnen we concluderen dat een persoon die de eigendom van een roerende zaak verliest door diefstal, deze zaak gedurende een periode van drie jaar kan revindiceren van de verkrijger, ook al voldoet de verkrijger aan alle voorwaarden van art. 3:86 lid 1 BW. Heeft de verkrijger de roerende zaak echter via een consumentenkoop in een reguliere winkel verkregen of betreft het geld of een toonder- of orderpapier, dan is de oorspronkelijke eigenaar zijn eigendom kwijt. De verkrijger is in dat geval dus rechthebbende geworden. Let op: de verkrijger dient ook in dit geval te voldoen aan de vereisten van lid 1 van dit artikel.

Stel dat de fiets die Samira in de openingscasus in de fietsenwinkel bij haar in de straat koopt afkomstig blijkt te zijn uit een partij gestolen fietsen.
Kan Samira zich in dit geval beroepen op derdenbescherming?

We lopen eerst de vereisten van art. 3:84 lid 1 BW langs:
Aan twee van de drie vereisten, te weten een levering en een geldige titel is voldaan. Gelet echter op het feit dat het een gestolen fiets was, ontbreekt de beschikkingsbevoegdheid van de vervreemder (de rijwielhandelaar).
Wil Samira derdenbescherming inroepen, dan zal er allereerst voldaan moeten worden aan de voorwaarden van art. 3:86 lid 1 BW; we bekijken deze één voor één:

1 De rijwielhandelaar is niet beschikkingsbevoegd, aangezien het een gestolen fiets betrof (er is sprake van een onbevoegde vervreemder).
2 Het betreft de overdracht van een fiets (een overdracht van een roerende zaak, niet-registergoed).
3 Samira neemt de fiets meteen mee (er is sprake van een overdracht overeenkomstig art. 3:90 BW).

4 Samira betaalt de koopprijs (een overdracht anders dan om niet).
5 Samira heeft geen enkele aanwijzing dat het een gestolen fiets betreft (er is sprake van een verkrijger te goeder trouw).

Aangezien de eigenaar het bezit van de fiets door diefstal heeft verloren, kan hij zich wellicht beroepen op art. 3:86 lid 3 BW en de fiets binnen drie jaar na de diefstal als zijn eigendom opeisen. Er is echter sprake van een zogeheten consumentenkoop: Samira koopt de fiets als natuurlijk persoon (niet in de uitoefening van een beroep of bedrijf) in een reguliere winkel van een professionele verkoper.
Conclusie: Samira kan zich succesvol beroepen op derdenbescherming.

Voorbeeld 6.2

Simon heeft een eigen bedrijf: hij koopt oude computers, knapt deze op en verkoopt ze door aan particulieren.
Op zekere dag koopt Simon te goeder trouw twee computers via een advertentie op het internet. Niet lang nadat hij ze heeft opgeknapt, wordt hij benaderd door iemand die stelt eigenaar te zijn van de betreffende computers, hetgeen die persoon ook kan aantonen door middel van aankoopbewijzen en serienummers. De eigenaar stelt dat de computers een maand eerder bij hem thuis gestolen zijn, hetgeen hij eveneens kan aantonen aan de hand van een proces-verbaal van aangifte.
Kan Simon zich nu beroepen op derdenbescherming op grond van art. 3:86 lid 1 BW?

Aan twee van de drie vereisten van art. 3:84 lid 1 BW, te weten een levering en een geldige titel is voldaan. Gelet echter op het feit dat het gestolen computers betrof, ontbreekt de beschikkingsbevoegdheid van de vervreemder (de verkoper).

Simon voldoet aan de vijf vereisten van het eerste lid van art. 3:86 BW:
1 Er is sprake van een onbevoegde vervreemder.
2 Het betreft de overdracht van twee computers (roerende zaken),
3 door middel van bezitsverschaffing (overeenkomstig art. 3:90 BW).
4 Simon heeft een koopsom betaald voor de computers (verkrijging anders dan om niet).
5 Simon was te goeder trouw.

Het betreft echter gestolen zaken, zodat de eigenaar zich wellicht kan beroepen op het derde lid van art. 3:86 BW en de computers in eigendom kan opeisen:
- De computers zijn uit de woning van de eigenaar gestolen (de eigenaar heeft het bezit dus door diefstal verloren).
- Er is nog geen drie jaar verstreken sinds de diefstal van de computers.

De eigenaar kan de computers dus als zijn eigendom opeisen, tenzij Simon zich op een van de uitzonderingen (sub *a* of *b*) zou kunnen beroepen. Uitzondering sub *b* is niet van toepassing, daar het twee roerende zaken betreft; ten aanzien van uitzondering sub *a* geldt het volgende:

Simon handelde in de uitoefening van zijn bedrijf toen hij de computers kocht, zodat hij zich reeds op grond daarvan al niet kan beroepen op art. 3:86 lid 3 BW. Ingeval Simon niet in de uitoefening van zijn bedrijf had gehandeld, zou hij zich evenmin op dit artikel kunnen beroepen, aangezien hij de computers niet van een professionele verkoper in een reguliere winkel heeft gekocht. Op grond van het voorgaande kunnen we concluderen dat de eigenaar van de computers deze inderdaad van Simon kan revindiceren.

Maakt het verder nog uit of een eigenaar zijn eigendom door onvoorzichtigheid is verloren? De Hoge Raad heeft zich over deze rechtsvraag uitgelaten in de zaak Centraal Beheer tegen Gritter.

Centraal Beheer – Gritter-arrest

Ene Savelkous parkeert zijn auto, een Rover, op het openbare parkeerterrein van een luchthaven. In de auto liggen alle autopapieren, te weten het kenteken deel I, II en III, alsmede de kopie deel III. Eind oktober 1983 wordt de Rover, met alle papieren erin gestolen.
Savelkous is gelukkig verzekerd en de verzekeringsmaatschappij, Centraal Beheer, keert een bedrag uit ter vergoeding van de door Savelkous geleden schade.
Door de schade te vergoeden, verkrijgt Centraal Beheer de vordering (die Savelkous had) op de onbekende dief (de schuldenaar). Er is sprake van de overdracht van een vordering op naam (cessie) uit hoofde van art. 3:94 BW, waarbij de cessus (schuldenaar) onbekend is. In paragraaf 5.3 van hoofdstuk 5 zagen we hoe een en ander in zijn werk gaat.
Tevens draagt Savelkous zijn eigendomsrecht op de auto over aan Centraal Beheer. We zagen eveneens in paragraaf 5.3 van hoofdstuk 5 dat dit kan op grond van art. 3:95 BW door middel van een daartoe bestemde akte.
De auto wordt, zonder dat Centraal Beheer of Savelkous hiervan op de hoogte is, door een autohandelaar doorverkocht aan ene Gritter. Na enige tijd weet Centraal Beheer de auto echter op te sporen en eist deze van Gritter terug. Gritter weigert dit; hij stelt dat hij te goeder trouw was toen hij de auto kocht en dat er derhalve sprake is van derdenbescherming op grond van art. 3:86 lid 1 BW.

Centraal Beheer beroept zich echter op art. 3:86 lid 3 BW en stelt:

- Savelkous (eigenaar van de auto) is de auto door diefstal kwijtgeraakt.
- De auto is conform art. 3:86 lid 1 BW in handen gekomen van Gritter (de verkrijger).
- De eigenaar (dat is Centraal Beheer, nadat Savelkous het eigendom van de auto heeft overgedragen) kan de auto echter gedurende een periode van drie jaar opeisen van Gritter (de verkrijger), aangezien Gritter niet beschermd wordt door de uitzonderingen (sub *a* + *b*) van het derde lid. Gritter is weliswaar een natuurlijk persoon, niet handelend in de uitoefening van een beroep of bedrijf, maar hij heeft de auto van een louche autohandelaar gekocht en er was geen sprake van een reguliere bedrijfsruimte (sub *a*). Het betreft geen geld, toonder- of orderpapieren, zodat uitzondering sub *b* niet van toepassing is.

De rechtbank en het gerechtshof hebben er in deze zaak op gewezen dat Savelkous zeer onachtzaam is geweest door de auto met alle papieren erin op een openbaar parkeerterrein te parkeren. Voorts heeft Savelkous verzuimd om actie te ondernemen toen de politie de auto een aantal weken na de diefstal had getraceerd. Volgens de rechtbank en het hof is het dus aan Savelkous te wijten dat de dief de auto heeft gestolen en zich heeft kunnen voordoen als beschikkingsbevoegde, zodat de auto is doorverkocht aan Gritter. Om die reden dient Gritter dan ook beschermd te worden door art. 3:86 lid 1 BW en kan Centraal Beheer niet revindiceren, aldus rechtbank en hof.

De Hoge Raad is het niet met de uitspraken van de rechtbank en het hof eens. Volgens de Hoge Raad speelt eventuele onachtzaamheid die geleid heeft tot het verlies van de zaak, speelt geen rol bij de beoordeling of het derde lid van art. 3:86 BW van toepassing is. Ingeval het de bedoeling van de wetgever zou zijn geweest om gevallen waarin de diefstal te wijten is aan de eigenaar uit te sluiten van een beroep op art. 3:86 lid 3 BW, dan zou dit naast de uitzonderingen sub *a* + *b* moeten zijn opgenomen. Dit is niet het geval, aldus de Hoge Raad.

We kunnen dan ook concluderen dat Centraal Beheer eigenaar van de auto is gebleven en de auto op grond van art. 3:86 lid 3 BW kan opeisen van Gritter.

Tussenvraag 6.4

Eveline koopt een scooter van Melanie. Ze spreken af dat Eveline de scooter de volgende dag zal ophalen. Dit gebeurt inderdaad en nadat Eveline een bedrag van €750 aan Melanie heeft betaald, rijdt zij op de scooter weg. Eveline is te goeder trouw.
Een paar dagen later belt Marja bij Eveline aan, die claimt dat zij Eveline op de van haar gestolen scooter heeft zien rijden. Eveline reageert in eerste instantie verontwaardigd, maar algauw blijkt dat Melanie de scooter inderdaad van Marja heeft gestolen en deze heeft doorverkocht aan Eveline.

Wie is er nu eigenaar van de scooter?

6.2.3 Wegwijsplicht

Wegwijsplicht

Naast de uitsluiting van derdenbescherming in geval van diefstal (art. 3:86 lid 3 BW), kan zich een andere situatie voordoen waardoor een derde toch niet de bescherming kan genieten van art. 3:86 lid 1 BW. Van een dergelijke situatie is sprake als de verkrijger niet voldoet aan zijn wegwijsplicht. Art. 3:87 lid 1 BW bepaalt:

> 'Een verkrijger die binnen drie jaren na zijn verkrijging gevraagd wordt wie het goed aan hem vervreemdde, dient onverwijld de gegevens te verschaffen, die nodig zijn om deze terug te vinden of die hij ten tijde van zijn verkrijging daartoe voldoende mocht achten. Indien hij niet aan deze verplichting voldoet, kan hij de bescherming die de artikelen 86 en 86a aan een verkrijger te goeder trouw bieden niet inroepen.'

Dit artikel bevat de volgende voorwaarden:
- Binnen drie jaar nadat de verkrijger het goed heeft verkregen wordt hem gevraagd wie de vervreemder was.
- De verkrijger verschaft de gegevens van de vervreemder (althans de gegevens die hij op het moment van verkrijging als voldoende mocht beschouwen).

Wanneer de verkrijger niet aan hiervoor genoemde verplichting kan voldoen, dan treedt het rechtsgevolg in: de verkrijger kan zich niet op de bescherming van art. 3:86 en 3:86a BW beroepen (art. 3:86a BW betreft derdenbescherming ten aanzien van cultuurgoederen; deze bescherming komt verder niet aan de orde in dit boek).

De wegwijsplicht komt dus op het volgende neer: wanneer iemand zich beroept op derdenbescherming op grond van art. 3:86 lid 1 BW en hem gevraagd wordt van wie hij het goed heeft verkregen, dan dient hij de gegevens van de vervreemder te kunnen verstrekken. Deze gegevens hoeven niet meer correct te zijn; het kan immers niet van iemand verwacht worden dat hij bijvoorbeeld adreswijzigingen van iemand wiens fiets hij heeft gekocht, gedurende een periode van drie jaar nauwkeurig bijhoudt. De gegevens dienen wel zodanig te zijn dat de verkrijger deze naar objectieve maatstaven als juist mocht beschouwen op het moment van de verkrijging. Wanneer iemand een overduidelijk onjuiste naam of niet-bestaand adres opgeeft, dan dient de verkrijger hier nader onderzoek naar te doen teneinde de correcte gegevens te achterhalen. Laat de verkrijger dit na, dan zal hem geen derdenbescherming uit hoofde van art. 3:86 BW worden geboden.

De wegwijsplicht is niet van toepassing ten aanzien van geld (art. 3:87 lid 2 BW).
Let op: art. 3:87 lid 1 BW is uitsluitend van toepassing wanneer de verkrijger gevraagd wordt om de gegevens van de vervreemder te verstrekken (zie de eerste voorwaarde van het artikel). Een verkrijger die zich op derdenbescherming beroept, hoeft deze gegevens niet op eigen initiatief te verschaffen, dan wel ongevraagd op te biechten dat hij niet over de betreffende gegevens beschikt.

Stel dat Nicola in de openingscasus de fiets niet aan Bram schenkt, maar deze zelf houdt. Na een aantal maanden ziet Samira Nicola op haar fiets rondrijden. Samira herkent haar eigen fiets en confronteert Nicola met het feit dat Deborah beschikkingsonbevoegd was om de fiets te vervreemden. Nicola beroept zich op derdenbescherming uit hoofde van art. 3:86 lid 1 BW.
We kijken eerst weer naar de voorwaarden van art. 3:84 lid 1 BW. Aan twee van de drie vereisten, te weten een levering en een geldige titel is voldaan. Doordat Deborah de fiets van Samira echter had geleend, ontbreekt de beschikkingsbevoegdheid van de vervreemder.
Aan de vereisten van art. 3:86 lid 1 BW is eveneens voldaan:
1 Deborah is niet beschikkingsbevoegd, aangezien zij de fiets van Samira had geleend (er is sprake van een onbevoegde vervreemder).
2 Het betreft de overdracht van een fiets (een overdracht van een roerende zaak, niet-registergoed).
3 Nicola neemt de fiets meteen mee (er is sprake van een overdracht overeenkomstig art. 3:90 BW).
4 Nicola betaalt een koopprijs, te weten 75% van de nieuwwaarde (een overdracht anders dan om niet).
5 Nicola heeft geen enkele aanwijzing dat het een gestolen fiets betreft (er is sprake van een verkrijger te goeder trouw).

Samira kan zich niet beroepen op art. 3:86 lid 3 BW, aangezien er geen sprake is van diefstal. Als het verhaal hier stopt, dan is Nicola wederom eigenaar geworden.
Samira kan echter een beroep doen op de wegwijsplicht waaraan Nicola dient te voldoen. Wanneer Samira aan Nicola vraagt om haar de gegevens van

Deborah te verschaffen en Nicola deze niet kan (of wil) verstrekken, voldoet zij niet aan de wegwijsplicht. Een en ander heeft tot gevolg dat Nicola zich niet kan beroepen op de derdenbescherming van art. 3:86 lid 1 BW en Samira kan haar fiets derhalve van Nicola opeisen.

Tussenvraag 6.5

Nogmaals de situatie waarin Eveline een scooter van Melanie koopt, maar nu zijn de feiten iets anders.
Eveline benadert Melanie via een advertentie op het internet. Ze spreken af dat ze elkaar de volgende dag achter het station zullen ontmoeten, hetgeen ook gebeurt. Nadat Eveline een bedrag van €750 aan Melanie heeft betaald, rijdt zij op de scooter weg. Eveline is te goeder trouw.
Een paar dagen later belt Marja bij Eveline aan, die claimt dat zij Eveline op haar scooter heeft zien rijden. Eveline reageert in eerste instantie verontwaardigd, maar algauw blijkt dat Melanie geen eigenaar was van de scooter, maar deze van Marja had geleend. Marja vraagt Eveline om haar de gegevens van Melanie te geven. Eveline heeft echter alleen een hotmail-adres.

Wie is er in dit geval eigenaar van de scooter?

6.3 Derdenbescherming uit hoofde van art. 3:88 BW

Art. 3:88 BW regelt de derdenbescherming ten aanzien van registergoederen, rechten op naam en andere goederen waarop art. 3:86 BW niet van toepassing is. Eerst komen de voorwaarden voor derdenbescherming uit hoofde van dit artikel aan bod. Vervolgens wordt derdenbescherming besproken ten aanzien van andere goederen dan waarop art. 3:86 BW van toepassing is.

6.3.1 Voorwaarden derdenbescherming

Art. 3:88 lid 1 BW bepaalt:

Derdenbescherming registergoederen

> 'Ondanks onbevoegdheid van de vervreemder is een overdracht van een registergoed, van een recht op naam, of van een ander goed waarop artikel 86 niet van toepassing is, geldig, indien de verkrijger te goeder trouw is en de onbevoegdheid voortvloeit uit de ongeldigheid van een vroegere overdracht, die niet het gevolg was van onbevoegdheid van de toenmalige vervreemder.'

Dit artikel bevat de volgende vier voorwaarden:

1 een onbevoegde vervreemder;
2 een overdracht van een registergoed, een recht op naam of van een ander goed waarop artikel 3:86 BW niet van toepassing is;
3 een verkrijger te goeder trouw;
4 de onbevoegdheid van de vervreemder vloeit voort uit de ongeldigheid van een vroegere overdracht, die niet het gevolg was van de onbevoegdheid van de toenmalige vervreemder.

Wanneer aan alle vereisten is voldaan, treedt het rechtsgevolg in werking: de overdracht van het betreffende goed is rechtsgeldig.
We behandelen de hiervoor genoemde voorwaarden weer één voor één. Daarna doorlopen we alle vereisten van art. 3:88 lid 1 BW aan de hand van voorbeeld 6.3.

Ad 1 Onbevoegde vervreemder
De onbevoegdheid van de vervreemder betreft, zoals we reeds eerder zagen, de onbevoegdheid om een goed te vervreemden of te bezwaren.

Ad 2 Overdracht van een registergoed, een recht op naam of van een ander goed waarop artikel 3:86 BW niet van toepassing is
Er dient sprake te zijn van een overdracht van een registergoed, een recht op naam of van een ander goed waarop artikel 3:86 BW niet van toepassing is. Met andere woorden: art. 3:88 BW ziet op derdenbescherming ten aanzien van alle goederen, behalve roerende zaken, niet-registergoederen en rechten aan toonder of order. Ten aanzien van deze voorwaarde is het van belang dat voldaan is aan art. 3:83 BW (de overdraagbaarheid van goederen) en de eerste twee vereisten van art. 3:84 lid 1 BW, te weten een levering en een geldige titel. De levering dient weer te bestaan uit een goederenrechtelijke overeenkomst en één of meerdere leveringshandelingen. Overeenkomstig de schakelbepaling art. 3:98 BW, is dit artikel eveneens van toepassing op de overdracht en vestiging van beperkte rechten; er kan dus tevens sprake zijn van vestiging in plaats van levering.

Ad 3 Verkrijger te goeder trouw
Is de verkrijger niet te goeder trouw dan kan hij geen beroep doen op derdenbescherming. Het vereiste van goede trouw wordt verschillend ingevuld voor registergoederen en niet-registergoederen.
Ten aanzien van niet-registergoederen wordt goede trouw vereist op grond van art. 3:11 BW (overeenkomstig het vereiste van goede trouw van art. 3:86 BW). Op het moment dat de levering voltooid wordt, dient de verkrijger te goeder trouw te zijn.
Betreft het bijvoorbeeld de overdracht (cessie) van een vorderingsrecht op naam dan wordt de levering voltooid met de mededeling aan de schuldenaar (cessus). Op dat moment dient de verkrijger van het vorderingsrecht, de cessionaris, dus te goeder trouw te zijn.

Goede trouw

Ten aanzien van registergoederen wordt de goede trouw van de verkrijger niet alleen bepaald door art. 3:11 BW maar ook door art. 3:23 BW. Volgens dit artikel is een verkrijger van een registergoed niet te goeder trouw, wanneer hij zich beroept op onbekendheid met feiten waarvan hij kennis had kunnen nemen door raadpleging van de openbare registers.

Inschrijfbare feiten

We weten dat de overdracht van registergoederen inschrijving in de openbare registers vereist. Er kunnen echter ook andere feiten betreffende registergoederen in de registers worden ingeschreven. In art. 3:17 BW wordt een opsomming gegeven van dergelijke feiten. Dit zijn onder andere:

- erfopvolging betreffende een registergoed;

- vervulling van een voorwaarde in geval van een voorwaardelijke rechtshandeling betreffende een registergoed;
- rechterlijke uitspraken betreffende de rechtstoestand van een registergoed;
- rechterlijke uitspraken betreffende de beschikkingsbevoegdheid ten aanzien van een registergoed;
- instelling van een rechtsvordering of indiening van een verzoekschrift ter verkrijging van een rechterlijke uitspraak betreffende een registergoed;
- verjaring die leidt tot verkrijging van een registergoed.

Wanneer deze of andere feiten betreffende een registergoed zijn ingeschreven in de openbare registers dan wordt een verkrijger geacht hiervan op de hoogte te zijn. Hij kan zich niet beroepen op goede trouw die voortvloeit uit onwetendheid ten aanzien van dergelijke feiten.

Ad 4 Onbevoegdheid van de vervreemder
De onbevoegdheid van de vervreemder dient voort te vloeien uit de ongeldigheid van een eerdere overdracht, die niet het gevolg was van de onbevoegdheid van de toenmalige vervreemder. Let op: dit vereiste betreft een overdracht die heeft plaatsgevonden voorafgaand aan de overdracht waarvoor de derdenbescherming wordt ingeroepen.
Voor een rechtsgeldige overdracht dient voldaan te worden aan de vereisten van art. 3:84 BW:
- een levering;
- een geldige titel;
- een beschikkingsbevoegde vervreemder.

De ongeldigheid van de eerdere overdracht kan voortvloeien uit een gebrek in de levering of de ongeldigheid van de titel, maar mag niet het gevolg zijn van de onbevoegdheid van de eerdere vervreemder.

Een kort schema in figuur 6.2 ter verduidelijking.

Figuur 6.2 **Derdenbescherming art. 3:88 BW**

Overdracht I

verkoopt en levert een huis aan

Vervreemder 1 → Verkrijger 1

Verkrijger 1 besluit na een jaar om het huis te verkopen en wordt vervreemder 2.

Overdracht II

verkoopt en levert een huis aan

Vervreemder 2 → Verkrijger 2

Vervreemder 1 heeft het huis onder bedreiging aan verkrijger 1 verkocht. Door middel van een rechterlijke uitspraak wordt de titel (de koopovereenkomst tussen vervreemder 1 en verkrijger 1) vernietigd. Daarmee is de titel van over-

dracht I ongeldig geworden, met als gevolg dat overdracht I niet rechtsgeldig is.
De ongeldigheid van de vroegere overdracht (overdracht I) is dus niet het gevolg van de onbevoegdheid van de eerdere vervreemder (vervreemder 1 was immers beschikkingsbevoegd); de ongeldigheid van de vroegere overdracht vloeit voort uit de ongeldigheid van de titel van die overdracht.

Voorbeeld 6.3

De bejaarde Esther woont in een appartement op de begane grond van een monumentaal herenhuis. Zij was ooit eigenaar van het volledige pand, maar heeft een aantal jaren geleden de andere verdiepingen verkocht, zodat ze alleen het appartement op de begane grond nog in eigendom heeft.
De eigenaar van de overige etages, Kees, heeft vanaf het moment dat hij deze in eigendom verkreeg kenbaar gemaakt dat hij ook het door Esther bewoonde appartement wil kopen; Esther peinst er niet over om haar etage aan Kees te verkopen.
Kees is echter geobsedeerd door de gedachte de eigendom van het gehele pand in handen te hebben en zegt op zeker moment tegen zichzelf: 'Als het niet goedschiks kan, dan moet het maar kwaadschiks!' Hij brengt een bezoekje aan Esther en dwingt haar onder bedreiging van een vuurwapen mee te werken aan de verkoop van haar appartement. Esther verkoopt het appartement en trekt in overspannen toestand tijdelijk in bij haar vriendin Soumaya.
Kees laat er geen gras over groeien: na een grondige renovatie verkoopt hij het pand met een flinke winst aan Denis.
Soumaya heeft inmiddels de ware toedracht van de verkoop van Esthers appartement te horen gekregen en helpt Esther, wanneer die weer enigszins op krachten is gekomen, met het opstarten van een gerechtelijke procedure tegen Kees. Door middel van een gerechtelijke uitspraak wordt de koopovereenkomst tussen Esther en Kees vernietigd.
Kan Esther de eigendom van haar appartement nu opeisen?

De eigendom van het gehele pand, inclusief het appartement van Esther, is inmiddels in handen van Denis; Esther richt zich dan ook tot hem. Denis beroept zich echter op derdenbescherming uit hoofde van art. 3:88 lid 1 BW. Wordt Denis daadwerkelijk beschermd?

We lopen de vier vereisten van art. 3:88 lid 1 BW langs:

1 Kees wordt met terugwerkende kracht beschikkingsonbevoegd (er is sprake van een onbevoegde vervreemder).
2 Het betreft de overdracht van een appartement (een overdracht van een registergoed).
3 Denis weet niets van de wijze waarop Kees het appartement heeft verkregen; op het moment dat hij het pand koopt en geleverd krijgt is Kees beschikkingbevoegd (er is sprake van een verkrijger te goeder trouw).
4 Kees wordt beschikkingsonbevoegd op het moment dat de koopovereenkomst tussen hem en Esther wordt vernietigd, waarmee de titel van die overeenkomst komt te vervallen: de onbevoegdheid van de vervreemder

(Kees) vloeit voort uit de ongeldigheid van een vroegere overdracht (koopovereenkomst tussen Esther en Kees), die niet het gevolg was van de onbevoegdheid van de toenmalige vervreemder (Esther was beschikkingsbevoegd; de overdracht is ongeldig doordat de titel is komen te vervallen).

Denis geniet dus derdenbescherming uit hoofde van art. 3:88 lid 1 BW en blijft eigenaar van het pand, inclusief Esthers appartement.

Tussenvraag 6.6
Guus verkoopt een stuk grond aan Eef. Guus is niet beschikkingsbevoegd, maar Eef weet dit niet en kan dit ook niet weten; zij is te goeder trouw. Eef verkoopt de grond door aan Albert, die eveneens te goeder trouw is.
Is Albert hierdoor eigenaar van de grond geworden?

6.3.2 Derdenbescherming niet-art. 3:86 BW goederen

Behalve ten aanzien van registergoederen en vorderingsrechten op naam, is derdenbescherming op grond van art. 3:88 lid 1 BW ook mogelijk ten aanzien van andere goederen waarop art. 3:86 BW niet van toepassing is.

Derdenbescherming andere goederen

Art. 3:86 BW biedt slechts bescherming wanneer er sprake is van verkrijging door middel van bezitsverschaffing (zie de derde voorwaarde van dat artikel). In het Centraal Beheer – Gritter-arrest (paragraaf 6.2), zagen we een praktijkvoorbeeld van levering zonder bezitsverschaffing op grond van art. 3:95 BW. Het betrof in dat geval de levering van een auto. Gewoonlijk zou, in geval van een beroep op derdenbescherming, een beroep op art. 3:86 BW moeten worden gedaan. Omdat het bezit van de auto echter niet aan de verkrijger (Centraal Beheer) kon worden verschaft, was er sprake van een levering overeenkomstig art. 3:95. Aan het derde vereiste van art. 3:86 BW wordt derhalve niet voldaan, zodat men zich in een dergelijke situatie slechts op derdenbescherming kan beroepen op grond van art. 3:88 BW.
In voorbeeld 6.4 wordt dit nog eens verduidelijkt.

> **Voorbeeld 6.4**
> Stel dat Savelkous zijn auto onder valse voorwendselen van ene Grouw heeft gekocht. De auto wordt gestolen en Savelkous draagt de auto in eigendom over aan verzekeringsmaatschappij Centraal Beheer. Er kan geen bezitsverschaffing plaatsvinden (de auto is immers gestolen), zodat geleverd wordt door middel van een daartoe bestemde akte (art. 3:95 BW). Grouw komt erachter dat Savelkous hem heeft bedrogen en laat de koopovereenkomst door de rechter ontbinden. Grouw klopt vervolgens aan bij Savelkous, die hem doorverwijst naar Centraal Beheer.
> Kan Centraal Beheer zich beroepen op derdenbescherming?
> Voordat we tot beantwoording van deze vraag overgaan, presenteren we voorgaande casusgegevens in schema:

Overdracht I

Grouw —— verkoopt en levert de auto aan ——→ Savelkous

De auto wordt van Savelkous gestolen.

Overdracht II

Savelkous —— verkoopt en levert (art. 3:95 BW) de auto aan ——→ Centraal Beheer

De koopovereenkomst tussen Grouw en Savelkous wordt vernietigd. Grouw wil de auto vervolgens terug van Centraal Beheer, die zich echter op derdenbescherming beroept.
Ondanks dat het een roerende zaak, niet-registergoed betreft, kan Centraal Beheer niet worden beschermd door art. 3:86 lid 1 BW; er heeft immers geen bezitsverschaffing plaatsgevonden. We doorlopen derhalve de vereisten van art. 3:88 lid 1 BW:

1 Savelkous wordt met terugwerkende kracht beschikkingsonbevoegd (er is sprake van een onbevoegde vervreemder).
2 Het betreft de overdracht van een auto op grond van art. 3:95 BW (een overdracht van een ander goed waarop artikel 3:86 BW niet van toepassing is).
3 Centraal Beheer was te goeder trouw (er is sprake van een verkrijger te goeder trouw).
4 Savelkous wordt beschikkingsonbevoegd op het moment dat de koopovereenkomst tussen hem en Grouw wordt vernietigd, waarmee de titel van die overeenkomst komt te vervallen:
   - De onbevoegdheid van de vervreemder (Savelkous) vloeit voort uit de ongeldigheid van een vroegere overdracht (vernietigde koopovereenkomst tussen Savelkous en Grouw).
   - De ongeldigheid van de vroegere overeenkomst was niet het gevolg van de onbevoegdheid van de toenmalige vervreemder (Grouw was beschikkingsbevoegd; de overdracht is ongeldig doordat de titel is komen te vervallen).

We kunnen concluderen dat Centraal Beheer wordt beschermd op grond van art. 3:88 lid 1 BW.

6.4 Derdenbescherming bij onvolledige of onjuiste inschrijving

Ten aanzien van registergoederen kan eenieder de openbare registers raadplegen en kennisnemen van informatie die over een registergoed is opgenomen. Men zou blindelings moeten kunnen vertrouwen op hetgeen in de openbare registers is geregistreerd, toch kunnen de volgende situaties zich voordoen:

- Er is sprake van onvolledige registers.
- Er is sprake van onjuiste registers.
- Er is sprake van onjuiste feiten.

In dergelijke situaties kan het een derde in beginsel niet worden tegengeworpen dat hij niet bekend is met de realiteit; hij heeft de registers immers geraadpleegd en mocht ervan uitgaan dat de informatie die daarin was opgenomen correct was. De wetgever heeft dan ook drie artikelen opgenomen die derdenbescherming bieden tegen onvolledigheid en onjuistheid. Deze artikelen worden hierna besproken.

Onvolledige registers

Derdenbescherming onvolledige registers

Er is sprake van onvolledige registers, wanneer een feit betreffende een registergoed dat in de registers inschreven kan worden niet ingeschreven is. De wet bepaalt welke feiten moeten en/of kunnen worden ingeschreven, zie ook art. 3:17 BW (behandeld in paragraaf 6.3).
Art. 3:24 BW beschermt een derde bij een verkrijging van een recht op een registergoed onder bijzondere titel (meestal overdracht) tegen een feit dat niet was ingeschreven in de registers. Het cruciale moment is het tijdstip van inschrijving van de rechtshandeling tot verkrijging onder bijzondere titel.
Is de derde echter op een andere manier van het feit op de hoogte geraakt (bijvoorbeeld doordat het hem is medegedeeld) dan kan hij zich niet op art. 3:24 BW beroepen (voorbeeld 6.5).

Voorbeeld 6.5

Stel dat Esther in voorbeeld 6.3 direct na de gedwongen verkoop een rechtsvordering instelt tot vernietiging van de koopovereenkomst (voordat het appartement wordt doorverkocht aan Denis). Volgens art. 3:17 lid 1 sub f BW kan dit feit worden ingeschreven in de openbare registers. Er zijn nu twee situaties denkbaar:

1. Esther laat het feit inschrijven in de openbare registers. Wanneer Denis onder deze omstandigheden overgaat tot aankoop van het appartement, dan kan hij zich niet beroepen op derdenbescherming op grond van art. 3:24 BW; door raadpleging van de registers had hij immers kennis kunnen nemen van de ingestelde rechtsvordering tot vernietiging.
2. Esther laat het feit niet inschrijven in de openbare registers. Gaat Denis in dit geval over tot aankoop van het appartement dan kan hij zich succesvol beroepen op derdenbescherming uit hoofde van art. 3:24 BW; de ingestelde rechtsvordering was immers niet geregistreerd, zodat de registers onvolledig waren. Dit kan Denis niet worden tegengeworpen.

Onjuiste registers

Derdenbescherming onjuiste registers

De registers zijn onjuist wanneer een feit met betrekking tot een registergoed is opgenomen krachtens een authentieke akte, terwijl dit feit onjuist is. Art. 3:25 BW biedt een derde bescherming tegen een dergelijke onjuistheid; eenieder die de openbare registers raadpleegt, moet er immers op kunnen vertrouwen dat informatie die is opgenomen in een authentieke akte, correct is (voorbeeld 6.6). Een derde wordt dan ook jegens eenieder beschermd. Net als bij art. 3:24 BW dient het te gaan om verkrijging onder bijzondere titel en is het moment van inschrijving doorslaggevend.

Voorbeeld 6.6

Stel dat Esther uit de eerdere voorbeelden een tweelingzus heeft, genaamd Sophie, die als twee druppels water op haar lijkt. Kees weet dat Esther en Sophie al jaren enorme ruzie met elkaar hebben over een voorval in het verre verleden. De afgelopen twee jaar hebben de zussen geen woord meer met elkaar gewisseld. Kees, die nog steeds het appartement van Esther in handen wil krijgen, benadert Sophie met het plan om zich bij de notaris voor te doen als Esther, haar handtekening te vervalsen en zo de verkoop van het appartement te bewerkstelligen. Sophie verleent haar volledige medewerking, de notaris is zich van geen kwaad bewust, maakt de benodigde akte op en na inschrijving in de registers is Kees eigenaar van het appartement.
Kees verkoopt het gehele pand aan Denis en doet voorkomen dat Esther huurder is van het appartement. Op het moment dat Denis zich als nieuwe verhuurder aan Esther voorstelt, komt de ware toedracht naar boven.
Kan Denis zich beroepen op derdenbescherming?
Op grond van art. 3:25 BW geniet Denis inderdaad derdenbescherming. Denis mag immers vertrouwen op de juistheid van de in de registers opgenomen authentieke akte.

Onjuiste feiten

Derdenbescherming onjuiste feiten

Er is sprake van onjuiste feiten wanneer andere dan de hiervoor onder Ad 2 behandelde onjuiste gegevens betreffende een registergoed in de openbare registers zijn ingeschreven. In een dergelijke situatie kan art. 3:26 BW een derde bescherming bieden; deze bescherming werkt echter uitsluitend ten opzichte van degene die voor correctie van de onjuiste gegevens in de registers had kunnen zorg dragen (voorbeeld 6.7). Art. 3:26 BW ziet ook op verkrijging onder bijzondere titel; het moment van inschrijving is weer doorslaggevend.

Voorbeeld 6.7

Stel dat Kees niet alleen het herenhuis aan Denis verkoopt maar ook een stuk grond dat aan één zijde grenst aan de tuin van de achterliggende woning, die Kees zelf bewoont. Kees maakt echter een fout bij de omschrijving van de afmetingen van het stuk grond. Daardoor worden in de registers de verkeerde afmetingen van het stuk grond dat Denis verkrijgt opgenomen; hierin is ook een deel van de tuin van Kees opgenomen.
Denis kan zich in dit geval jegens Kees beroepen op derdenbescherming op grond van art. 3:26 BW.

Ingeval Kees per ongeluk ook een deel van de tuin van een buurman zou hebben opgenomen in de omschrijving van het stuk grond dat hij aan Denis verkocht, kan Denis zich jegens de buurman niet beroepen op derdenbescherming, tenzij de buurman van de foute omschrijving op de hoogte was en niets heeft ondernomen om dit te herstellen.

Tussenvraag 6.7

Hein koopt een stuk grond waarop hij een recreatieterrein wil laten aanleggen. De verkoper verkeert echter in financiële problemen ten gevolge waarvan een aantal schuldeisers beslag heeft gelegd op het betreffende stuk grond. Het beslag is niet ingeschreven in de openbare registers.

Van welke situatie is hier sprake en op basis van welk artikel wordt Hein beschermd?

Samenvatting

De verkrijger van een goed kan onder bepaalde, zeer nauwkeurig in de wet omschreven, omstandigheden beschermd worden tegen de beschikkingsonbevoegdheid van de vervreemder, ook wel derdenbescherming genoemd.

Er wordt onderscheid gemaakt tussen derdenbescherming:

a betreffende de overdracht van roerende zaken, niet-registergoederen en rechten aan toonder of order (art. 3:86 BW);

b betreffende de overdracht van registergoederen en rechten op naam, alsmede goederen waarop art. 3:86 BW niet van toepassing is (art. 3:88 BW);

c betreffende onvolledige en onjuiste registers.

De vijf vereisten voor derdenbescherming als bedoeld onder *a* zijn:

1 een onbevoegde vervreemder;
2 een overdracht van een roerende zaak, niet-registergoed of van een recht aan toonder of order;
3 een overdracht door middel van bezitsverschaffing (overeenkomstig art. 3:90, 3:91 of 3:93 BW);
4 een overdracht anders dan om niet;
5 een verkrijger te goeder trouw.

Wanneer de eigenaar het goed echter door diefstal is kwijtgeraakt, kan hij het in beginsel gedurende een periode van drie jaar van de verkrijger revindiceren, ook al voldoet de verkrijger aan alle voorwaarden voor derdenbescherming. Betreft het echter een consumentenkoop of geld of een toonder- of orderpapier, dan staat voor de oorspronkelijke eigenaar de mogelijkheid van revindicatie niet open.

Een verkrijger kan zich evenmin succesvol beroepen op derdenbescherming, wanneer hij desgevraagd niet kan voldoen aan zijn wegwijsplicht.

De vier vereisten voor derdenbescherming als bedoeld onder *b* zijn:

1 een onbevoegde vervreemder;
2 een overdracht van een registergoed, een recht op naam of van een ander goed waarop artikel 3:86 BW niet van toepassing is;

3 een verkrijger te goeder trouw;
4 de onbevoegdheid van de vervreemder vloeit voort uit de ongeldigheid van een vroegere overdracht, die niet het gevolg was van de onbevoegdheid van de toenmalige vervreemder.

Een verkrijger van een registergoed is niet te goeder trouw wanneer hij zich beroept op onbekendheid met feiten waarvan hij kennis had kunnen nemen door raadpleging van de openbare registers.
De ongeldigheid van de vroegere overdracht kan voortvloeien uit een gebrek in de levering of de ongeldigheid van de titel, maar mag niet het gevolg zijn van de onbevoegdheid van de eerdere vervreemder.

Derdenbescherming als bedoeld onder *c* betreft:
- Er is sprake van onvolledige registers.
- Er is sprake van onjuiste registers.
- Er is sprake van onjuiste feiten.

Studie-eindvragen

Casus 6.1

Doritha gaat het komende studiejaar beginnen met de studie hbo-rechten. Wanneer ze zich komt inschrijven bij de hogeschool, ziet ze op het prikbord een advertentie hangen waarin tweedehands studieboeken worden aangeboden. Het zijn precies de boeken die Doritha nodig heeft. Ze belt meteen het mobiele nummer van ene Edward en ze spreken af elkaar die middag in de kantine te ontmoeten.

Tijdens deze ontmoeting vertelt Edward dat hij inmiddels in het tweede jaar zit en de boeken niet meer nodig heeft. Behalve dat Edwards naam in de boeken is geschreven, zien ze er nog goed uit en Doritha besluit dan ook om de boeken van Edward te kopen.

Wanneer Doritha een paar weken later in de bibliotheek zit te studeren, komt er plotseling een student op haar af die beweert dat Doritha zijn studieboeken heeft. Doritha zegt dat zij de boeken van Edward heeft gekocht. 'Dat kan niet,' zegt de student, 'want dat ben ik!' Na veel heen en weer gepraat blijkt dat Edward zijn boeken aan een medestudent had uitgeleend, die zich heeft voorgedaan als Edward, en de boeken aan Doritha heeft verkocht.

a Kan Doritha zich beroepen op derdenbescherming?

Stel, Edward vraagt Doritha om de gegevens van degene die de boeken aan haar heeft verkocht. Doritha heeft geen idee, zij heeft gewoon het mobiele nummer gebeld dat in de advertentie stond.

b Verandert hierdoor het antwoord op de vorige vraag?

Casus 6.2

Laura, een vriendin van Doritha, heeft via een advertentie die op het prikbord in de hogeschool hing een tweedehands laptop gekocht.

Wanneer zij in de studieruimte zit te werken, wordt ze aangesproken door ene Khalid, die stelt dat Laura zijn laptop heeft gestolen. Laura ontkent dit uiteraard en legt uit dat ze de laptop een paar weken eerder van een student heeft gekocht die zich voordeed als eigenaar van de laptop. Khalid kan haar echter laten zien dat het apparaat op zijn naam is geregistreerd en dat het een maand daarvoor van hem is gestolen.

Kan Laura zich beroepen op derdenbescherming?

7

Recht van pand

Openingscasus

Een gewone geldlening?

Nathalie wil voor de verjaardag van haar vriend Dominiek een scooter kopen. Zij heeft hiervoor echter nog niet genoeg geld gespaard, terwijl Dominieks verjaardag al over twee weken is. Nathalie is naarstig op zoek naar een manier om het geld bij elkaar te krijgen en komt zo terecht op de website van de Stadsbank van Lening. Op de site ziet ze de volgende items in de 'etalage' staan:

- Juwelen broche, 18 krt. €479
- Gouden hanger, 14 krt. €255
- Gouden armband, 18 krt. €749
- Juwelen armband, 18 krt. €1.549
- Juwelen damespolshorloge €1.295.

Nathalie leest op de site van de Stadsbank van Lening dat iedereen van 18 jaar of ouder geld kan lenen bij deze instantie tegen inlevering van een onderpand. Verder leest ze dat de Stadsbank het leenbedrag direct contant uitbetaalt en geen winstoogmerk heeft.
Nathalie heeft een paar jaar geleden een antieke gouden ketting van haar grootmoeder geërfd. Ze besluit met de ketting naar de Stadsbank te gaan, in de hoop dat zij voldoende geld zal krijgen om de scooter voor Dominiek te kunnen kopen.
Nadat de ketting door een medewerker van de Stadsbank is getaxeerd, wordt Nathalie een lening van €2.000 aangeboden. Nathalie besluit hiermee akkoord te gaan en laat haar ketting als onderpand achter. De leentermijn bestrijkt een periode van zes maanden, waarbinnen Nathalie het geleende geld, de rente en taxatiekosten dient te voldoen. Wanneer Nathalie zich niet houdt aan deze voorwaarden, zal de Stadsbank van Lening de ketting verkopen en daarmee de vordering op Nathalie, alsmede de bijkomende kosten voldoen.

Het recht van pand wordt samen met het recht van hypotheek geregeld in boek 3, titel 9 van het Burgerlijk Wetboek. Afdeling 1 van titel 9 begint met een aantal gemeenschappelijke regels, de algemene bepalingen genoemd. Hierna volgen afdelingen 2 en 3 waarin de wetsartikelen zijn opgenomen die uitsluitend van toepassing zijn op het recht van pand. Afdeling 4 bevat ten slotte de rechtsregels over het hypotheekrecht.

Het recht van pand en hypotheek lijken sterk op elkaar. Daarom wordt na een korte introductie van het begrip pand, eerst een aantal gemeenschappelijke kenmerken besproken, gevolgd door een inhoudelijke behandeling van het onderwerp dat in dit hoofdstuk centraal staat: het pandrecht.
In paragraaf 7.1 wordt een korte omschrijving gegeven van het begrip pandrecht. Paragraaf 7.2 richt zich op de gemeenschappelijke kenmerken van het recht van pand en het recht van hypotheek. In paragraaf 7.3 bekijken we hoe het pandrecht wordt gevestigd en worden de belangrijkste kenmerken van het pandrecht behandeld. Ten slotte komt de beëindiging van het pandrecht aan bod in paragraaf 7.4.

7.1 Wat is een recht van pand?

Het pandrecht wordt in art. 3:227 lid 1 BW als volgt omschreven:

> 'Het recht van pand is een beperkt recht, strekkende om op de daaraan onderworpen goederen een vordering tot voldoening van een geldsom bij voorrang boven andere schuldeisers te verhalen. Het recht is op een niet-registergoed gevestigd.'

Recht van pand

Het artikel gaat uit van een schuldeiser die een geldvordering heeft op een schuldenaar. Om er zeker van te zijn dat de schuldeiser de vordering betaald krijgt, wordt een recht van pand gevestigd op een niet-registergoed. In de meeste gevallen zal dit een niet-registergoed van de schuldenaar zijn, maar het kan ook aan een derde toebehoren. Wanneer de schuldenaar zijn betalingsverplichting niet nakomt, kan de schuldeiser het verpande goed verkopen. Met de opbrengst daarvan wordt de vordering voldaan. De schuldeiser wordt ook wel pandhouder genoemd en de eigenaar van het verpande goed pandgever. In het geval dat er nog andere schuldeisers zijn, kan de pandhouder het goed met voorrang verkopen.

Pandhouder
Pandgever

In de openingscasus hebben we een situatie gezien dat er door een bedrijf een geldlening wordt verstrekt, waarbij een pandrecht op de ketting van Nathalie wordt gevestigd. Voorbeeld 7.1 verduidelijkt de situatie waarin een pandrecht door en ten behoeve van particulieren wordt gevestigd.

Voorbeeld 7.1
Sarah leent een bedrag van €1.000 van Merjam. Ze spreken af dat Sarah (schuldenaar) elke maand €250 terugbetaalt aan Merjam (schuldeiser). Om er zeker van te zijn dat Sarah aan haar betalingsverplichting voldoet, wordt een recht van pand gevestigd op de laptop van Sarah (pandgever), ten

gunste van Merjam (pandhouder). Wanneer Sarah het geleende bedrag niet terugbetaalt, kan Merjam de laptop verkopen en met de opbrengst daarvan de vordering voldoen.

Een recht van pand kan worden gevestigd op alle goederen, zoals we die in hoofdstuk 1 zijn tegengekomen, met uitzondering van registergoederen. Op registergoederen kan uitsluitend een recht van hypotheek worden gevestigd. Het hypotheekrecht wordt in hoofdstuk 8 besproken.

Tussenvraag 7.1

Geef aan of op de volgende zaken een recht van pand kan worden gevestigd:

a een mobiele telefoon
b een vliegtuig
c een auto
d een computer
e een armband
f een huis.

7.2 Kenmerken van pand en hypotheek

In de inleiding is aan de orde geweest dat pand en hypotheek een aantal kenmerken gemeenschappelijk hebben. In deze paragraaf volgt een opsomming en uitleg van de belangrijkste van die kenmerken. De volgende kenmerken worden achtereenvolgens besproken aan de hand van de openingscasus en door middel van andere voorbeelden: kenmerken van beperkte rechten zekerheidsrechten, afhankelijke rechten, zaaksvervanging, ondeelbaarheid, voorrang bij verhaal, parate executie en separatisme.

7.2.1 Kenmerken van beperkte rechten

Absolute, beperkte rechten

In hoofdstuk 2 hebben we gezien dat het pand- en het hypotheekrecht absolute, beperkte rechten zijn. Dat houdt in dat de kenmerken van dit type rechten, die in hoofdstuk 2 zijn besproken, op het pand- en hypotheekrecht van toepassing zijn. Kort samengevat zijn deze kenmerken:

- gevestigd op een goed;
- werken tegenover iedereen;
- zaaksgevolg;
- ouder recht gaat vóór jonger recht.

Voor een uitgebreide bespreking van de kenmerken van beperkte rechten wordt verwezen naar hoofdstuk 2.

7.2.2 Zekerheidsrechten

Zekerheidsrechten

Het recht van pand en hypotheek zijn beide zekerheidsrechten. Ze bieden een schuldeiser zekerheid tot betaling van een vordering door een schuldenaar.

In de openingscasus hebben we gezien dat de Stadsbank van Lening een bedrag van €2.000 leent aan Nathalie. Om er zeker van te zijn dat Nathalie de lening daadwerkelijk terugbetaalt, dient zij haar gouden ketting af te geven als onderpand. Mocht Nathalie onverhoopt niet aan haar betalingsverplichtingen voldoen en in verzuim raken dan mag de Stadsbank van Lening de ketting verkopen. Met de opbrengst wordt vervolgens de lening terugbetaald.
De schuldeiser zal er uiteraard altijd voor zorgen dat het leenbedrag niet groter is dan de waarde van het onderpand. Op die manier kan de schuldeiser er zeker van zijn dat hij het bedrag terugkrijgt: ofwel doordat de schuldenaar het zelf terugbetaalt, ofwel door middel van de verkoop van het onderpand.

7.2.3 Afhankelijke rechten

Afhankelijke rechten

Pand en hypotheek zijn afhankelijke rechten. Dit zijn rechten die niet zelfstandig kunnen bestaan. Art. 3:7 BW bepaalt:

> 'Een afhankelijk recht is een recht dat aan een ander recht zodanig verbonden is, dat het niet zonder dat andere recht kan bestaan.'

In het geval van het pand- en het hypotheekrecht geldt dat zij niet kunnen bestaan zonder de vordering waaraan zij zijn gekoppeld. Op het moment dat de vordering geheel wordt voldaan, vervalt het recht van pand/hypotheek.
In de openingscasus leent Nathalie een geldbedrag van de Stadsbank van Lening. De Stadsbank krijgt daarmee een vordering op Nathalie ter hoogte van het geleende bedrag. Om er zeker van te zijn dat Nathalie de vordering zal voldoen, wordt er een recht van pand gevestigd op de ketting van Nathalie. Zodra Nathalie de lening heeft afbetaald, houdt de vordering op te bestaan en eindigt tegelijkertijd het pandrecht.
Het pandrecht kan dus alleen bestaan zolang de vordering bestaat; komt de vordering te vervallen, dan gaat ook het pandrecht teniet.

7.2.4 Zaaksvervanging

Wat gebeurt er wanneer het goed waarop het recht van pand of hypotheek is gevestigd tenietgaat? Verliest de pand- of hypotheekhouder daardoor zijn recht? Uit art. 3:229 BW blijkt dat dit niet het geval is. In dit artikel staat:

> 'Het recht van pand of hypotheek brengt van rechtswege mee een recht van pand op alle vorderingen tot vergoeding die in de plaats van het verbonden goed treden.'

Zaaksvervanging

Dit principe wordt ook wel zaaksvervanging genoemd. Dat wil zeggen: wanneer het goed waarop het pand- of hypotheekrecht rust tenietgaat of in waarde daalt, dan is de daaruit voortvloeiende vordering automatisch belast met een recht van pand (voorbeeld 7.2).

Voorbeeld 7.2
John heeft een recht van pand gevestigd op zijn auto ten gunste van Marcel, die een geldvordering op John heeft. Tijdens de jaarwisseling wordt de auto van John door vandalen in brand gestoken en brandt volledig uit. Gelukkig is John verzekerd en de verzekeringsmaatschappij zegt toe een geldbedrag te zullen uitkeren ter hoogte van de vervangingswaarde van de auto. John heeft dus een geldvordering op de verzekeringsmaatschappij. Aangezien John zijn auto echter had verpand aan Marcel, is de vordering die John op zijn verzekeraar heeft van rechtswege belast met een recht van pand ten gunste van Marcel.

7.2.5 Ondeelbaarheid

Ondeelbaar

Het pandrecht en het recht van hypotheek zijn ondeelbaar (art. 3:230 BW). Dat betekent dat zij niet gedeeltelijk eindigen al naargelang de vordering wordt afbetaald. Beide rechten blijven gedurende de periode van afbetaling volledig bestaan en vervallen pas op het moment dat de vordering in haar geheel is voldaan. Het recht van pand of hypotheek kan evenmin worden verdeeld, wanneer de vordering waarvoor het recht is gevestigd meerdere schuldeisers of schuldenaars kent.

Laten we ervan uitgaan dat Nathalie in de openingscasus na zes maanden in totaal een bedrag van €2.250 (lening, inclusief rente en kosten) aan de Stadsbank van Lening moet terugbetalen. Stel dat Nathalie slechts een bedrag van €1.850 afbetaalt, omdat zij niet meer geld heeft kunnen sparen. In dat geval houdt de Stadsbank het volledige recht van pand op de gouden ketting; dit is niet gedeeltelijk komen te vervallen door de betaling die Nathalie heeft gedaan. De Stadsbank heeft ook dan nog het recht om de ketting te verkopen en zich uit de opbrengst het nog openstaande deel van de vordering toe te eigenen. Wanneer er hierna nog een gedeelte van de opbrengst overblijft, dient dit aan Nathalie te worden uitbetaald.

7.2.6 Voorrang bij verhaal

Voorrangspositie

De pand- en hypotheekhouder hebben een voorrangspositie ten opzichte van andere 'gewone' schuldeisers uit hoofde van art. 3:278 BW (voorrang bij verhaal). Dit houdt in dat een pand- en hypotheekhouder voorrang hebben op andere schuldeisers om hun vordering te verhalen op de goederen waarop het recht van pand of hypotheek rust (voorbeeld 7.3).

Voorbeeld 7.3
De besloten vennootschap Enigma BV, een administratiekantoor te Maastricht, heeft voor de aanschaf van een bedrijfsauto een geldlening nodig. Enigma vindt de AndersBank bereid om een lening van €20.000 te verstrekken. De AndersBank heeft echter als voorwaarde gesteld dat er een recht van pand wordt gevestigd op de aan te schaffen auto en op de computers van Enigma. Helaas gaan de zaken niet zo goed voor Enigma en het bedrijf kan niet meer aan zijn betalingsverplichtingen jegens de AndersBank, alsmede jegens een aantal andere schuldeisers voldoen. De

wet bepaalt dat een schuldeiser zijn vordering in beginsel op alle goederen van de schuldenaar kan verhalen. Omdat de AndersBank echter een pandrecht heeft gevestigd op de auto en de computers, heeft zij een voorrangspositie op deze goederen ten opzichte van de andere schuldeisers. De AndersBank mag overgaan tot verkoop van de auto en de computers van Enigma en daarmee haar vordering voldoen. De andere schuldeisers zullen genoegen moeten nemen met een evenredig deel uit de opbrengst van de verkoop van de resterende goederen van Enigma.

7.2.7 Parate executie

Parate executie

Zowel de pand- als de hypotheekhouder heeft het recht van parate executie (art. 3:248 BW en art. 3:268 BW). Wanneer de vordering niet wordt voldaan, mogen zij overgaan tot openbare verkoop van het goed waarop het recht is gevestigd, zonder dat hiervoor een executoriale titel (rechterlijk vonnis) is vereist.
In de openingscasus hebben we gezien dat wanneer Nathalie het geleende bedrag niet tijdig terugbetaalt, de Stadsbank van Lening de gouden ketting (waarop het pandrecht rust) mag verkopen. Wanneer de Stadsbank geen recht van pand zou hebben op de ketting, dan zou zij deze niet zonder meer mogen verkopen. In dat geval dient er eerst een rechterlijk vonnis te worden verkregen, alvorens tot executie kan worden overgegaan. Het rechterlijke vonnis wordt ook wel de executoriale titel genoemd.
Het kan een schuldeiser uiteindelijk een enorme tijdsbesparing opleveren door een recht van pand te vestigen op goederen van de schuldenaar, bij het aangaan van een lening. Op het moment dat de schuldenaar niet aan zijn betalingsverplichtingen voldoet, hoeft er geen gerechtelijke procedure (vaak zeer tijdrovend) doorlopen te worden. De schuldeiser kan meteen overgaan tot verkoop van de goederen waarop het pandrecht rust.

7.2.8 Separatisme

Separatist

De pand- en hypotheekhouder zijn beiden separatist. Art. 57 van de Faillissementswet bepaalt dat pand- en hypotheekhouders hun recht kunnen uitoefenen alsof er geen faillissement is. Dat wil zeggen dat zij het goed waarop het recht van pand of hypotheek is gevestigd buiten het faillissement van de schuldenaar om kunnen verkopen teneinde hun vordering voldaan te krijgen (voorbeeld 7.4).

Voorbeeld 7.4

We passen de casus uit voorbeeld 7.3 als volgt aan: Enigma leent een bedrag van €20.000 van de AndersBank voor de aanschaf van een bedrijfsauto. Ten gunste van de AndersBank wordt een pandrecht gevestigd op de auto en de computers van Enigma. De zaken gaan echter zo slecht dat Enigma failliet wordt verklaard. In beginsel vallen alle goederen die in eigendom aan Enigma toebehoren in de failliete boedel en krijgen de schuldeisers, na verkoop van die boedel, naar evenredigheid van hun vordering een bedrag uitgekeerd. Het bedrag dat de schuldeisers ontvangen is echter nooit genoeg om hun vordering te voldoen.

Aangezien de AndersBank een recht van pand heeft gevestigd op de auto en de computers van Enigma, mag zij deze goederen buiten het faillissement om verkopen 'als ware er geen faillissement'. De AndersBank hoeft de opbrengst niet met de andere schuldeisers te delen. Ook hoeft de AndersBank niet mee te betalen aan de kosten die het faillissement met zich meebrengt.

Tussenvraag 7.2
Geef aan welke gemeenschappelijke kenmerken het recht van pand en het recht van hypotheek kennen.

7.3 Kenmerken van pandrecht

Pandhouder
Pandgever

In paragraaf 7.1 hebben we gezien dat er twee hoofdrolspelers zijn in het pandrecht, te weten de pandhouder en de pandgever. De pandhouder is de schuldeiser die geld heeft uitgeleend onder de voorwaarde dat hij een recht van pand krijgt op een niet-registergoed. De pandgever is de eigenaar van het niet-registergoed.
In deze paragraaf gaan we dieper in op het pandrecht en kijken we naar de verschillende aspecten van dit recht. Eerst komt de vestiging van de verschillende soorten rechten van pand aan de orde, te weten de vestiging van het vuistpandrecht, de vestiging van het bezitloos pandrecht en de vestiging van het pandrecht op vorderingen op naam. Daarna worden de overige vereisten voor de vestiging van een pandrecht behandeld. Een aantal andere kenmerken van het pandrecht komt in de voorlaatste subparagraaf aan bod. Tenslotte komt het recht van parate executie aan de orde.

7.3.1 Vestiging vuistpandrecht

Vuistpand
Bezitloos pand

Alvorens in te gaan op de vereisten voor de vestiging van een pandrecht is het noodzakelijk kort stil te staan bij het verschil tussen de twee soorten pandrecht die door de wet worden onderscheiden. Dit zijn het vuistpand en het bezitloos pand (ook wel stil pand genoemd). Bij het vuistpand komt het goed in de macht van de pandhouder, terwijl bij bezitloos pand het goed in de macht van de pandgever blijft.
Een recht van vuistpand op roerende zaken, rechten aan toonder of order, of het vruchtgebruik daarvan wordt gevestigd door die zaak of het toonder- of orderpapier in de macht van de pandhouder te brengen (art. 3:236 lid 1 BW) (figuur 7.1).

Het pandrecht in de openingscasus dat ten gunste van de Stadsbank van Lening wordt gevestigd op de ketting van Nathalie is een voorbeeld van een vuistpandrecht. De ketting van Nathalie (de pandgever) wordt immers in de macht gebracht van de Stadsbank (de pandhouder).

Figuur 7.1 **Vuistpand**

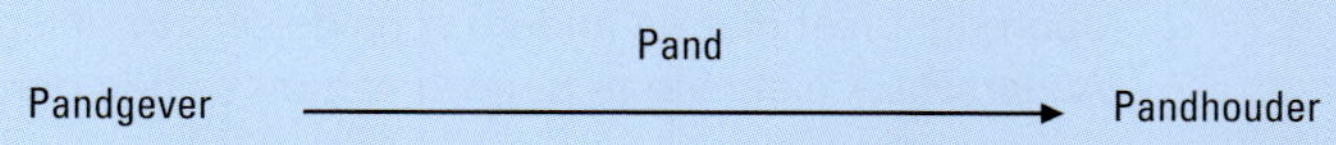

Stadsbank van Lening

Even voorstellen
De Stadsbank van Lening is in 1614 opgericht. Bij deze gemeentelijke dienst kan iedereen vanaf 18 jaar geld lenen op onderpand. De rente (beleenkosten) was en is nog steeds een stuk lager dan bij particuliere pandhuizen. Ook na bijna vier eeuwen is de Stadsbank van Lening een betrouwbare gemeentelijke dienstverlener. En natuurlijk zonder winstoogmerk.

Simpel, snel en betrouwbaar
Bij onze vijf bankfilialen kunt u geld lenen tegen inlevering van een onderpand. Meer informatie vindt u op de pagina 'Lenen'. De bankfilialen zijn geopend van maandag tot en met vrijdag, van 9.00 uur tot 16.00 uur.

Voor niet-opgehaalde onderpanden hebben wij een eigen veiling en twee winkels.

Bron: www.sbl.nl

Schakelbepaling

Art. 3:236 lid 2 is een schakelbepaling die betrekking heeft op alle andere goederen die niet onder het eerste lid vallen. Het pandrecht op deze goederen wordt op dezelfde manier gevestigd als de levering van het te verpanden goed, in geval van overdracht.

Tussenvraag 7.3
Van welk recht, besproken in paragraaf 7.2, kan de vuistpandhouder gemakkelijk gebruikmaken wanneer de schuldenaar zijn betalingsverplichting niet nakomt?

7.3.2 Vestiging bezitloos pandrecht

Stil pandrecht

Een bezitloos pandrecht wordt gevestigd door middel van een authentieke of geregistreerde onderhandse akte; het pand (roerende zaak, recht aan toonder of order, of het vruchtgebruik daarvan) blijft in de macht van de pandgever (art. 3:237 lid 1 BW). Het bezitloos pandrecht wordt ook wel stil pandrecht genoemd.

Akte
Authentieke akte

Een akte is een schriftelijk en ondertekend stuk dat tot bewijs kan dienen. Een authentieke akte wordt door art. 156 lid 2 van het wetboek van Burgerlijke Rechtsvordering (RV) als volgt omschreven:

> 'Authentieke akten zijn akten in de vereiste vorm en bevoegdelijk opgemaakt door ambtenaren, aan wie bij of krachtens de wet is opgedragen op die wijze te doen blijken van door hen gedane waarnemingen of verrichtingen.'

Voorbeelden van authentieke akten zijn:
- een door een notaris opgemaakt testament;
- een akte van oprichting van een rechtspersoon;
- huwelijkse voorwaarden.

Onderhandse akte

Over onderhandse akten zegt art. 156 lid 3 RV:

> 'Onderhandse akten zijn alle akten die niet authentieke akten zijn.'

Voorbeelden van onderhandse akten zijn:
- een overeenkomst van lening;
- een huurcontract;
- een samenwerkingsovereenkomst.

Wanneer het van belang is dat een onderhandse akte op een bepaalde datum bestond, dan is het mogelijk deze bijvoorbeeld bij de Belastingdienst te laten registreren.
Het bezitloos pandrecht kan dus zowel door middel van een authentieke akte als door middel van een geregistreerde onderhandse akte worden gevestigd. Schematisch ziet de vestiging van een bezitloos recht van pand eruit als in figuur 7.2.

Figuur 7.2 **Bezitloos pand**

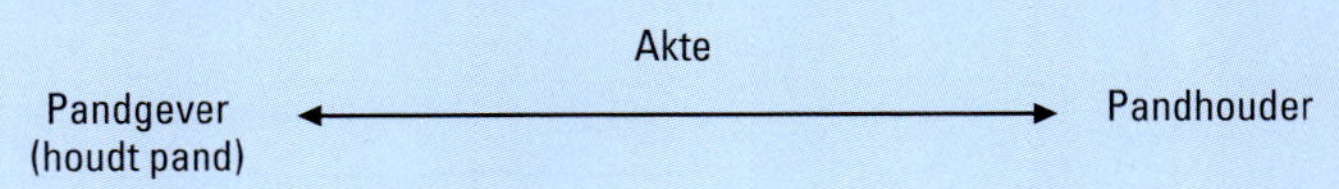

Bezitloos pandrecht wordt vaak gebruikt wanneer een bedrijf zijn voorraden, machines of bedrijfsinventaris verpandt. In zo'n geval is het niet praktisch om de verpande goederen in de macht van de pandhouder te brengen; die zou dan immers voor opslag van de voorraden moeten zorg dragen of het bedrijf zou zijn werkzaamheden niet meer kunnen uitvoeren bij gebrek aan machines of inventaris.
Ook voor particulieren is het bezitloos pandrecht soms een betere oplossing, met name in het geval dat de pandgever het verpande goed zelf nodig heeft. Kijk nog eens naar voorbeeld 7.1 waarin een recht van pand wordt gevestigd op de laptop van Sarah ten gunste van Merjam. Stel dat Sarah haar laptop nodig heeft voor haar studie. In een dergelijk geval zouden Sarah en Merjam kunnen kiezen voor een bezitloos pandrecht. Sarah kan haar laptop gewoon blijven gebruiken en Merjam heeft toch zekerheid op voldoening van de vordering.

Tussenvraag 7.4
Welke twee soorten rechten van pand onderscheidt de wet? Noem van beide soorten een voordeel.

7.3.3 Vestiging pandrecht op vorderingen op naam

In de vorige twee subparagrafen hebben we al gezien dat het pandrecht niet alleen op roerende zaken kan worden gevestigd maar ook op rechten aan toonder of order en het vruchtgebruik daarvan.

Stil pandrecht vorderingen op naam

Art. 3:239 BW regelt de vestiging van het stil pandrecht op vorderingen op naam en op het vruchtgebruik hiervan.
Op een vordering op naam kan een stil pandrecht worden gevestigd door middel van een authentieke of onderhandse geregistreerde akte, zonder mededeling daarvan aan de schuldenaar (figuur 7.3).

Openbaar pandrecht vorderingen op naam

Wanneer er wel mededeling wordt gedaan aan de schuldenaar, is er sprake van openbaar pandrecht op een vordering op naam (figuur 7.4). Een openbaar pandrecht wordt gevestigd door middel van de eerdergenoemde schakelbepaling art. 3:236 lid 2 jo. 3:94 BW.

Figuur 7.3 **Stil pandrecht vordering op naam**

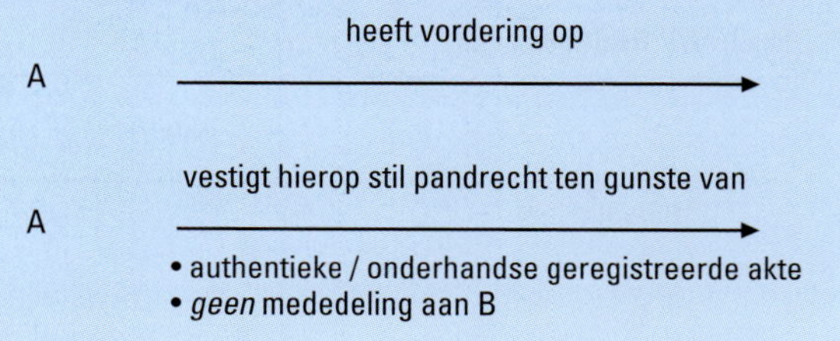

Figuur 7.4 **Openbaar pandrecht vordering op naam**

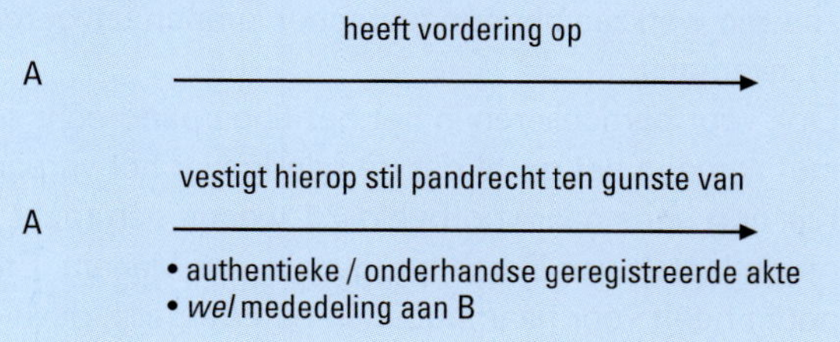

7.3.4 Overige voorwaarden vestiging pandrecht

Geldige titel
Beschikkingsbevoegdheid pandgever

Ten aanzien van de overige voorwaarden voor de vestiging van het recht van pand, kunnen we kijken naar de voorwaarden voor overdracht, opgenomen in art. 3:84 BW. Voor de vestiging van elk pandrecht zijn in ieder geval vereist: een geldige titel en beschikkingsbevoegdheid van de pandgever. In plaats van

Vestiging

het derde vereiste van art. 3:84 BW, te weten de levering, spreken we bij het pandrecht van vestiging.
In hoofdstuk 5 hebben we gezien dat de titel vaak bestaat uit een overeenkomst van koop of schenking. Ten aanzien van het pandrecht bestaat de titel meestal uit een overeenkomst waarin de pandgever het recht van pand op één of meerdere niet-registergoederen verleent aan de pandhouder. In de praktijk wordt het pandrecht vaak opgenomen in de onderliggende geldleningovereenkomst zelf. Het is echter ook mogelijk een aparte pandakte op te stellen.
Ter verduidelijking volgt hier een voorbeeld van een akte waarmee een recht van pand wordt gevestigd op een aantal roerende zaken.

AKTE HOUDENDE DE VESTIGING VAN PANDRECHT OP ROERENDE ZAKEN

Ondergetekenden:
De Stichting Goed Gevonden, gevestigd te Utrecht, vertegenwoordigd door Adriana de Bourbon, wonende te Utrecht, hierna: pandhouder
en
Stephen Johansson, geboren op 24 januari 1979 te Arnhem, wonende aan de Emmalaan 31 te Utrecht, hierna: pandgever

verklaren te zijn overeengekomen als volgt:

1 Pandgever is een bedrag, groot €1.750,50 (zegge: duizend zevenhonderd vijftig euro en vijftig eurocent), verschuldigd aan pandhouder.
2 Pandgever erkent de vordering van pandhouder.
3 Pandgever en pandhouder zijn overeengekomen dat pandgever, tot zekerheid van nakoming van betaling van de vordering, inclusief rente en kosten die pandgever in verband hiermee aan pandhouder verschuldigd is of zal worden, een recht van pand zal verlenen op de volgende tot het vermogen van pandgever behorende roerende zaken: een laptop (VAIO FTE-20) met toebehoren, een hifi-installatie (NAD-502/NAD-342) en een breedbeeldtelevisie (Philips WS-974), hierna: de verpande zaken.

Garantiebepalingen

A. Pandgever garandeert aan pandhouder dat:
  - hij bevoegd is tot het vestigen van het onderhavige pandrecht op de verpande zaken;
  - er geen beslag rust op de verpande zaken;
  - er geen ander beperkt recht is gevestigd op de verpande zaken.

B. Pandgever zal de verpande zaken zorgvuldig beheren en gebruiken zoals een goed huisvader betaamt.
C. Indien pandgever in verzuim raakt met de voldoening van een of meer van zijn verplichtingen jegens pandhouder, is pandhouder bevoegd de verpande zaken te gelde te maken bij openbare verkoop, teneinde met de opbrengst de vordering, inclusief rente en kosten te vereffenen.
D. Pandgever zal de verpande zaken niet vervreemden of verder bezwaren zonder voorafgaande schriftelijke toestemming van pandhouder.
E. Alle kosten die de vestiging van het onderhavige pandrecht met zich meebrengt, waaronder de kosten van het opmaken van deze akte, komen voor rekening van de pandgever.

Aldus overeengekomen en in tweevoud opgemaakt en ondertekend te Utrecht, op 6 juni 2009

....	....
Pandhouder	Pandgever

Beschikkingsbevoegd is degene die bevoegd is de zaak te vervreemden of te bezwaren. In hoofdstuk 3 hebben we gezien dat de eigenaar van een zaak in beginsel beschikkingsbevoegd is.
Wanneer de pandgever niet beschikkingsbevoegd is, heeft dit als resultaat dat er geen geldige vestiging van het pandrecht heeft plaatsgevonden.

Beschikkingsonbevoegde pandgever

Art. 3:238 lid 1 BW kan een pandhouder echter beschermen tegen een beschikkingsonbevoegde pandgever. Vereist is dat de pandhouder te goeder trouw is op het tijdstip waarop de zaak in zijn macht komt. Dit houdt in dat de pandhouder niet wist of redelijkerwijs niet kon weten dat er sprake was van beschikkingsonbevoegdheid aan de zijde van de pandgever.
Art. 3:238 lid 2 BW beschermt een pandhouder tegen een beperkt recht dat al op de zaak lag en dat hij niet kende of behoorde te kennen. In dat geval gaat het pandrecht vóór op het eerder gevestigde beperkte recht. Deze situatie wordt ook wel rangwisseling genoemd.

Rangwisseling

Kort samengevat gelden voor de vestiging van een pandrecht altijd drie voorwaarden:
1 een geldige titel;
2 beschikkingsbevoegdheid van de pandgever;
3 vestiging.

Bij de vestiging van het vuistpandrecht wordt het verpande goed in de macht van de pandhouder gebracht.
Een bezitloos recht van pand wordt gevestigd door een authentieke of geregistreerde onderhandse akte, terwijl het verpande goed in het bezit van de pandgever blijft.

Tussenvraag 7.5
Leg uit welk recht van pand in voorbeeld 7.1 op de laptop van Sarah gevestigd kan worden en hoe dit wordt gevestigd. Noem hierbij de relevante wetsartikelen.

7.3.5 Overige kenmerken pandrecht

Herverpanding

Art. 3:242 BW verklaart uitdrukkelijk dat de pandhouder niet bevoegd is het goed waarop zijn pandrecht rust te herverpanden, tenzij dit ondubbelzinnig is afgesproken.

Zorgplicht

De plicht van de pandhouder om als goed pandhouder te zorgen voor een zaak die hij onder zich heeft, wordt geregeld in art. 3:243 lid 1 BW. Het tweede lid van dit artikel bepaalt dat de kosten die deze zorgplicht van de pandhouder met zich meebrengt, vergoed dienen te worden door de pandgever.

Rente

In art. 3:244 BW is bepaald dat het pandrecht niet alleen zekerheid biedt tot het voldoen van een vordering, maar ook van de rente die over deze vordering verschuldigd is gedurende een periode van drie jaar. De pandhouder en de pandgever kunnen van deze bepaling afwijken, wanneer beiden daarmee instemmen.

Wanneer het pandrecht op een vordering is gevestigd dan mag de pandhouder op grond van art. 3:246 lid 1 BW nakoming van die vordering eisen en betalingen in ontvangst nemen. Zolang er echter nog geen mededeling is gedaan aan de schuldenaar van die vordering dat er een recht van pand op is gevestigd, komen deze bevoegdheden uitsluitend toe aan de pandgever (voorbeeld 7.5).

Voorbeeld 7.5

Richard heeft een geldvordering van €500 op Mo. Richard vestigt een recht van pand op deze vordering ten gunste van Samira. Vanaf het moment dat aan Mo is medegedeeld dat er een pandrecht op de vordering is gevestigd, mag Samira nakoming van de vordering eisen en kan zij betalingen van Mo in ontvangst nemen. Zolang Mo echter nog niet op de hoogte is van de verpanding van de vordering, mag alleen Richard nakoming eisen en betalingen in ontvangst nemen.

7.3.6 Parate executie

Bij de bespreking van de gemeenschappelijke kenmerken van het recht van pand en hypotheek, hebben we gezien dat zowel de pandhouder als de hypotheekhouder het recht van parate executie toekomt. Voor het pandrecht is dit recht geregeld in de artikelen 3:248 tot en met 3:255 BW.

We hebben eerder in dit hoofdstuk al een aantal voorbeelden gezien waarin het recht van parate executie aan de orde kwam. Hierna volgt een korte toelichting op de wetsartikelen die op dit onderwerp van toepassing zijn.

Parate executie

Art. 3:248 lid 1 BW omschrijft het recht van parate executie als volgt:

> 'Wanneer de schuldenaar in verzuim is met de voldoening van hetgeen waarvoor het pand tot waarborg strekt, is de pandhouder bevoegd het verpande goed te verkopen en het hem verschuldigde op de opbrengst te verhalen.'

Partijen kunnen afspreken dat het verpande goed pas mag worden verkocht nadat de rechter heeft vastgesteld dat de schuldenaar daadwerkelijk in verzuim is (art. 3:248 lid 2 BW); dit is echter niet verplicht.

De pandhouder die tot verkoop van het verpande goed wil overgaan is in beginsel verplicht dit ten minste drie dagen vóór de verkoopdatum aan de pandgever mede te delen. De pandhouder dient tijd, plaats en datum van verkoop bekend te maken aan de pandgever (art. 3:249 lid 1 BW). Voorts is de pandhouder verplicht om de pandgever te informeren over het bedrag waarvoor het pand kan worden gelost; met andere woorden: het bedrag dat de pandgever moet betalen om het verpande goed terug te kopen van de pandhouder.

Lossing

Lossing van het pand kan tot het moment van de geplande verkoop (art. 3:249 lid 2 BW).
De verkoop van het verpande goed dient in het openbaar plaats te vinden. Art. 3:250 BW zegt hierover:

'De verkoop geschiedt in het openbaar naar de plaatselijke gewoonten en op de gebruikelijke voorwaarden.'

In het derde lid van art. 3:250 BW is bepaald dat de pandhouder bevoegd is om mee te bieden en het pand op deze manier terug te kopen.
Tenzij anders afgesproken, kan het goed ook op een andere wijze dan hiervoor beschreven worden verkocht; de pandhouder of de pandgever kan hiertoe een verzoek doen aan de rechter (art. 3:251 BW).
Mededeling
Art. 3:252 BW bepaalt dat de pandhouder uiterlijk een dag na de verkoop daarvan mededeling doet aan de pandgever.
Met de opbrengst van de verkoop kan de pandhouder zijn vordering, alsook de kosten van executie voldoen. Het overschot van de opbrengst dient in beginsel aan de pandgever te worden uitgekeerd (art. 3:253 BW).
Ingeval het pand bestaat uit geld dan is de pandhouder bevoegd zijn vordering hieruit te voldoen op het moment dat de pandgever in verzuim is, overeenkomstig art. 3:253 BW.

Tussenvraag 7.6
Waarom is het doen van mededeling van voorgenomen verkoop aan de pandgever van belang? Verwerk relevante wetsartikelen in het antwoord.

7.4 Einde pandrecht

We weten inmiddels dat het pandrecht een beperkt recht is. In hoofdstuk 2 zagen we dat art. 3:81 lid 2 BW een opsomming geeft van de wijzen waarop beperkte rechten teniet kunnen gaan.
In aanvulling daarop kan het recht van pand ook eindigen door het voldoen van de vordering tot zekerheid waarvan het pandrecht was gevestigd. Het pandrecht eindigt tevens wanneer het verpande goed wordt geëxecuteerd.
Laatstgenoemde twee wijzen van beëindiging van het pandrecht komen het meest voor.
Het pandrecht dat in de openingscasus is gevestigd op de gouden ketting van Nathalie gaat teniet op het moment dat zij het geleende bedrag heeft terugbetaald.
Het kan echter ook eindigen wanneer Nathalie het geleende bedrag niet terugbetaalt en de Stadsbank van Lening overgaat tot parate executie.

Wanneer het pandrecht is beëindigd door het voldoen van de vordering, dient de pandhouder er zorg voor te dragen dat de pandgever weer de feitelijke macht kan uitoefenen over het verpande goed. Indien de pandgever hierom verzoekt, is de pandhouder verplicht hem een schriftelijk bewijs af te geven dat het pandrecht is geëindigd (art. 3:256 BW).
Wanneer Nathalie in de openingscasus haar lening, de rente en kosten aan de Stadsbank van Lening heeft afbetaald, is de Stadsbank verplicht haar de gouden ketting terug te geven.

Schriftelijk bewijs

Wanneer Nathalie dit wenst, moet de Stadsbank haar bovendien een schriftelijk bewijs geven waarin is opgenomen dat het pandrecht is beëindigd.
Art. 3:258 lid 1 BW bepaalt ten slotte dat het vuistpandrecht ook eindigt op het moment dat het in pand gegeven goed terugkomt in de feitelijke macht van de pandgever. De pandhouder kan op grond van art. 3:258 lid 2 BW afstand doen van zijn pandrecht door middel van een schriftelijke verklaring.

Afstand

Tussenvraag 7.7

a Noem de twee meest voorkomende wijzen van beëindiging van het pandrecht.
b Welk van de gemeenschappelijke kenmerken uit paragraaf 7.2 is hierbij van belang?

Samenvatting

Het recht van pand is een beperkt, afhankelijk recht dat de houder ervan zekerheid biedt om op de goederen waarop het pandrecht rust bij voorrang een geldvordering te verhalen, boven andere schuldeisers. Het pandrecht kan worden gevestigd op alle goederen, met uitzondering van registergoederen.

Het pandrecht wordt gevestigd ten gunste van de pandhouder (de schuldeiser), onder de voorwaarde dat hij een recht van pand krijgt op een niet-registergoed. De pandgever is de eigenaar van het niet-registergoed.

Het recht van pand en het recht van hypotheek lijken sterk op elkaar en kennen een aantal gemeenschappelijke kenmerken. Ten eerste zijn dit de kenmerken van beperkte rechten, te weten:

- de rechten worden gevestigd op een goed;
- de rechten werken tegenover iedereen;
- de rechten hebben zaaksgevolg;
- een ouder recht gaat vóór een jonger recht.

Voorts zijn het pand- en hypotheekrecht zekerheidsrechten en zijn zij ondeelbaar. Ten slotte hebben de pand- en hypotheekhouder recht op zaaksvervanging, voorrang bij verhaal en recht van parate executie; bovendien zijn zij separatist.

Er bestaan twee soorten pandrecht: vuistpandrecht en bezitloos pandrecht (ook wel stil pand genoemd). Het vuistpandrecht wordt gevestigd door het goed in de macht van de pandhouder te brengen; het bezitloos pand wordt gevestigd door middel van een authentieke of geregistreerde onderhandse akte. Voorts zijn voor de vestiging van beide soorten pandrecht vereist een geldige titel en beschikkingsbevoegdheid van de pandgever.
Het gevolg van een beschikkingsonbevoegde pandgever is dat er geen geldige vestiging van het pandrecht kan plaatsvinden. Is de pandhouder echter te goeder trouw op het tijdstip waarop de zaak in zijn macht komt, dan wordt hij

beschermd tegen de eventuele beschikkingsonbevoegdheid van een pandgever.

Het recht van pand eindigt meestal door het voldoen van de vordering tot zekerheid waarvan het was gevestigd of wanneer het verpande goed wordt geëxecuteerd.

Studie-eindvragen

Casus 7.1

Een landbouwbedrijf sluit een geldlening af bij een bank. De bank stelt als voorwaarde dat er een recht van pand wordt gevestigd op de graanvoorraden van het landbouwbedrijf.

a Leg uit welke vormen van pandrecht bestaan. Voor welk pandrecht zal er gekozen worden?
b Op welke wijze dient het pandrecht uit de vorige vraag te worden gevestigd?
c Na enige tijd gaat het landbouwbedrijf failliet. Wat kan de bank nu doen om het geleende geldbedrag terug te krijgen?

Casus 7.2

Paula heeft dringend geld nodig om haar studieboeken voor het nieuwe studiejaar aan te schaffen. Er is echter iets fout gegaan met de uitbetaling van haar studiefinanciering, zodat haar studiebeurs nog enige tijd op zich zal laten wachten. Gelukkig wil haar beste vriendin, Jacintha, haar €550 lenen voor een periode van vier maanden.
Jacintha heeft in het verleden wel vaker geld aan Paula geleend en toen zijn er problemen ontstaan, omdat het niet op de afgesproken datum was terugbetaald. Jacintha wil het bedrag nu wel lenen aan Paula, maar zij wil zekerheid terzake van de terugbetaling van het bedrag. Paula en Jacintha spreken af dat Jacintha gedurende de periode van terugbetaling de beschikking krijgt over de scooter van Paula. Zodra Paula de €550 volledig heeft terugbetaald aan Jacintha, krijgt zij haar scooter retour.

a Hoe kunnen de vriendinnen ervoor zorgen dat Jacintha er zeker van kan zijn dat zij het bedrag van €550 volledig krijgt terugbetaald?
b Wat kan Jacintha doen wanneer Paula haar het geleende bedrag niet op tijd terugbetaalt?
c Stel dat Paula aan haar betalingsverplichtingen voldoet en het volledige bedrag (inclusief rente) aan Jacintha heeft terugbetaald. Wat gebeurt er dan met het pandrecht?

8

Recht van hypotheek

Openingscasus

Een bijzondere geldlening

Alexandra en Marc wonen gedurende vijf jaar samen in een leuke, maar kleine huurwoning in het centrum van Rotterdam. Beiden hebben sinds enige tijd een vaste baan en ze besluiten zich te gaan oriënteren op een koopwoning. Nadat ze enkele woningen hebben bekeken, lopen ze op zekere dag tegen hun droomhuis aan. Het is een mooie, ruime en lichte woning met een tuin; precies wat ze zoeken!
Alexandra en Marc hebben zelf een bedrag bij elkaar gespaard, maar ze hebben nog €150.000 nodig om het huis te kunnen kopen. Voordat het stel de zoektocht naar een koopwoning begon, hebben ze advies ingewonnen over de hoogte van het bedrag dat ze maximaal zouden kunnen lenen. Op basis van hun inkomensgegevens en het bedrag dat ze zelf kunnen inleggen, hebben Alexandra en Marc van de SpaarBank een offerte voor een lening ontvangen. De SpaarBank is bereid ze een bedrag van €175.000 te lenen. Omdat het nieuwe huis nog opgeknapt dient te worden en er ook wat aan de tuin moet worden gedaan, besluiten Alexandra en Marc het maximale bedrag van de bank te lenen.

Het is een groot bedrag dat de SpaarBank aan Alexandra en Marc uitleent. Uiteraard wil de bank er zeker van zijn dat het geld wordt terugbetaald. Er worden schriftelijke afspraken gemaakt over een vast bedrag dat ze elke maand aan de bank zullen betalen. Toch bieden deze schriftelijke afspraken geen volledige zekerheid aan de bank. Wat kan de bank immers doen als Alexandra en Marc van kwade wil zouden zijn, de woning verkopen en er met de opbrengst vandoor gaan? Dan zou de bank met lege handen staan. Om dit te voorkomen, wordt er een zogeheten zekerheidsrecht afgesloten, waarmee de positie van de bank zeker wordt gesteld.

We weten al dat hypotheek en pand in boek 3, titel 9 van het Burgerlijk Wetboek worden geregeld. De algemene bepalingen zijn opgenomen in afdeling 1 van titel 9, gevolgd door de afdelingen 2 en 3 over het recht van pand. Afdeling 4 bevat uitsluitend rechtsregels over het hypotheekrecht.

In hoofdstuk 7 hebben we gezien dat het recht van hypotheek en pand veel op elkaar lijken. Na een korte introductie van het begrip hypotheek, staan we nogmaals kort stil bij een aantal gemeenschappelijke kenmerken van het hypotheek- en pandrecht. Hierna volgt een inhoudelijke behandeling van het centrale onderwerp van dit hoofdstuk, te weten het hypotheekrecht.
Paragraaf 8.1 begint met een beschrijving van de begrippen hypotheekrecht, hypotheekhouder en hypotheekgever. In paragraaf 8.2 komen de gemeenschappelijke kenmerken van het recht van hypotheek en het recht van pand kort aan bod. De kenmerken van het hypotheekrecht worden in paragraaf 8.3 behandeld. Ten slotte wordt het einde van het recht van hypotheek besproken in paragraaf 8.4.

8.1 Wat is een recht van hypotheek?

Hypotheekrecht

Art. 3:227 lid 1 BW omschrijft het hypotheekrecht als volgt:

> 'Het recht van hypotheek is een beperkt recht, strekkende om op de daaraan onderworpen goederen een vordering tot voldoening van een geldsom bij voorrang boven andere schuldeisers te verhalen. Is het recht op een registergoed gevestigd, dan is het een recht van hypotheek.'

Het hypotheekrecht is, net als het pandrecht, een beperkt recht dat zekerheid biedt aan een schuldeiser. Door een recht van hypotheek kan de schuldeiser er zeker van zijn dat hij het geld dat hij heeft uitgeleend aan een schuldenaar weer terugontvangt. Wanneer de schuldenaar zich niet houdt aan zijn betalingsverplichtingen, kan de schuldeiser het goed waarop het hypotheekrecht rust verkopen. Met de opbrengst van de verkoop wordt de vordering voldaan. Ingeval er nog andere schuldeisers zijn, mag de hypotheekhouder het registergoed met voorrang verkopen.

Hypotheekhouder

Hypotheekgever

De schuldeiser wordt ook wel aangeduid als hypotheekhouder. De eigenaar van het goed waarop het hypotheekrecht rust noemen we de hypotheekgever. Een recht van hypotheek wordt gevestigd op registergoederen. In hoofdstuk 1 zagen we dat registergoederen niet alleen onroerende zaken zijn, maar ook vliegtuigen, bepaalde categorieën schepen en beperkte rechten op deze zaken, zoals erfpacht en opstal. Voor een inhoudelijke bespreking van de beperkte rechten wordt verwezen naar hoofdstuk 2. Gemakshalve wordt in de rest van dit hoofdstuk gesproken over het recht van hypotheek op registergoederen.

In de praktijk speelt het recht van hypotheek een belangrijke rol bij de financiering van een eigen woning, zoals we ook in de openingscasus hebben gezien. Maar ook bedrijven maken veelvuldig gebruik van het hypotheekrecht, bijvoor-

beeld door dit op bedrijfsgebouwen te vestigen. Op deze manier kunnen er grote bedragen worden geleend, waarmee bedrijven aankopen kunnen financieren. Verder kan de bouw en/of de aanschaf van schepen en vliegtuigen met behulp van een hypotheekrecht worden gefinancierd.
Het hypotheekrecht wordt in de meeste gevallen gevestigd op een registergoed dat aan de schuldenaar toebehoort, maar het kan ook op een registergoed van een derde worden gevestigd.

Zekerheidsrecht

Kort samengevat: de hypotheekhouder (schuldeiser) heeft een geldvordering op een schuldenaar. Om er zeker van te zijn dat deze vordering daadwerkelijk zal worden voldaan, wordt een recht van hypotheek gevestigd op een registergoed. Voldoet de schuldenaar niet aan zijn betalingsverplichting, dan kan de hypotheekhouder het goed verkopen.

In de openingscasus zagen we dat Alexandra en Marc een eigen woning kopen, waarvoor zij een lening afsluiten bij de SpaarBank. Hierdoor ontstaat er een vordering waarbij de bank de schuldeiser is en Alexandra en Marc de schuldenaars zijn. Omdat de bank zekerheid wenst over de terugbetaling van het bedrag, wordt er een beperkt recht gevestigd op de woning die het paar koopt. Een woning is een registergoed en er kan dus een recht van hypotheek op worden gevestigd. Hierdoor wordt de SpaarBank hypotheekhouder en worden Alexandra en Marc hypotheekgever. Wanneer ze zich niet houden aan hun betalingsverplichtingen jegens de SpaarBank, kan de SpaarBank de woning van Alexandra en Marc verkopen.

Tussenvraag 8.1
Geef een uitleg van de begrippen hypotheekhouder en hypotheekgever en beschrijf in welke relatie zij tot elkaar staan.

8.2 Gemeenschappelijke kenmerken van hypotheek en pand

In hoofdstuk 7 is aan de orde geweest dat hypotheek en pand een aantal gemeenschappelijke kenmerken hebben. Deze kenmerken zijn uitgebreid ter sprake gekomen in paragraaf 7.2 van hoofdstuk 7, waarnaar zij verwezen.

Tussenvraag 8.2
Leg uit waarom het recht van hypotheek een zekerheidsrecht is.

8.3 Kenmerken van hypotheekrecht

In deze paragraaf gaan we dieper in op het hypotheekrecht en kijken we naar de verschillende aspecten van dit recht. Eerst wordt de vestiging van het hypotheekrecht besproken. Vervolgens komen de overige voorwaarden voor vestiging van het recht van hypotheek aan de orde. De vereisten en elementen van een hypotheekakte bekijken we daarna. En tot slot besteden we aandacht aan het recht van parate executie.

8.3.1 Vestiging hypotheekrecht

Vestiging hypotheekrecht

Over de vestiging van het hypotheekrecht zegt art. 3:260 lid 1 BW:

> 'Hypotheek wordt gevestigd door een tussen partijen opgemaakte notariële akte waarbij de hypotheekgever aan de hypotheekhouder hypotheek op een registergoed verleent, gevolgd door haar inschrijving in de daartoe bestemde openbare registers.'

Art. 3:260 lid 1 BW stelt dus twee vereisten voor de vestiging van het hypotheekrecht:

1 een notariële akte;
2 inschrijving van die akte in de openbare registers.

Hypotheekakte

De notariële akte wordt ook wel hypotheekakte genoemd. In hoofdstuk 7, paragraaf 7.3, zagen we al dat een hypotheekakte een authentieke akte is (art. 156 lid 2 RV). Nadat de hypotheekakte is opgemaakt en ondertekend, moet deze worden ingeschreven in de daartoe bestemde openbare registers, bijgehouden door het Kadaster. Zo kan iedereen controleren of er op een bepaald registergoed een recht van hypotheek rust. Wanneer de akte niet wordt ingeschreven, komt er geen recht van hypotheek tot stand.

Het Kadaster registreert en informeert...

Het Kadaster verzamelt gegevens over registergoederen in Nederland, houdt deze bij in openbare registers en op kadastrale kaarten en stelt deze gegevens tegen een vergoeding beschikbaar aan particulieren, bedrijven en andere belanghebbenden in de samenleving.
Tot 'registergoederen' behoren niet alleen onroerende zaken, zoals huizen en appartementen, maar ook roerende zaken als schepen en luchtvaartuigen. Kortom, het Kadaster registreert en informeert; er gaan gegevens in en er komt informatie uit.

Zelfstandig bestuursorgaan
Registreren, informeren, onderhouden en inrichten zijn sinds 1832 de taken van het Kadaster. Om al die taken beter uit te kunnen voeren, is het Kadaster sinds 1994 een zogenaamd 'Zelfstandig Bestuursorgaan' (ZBO). Dit betekent dat het Kadaster een publiekrechtelijke rechtspersoon is, die als organisatie zijn taken zelfstandig uitvoert.

Bron: http://www.kadaster.nl/kadaster/default.html

Tussenvraag 8.3
Waarom is het van essentieel belang dat de gegevens die in de openbare registers zijn geregistreerd correct zijn?

8.3.2 Overige voorwaarden vestiging hypotheekrecht

Schakelbepaling

We hebben al eerder stilgestaan bij de schakelbepaling art. 3:98 BW. Dit artikel bepaalt dat de regels die gelden voor de overdracht van een goed ook van toepassing zijn op de vestiging van een beperkt recht op zo'n goed. Voor de vestiging van een recht van hypotheek moeten we dus kijken naar de vereisten van art. 3:84 BW. Daarnaast is het eerder besproken art. 3:260 BW van toepassing.

Vereisten voor vestiging hypotheekrecht

Op grond van het voorgaande kunnen we concluderen dat de vereisten voor de vestiging van een recht van hypotheek zijn:
- een geldige titel;
- beschikkingsbevoegdheid van de hypotheekgever;
- vestiging:
  - notariële akte;
  - inschrijving in de openbare registers.

De titel bestaat uit de overeenkomst van geldlening, waarbij de hypotheekgever het recht van hypotheek op een registergoed verleent aan de hypotheekhouder. Deze overeenkomst is opgenomen in de hypotheekakte.
Een hypotheekgever moet beschikkingsbevoegd zijn, dat wil zeggen dat hij bevoegd moet zijn om het registergoed te vervreemden of te bezwaren. We weten al dat de eigenaar van een zaak in beginsel beschikkingsbevoegd is. Als de hypotheekgever niet beschikkingsbevoegd is op het moment dat het hypotheekrecht wordt gevestigd, heeft er geen geldige vestiging plaatsgevonden.

Alexandra en Marc in de openingscasus kopen een eigen woning en lenen hiervoor een bedrag van de SpaarBank. Ten gunste van de SpaarBank wordt een recht van hypotheek gevestigd op hun woning. Hiertoe dient een notaris een akte op te stellen, waarin de verlening van het hypotheekrecht aan de bank is opgenomen. Deze akte dient in de openbare registers te worden ingeschreven.
Daarnaast zijn vereist een titel en beschikkingsbevoegdheid van de hypotheekgever. De titel is de overeenkomst waarbij de bank het geldbedrag leent aan Alexandra en Marc. Als eigenaars van de woning zijn Alexandra en Marc beschikkingsbevoegd om een hypotheekrecht aan de SpaarBank verlenen.
Conclusie: aan alle vereisten voor de vestiging van een recht van hypotheek is voldaan.

Beschikkingsonbevoegde vervreemder

Wat gebeurt er als de vervreemder van een registergoed beschikkingsonbevoegd blijkt te zijn? Via de schakelbepaling art. 3:98 BW, is art. 3:88 BW van toepassing op het hypotheekrecht. Dit artikel kan een verkrijger beschermen tegen een beschikkingsonbevoegde vervreemder. De vereisten voor deze bescherming zijn:
- de verkrijger is te goeder trouw;
- de onbevoegdheid vloeit voort uit de ongeldigheid van een vroegere overdracht, die niet het gevolg was van onbevoegdheid van de toenmalige vervreemder.

De goede trouw van de verkrijger komt erop neer dat hij niet wist of redelijkerwijs kon weten dat er sprake was van een beschikkingsonbevoegde vervreemder. We weten dat voor de overdracht van een registergoed inschrijving in de openbare registers noodzakelijk is (art. 3:10 BW). Een verkrijger kan dus door de openbare registers te controleren gemakkelijk nagaan of de vervreemder beschikkingsbevoegd is. Door het uitvoeren van deze controle kan de verkrijger zijn goede trouw aantonen.
Het tweede vereiste kan het best worden uitgelegd aan de hand van voorbeeld 8.1.

Voorbeeld 8.1

Victor is al jaren geïnteresseerd in de woning van de bejaarde Theo. Wanneer Theo de woning te koop aanbiedt, probeert Victor Theo te bewegen om hem de woning voor een lage prijs te verkopen. Theo is misschien wel oud, maar niet gek en hij gaat niet op de voorstellen van Victor in. Victor geeft het echter niet zomaar op. Hij gaat bij Theo langs en bedreigt hem net zolang tot Victor instemt met de verkoop van zijn woning, voor een extreem lage prijs. Een maand later verkoopt Victor de woning voor een veel hoger bedrag aan Nancy. Nancy heeft voordat zij de woning van Victor kocht de openbare registers geraadpleegd, waaruit bleek dat Victor eigenaar was van de woning.
Drie maanden na de verkoop en overdracht van de woning aan Victor, besluit Theo het er toch niet bij te laten. Hij doet aangifte van bedreiging en Victor wordt door de politierechter veroordeeld. Vervolgens wordt de koopovereenkomst tussen Victor en Theo vernietigd, zodat de overdracht van de woning tussen Victor en Theo ongeldig is geworden.
Betekent dit nu dat Nancy haar woning kwijt is?

Nee, zij wordt beschermd door art. 3:88 BW. Nancy was te goeder trouw, zij heeft de openbare registers gecontroleerd. De onbevoegdheid van Theo om de woning aan haar te verkopen vloeit namelijk voort uit de ongeldigheid van een vroegere overdracht. De overdracht tussen Victor en Theo is immers ongeldig geworden, door vernietiging van de koopovereenkomst. De ongeldigheid van deze overdracht was niet het gevolg van een onbevoegdheid van de toenmalige vervreemder. Dat was namelijk Theo en hij was op het moment van de overdracht wel degelijk beschikkingsbevoegd.

Schematisch ziet het er uit als in figuur 8.1.

Wanneer de overdracht tussen vervreemder 1 en verkrijger 1 (= 'de vroegere overdracht') ongeldig blijkt, wordt verkrijger 2 door art. 3:98 BW jo art. 3:88 BW beschermd. De beschikkingsonbevoegdheid van vervreemder 2, die het registergoed heeft doorverkocht, komt namelijk niet voort uit de onbevoegdheid van de eerste vervreemder. Vervreemder 1 was immers eigenaar op het moment dat hij het registergoed aan verkrijger 1 verkocht.

Figuur 8.1 **Bescherming tegen beschikkingsonbevoegde vervreemder**

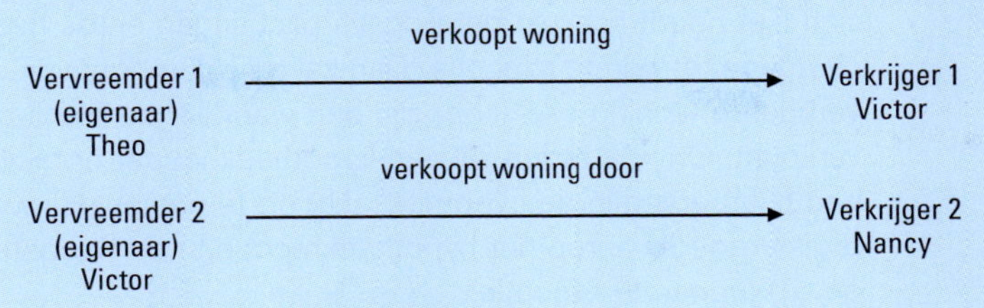

Tussenvraag 8.4
Wat zijn de vereisten voor de vestiging van een recht van hypotheek? Motiveer het antwoord met behulp van relevante wetsartikelen.

8.3.3 Hypotheekakte

Hypotheekakte

In art. 3:260 lid 1 BW wordt behalve de vereisten voor de vestiging van een hypotheek een aantal elementen genoemd die in de hypotheekakte moeten zijn opgenomen. Dit zijn:
- de omschrijving van de geldvordering ter zekerheid waarvan het hypotheekrecht is gevestigd;
- het bedrag waarvoor het hypotheekrecht wordt verleend;
- de in Nederland gekozen woonplaats van de hypotheekhouder.

Bedingen

Verder wordt in een hypotheekakte meestal ook een aantal bedingen opgenomen. Dit zijn bepalingen die ervoor moeten zorgen dat de waarde van het registergoed waarop het hypotheekrecht rust niet daalt. Tevens wordt door middel van deze bepalingen de positie van de hypotheekhouder versterkt. De volgende bedingen worden in art. 3:264 tot en met 3:267 BW geregeld: huurbeding, beding niet-verandering, beheersbeding en ontruimingsbeding. We lopen deze bedingen één voor één langs.

Huurbeding

Huurbeding

Art. 3:264 BW geeft de hypotheekhouder het recht om een huurbeding in de hypotheekakte op te nemen. In een dergelijk beding wordt opgenomen dat het registergoed niet verhuurd of verpacht mag worden of slechts met toestemming van de hypotheekhouder verhuurd of verpacht mag worden. Gemakshalve wordt in het vervolg alleen gesproken over verhuren.

Koop breekt geen huur

In hoofdstuk 3 hebben we gezien dat een eigenaar van een zaak in beginsel met die zaak mag doen wat hij wil, zolang hij binnen de grenzen van de wet blijft. Het verhuren van een woning, waarvan men eigenaar is, is niet in strijd met de wet. We zouden dan ook kunnen concluderen dat dit is toegestaan. Een woning die verhuurd is, is echter minder waard dan een onverhuurde woning. Een nieuwe eigenaar kan namelijk de huurovereenkomst met de huurder niet zomaar opzeggen; we kennen dit principe als ‘koop breekt geen huur’ (art. 7:226 BW). Een potentiële koper zal dus minder voor een woning willen betalen, wanneer hij deze niet vrij van huurders koopt. Stel dat de schuldenaar zich niet houdt aan zijn betalingsverplichtingen en de hypotheekhouder wil overgaan tot parate executie. Dan zal de opbrengst van de verkoop van een verhuurde woning veel lager zijn dan wanneer de woning onverhuurd wordt verkocht. Om die reden zal een hypotheekhouder er bijna altijd voor kiezen om een huurbeding in de hypotheekakte op te nemen. Hij weet dan zeker dat het registergoed waarop het hypotheekrecht rust de hoogste waarde behoudt in geval van parate executie.

Het huurbeding kan niet alleen worden ingeroepen tegen de eigenaar en de nieuwe eigenaar, maar ook tegen degene die het registergoed in strijd met het huurbeding bijvoorbeeld als woonruimte huurt (art. 3:264 lid 1 BW). Het beding kan echter niet tegen een huurder van een woon- of bedrijfsruimte worden ingeroepen wanneer deze ruimte op het tijdstip dat het hypotheekrecht erop werd gevestigd al werd verhuurd. Wordt een dergelijke ruimte opnieuw verhuurd dan kan het huurbeding evenmin worden ingeroepen, mits de nieuwe verhuring niet op ongewone, voor de hypotheekhouder meer bezwarende voorwaarden heeft plaatsgevonden (art. 3:264 lid 4 BW).
Ter bescherming van de huurder bepaalt art. 3:264 lid 5 BW, dat de rechter verlof moet verlenen alvorens de woonruimte ontruimd mag worden. Het zesde lid van dit artikel verbindt daaraan nog de voorwaarden dat wanneer blijkt dat het registergoed ook met huurder voldoende zal opbrengen, er geen verlof tot ontruiming zal worden verleend. Wanneer de huurder op last van de rechter de woning wel moet verlaten, stelt de rechter een termijn vast van maximaal één jaar, waarbinnen de woning ontruimd moet zijn.

Voorbeeld 8.2

Said heeft drie jaar geleden een tweekamerappartement gekocht. Sinds enige tijd kent hij zijn huidige vriendin, Denise. Omdat het erg goed gaat met de relatie, besluiten Said en Denise om te gaan samenwonen in haar eengezinswoning. Said denkt erover om zijn appartement een jaar lang te verhuren aan een goede vriend, zodat ze kunnen zien hoe het samenwonen bevalt. Als het goed blijft gaan dan kunnen ze overwegen om het appartement te verkopen. Wanneer Said een huurovereenkomst gaat opstellen, pakt hij zijn hypotheekakte erbij om de correcte omschrijving van het appartement over te nemen. Tot zijn schrik ziet Said dat in de hypotheekakte een huurbeding is opgenomen. In het beding staat dat het appartement slechts met toestemming van de hypotheekhouder mag worden verhuurd. Said zal dus eerst toestemming moeten krijgen van de hypotheekhouder. Wanneer de hypotheekhouder niet akkoord gaat, mag Said het appartement niet verhuren.

Beding niet-verandering

Beding van niet-verandering

In art. 3:265 BW is het recht opgenomen om een beding van niet-verandering in de hypotheekakte op te nemen. De hypotheekhouder kan er met dit beding voor zorgen dat de eigenaar van een registergoed er geen veranderingen in mag aanbrengen, of dit slechts met toestemming van de hypotheekhouder mag doen. Uitgangspunt is weer dat het registergoed niet in waarde daalt, in

dit geval ten gevolge van veranderingen. Wanneer de hypotheekgever het beding van niet-verandering schendt, kan de hypotheekhouder de onderliggende geldvordering opeisen.
Op grond van art. 3:266 BW mag een hypotheekgever veranderingen die hij heeft aangebracht aan het registergoed weer 'wegnemen'. Vereist is dat hij de onroerende zaak in de oude toestand terugbrengt. Dit recht wordt ook wel met de Latijnse termen ius tollendi aangeduid; letterlijk vertaald: 'recht van het wegnemen'. De hypotheekhouder kan echter voorkomen dat aangebrachte veranderingen door de hypotheekgever worden weggenomen. Hij kan namelijk in de hypotheekakte vastleggen dat veranderingen die na de vestiging van het hypotheekrecht worden aangebracht, deel uitmaken van het onderpand. De hypotheekgever kan zich dan niet op zijn ius tollendi beroepen. Met andere woorden: het hypotheekrecht rust niet alleen op het registergoed, maar ook op de daaraan aangebrachte veranderingen.

Ius tollendi

Stel dat in de hypotheekakte van Alexandra en Marc in de openingscasus een beding van niet-verandering is opgenomen. Met toestemming van de hypotheekhouder hebben zij de oude keuken laten verwijderen en er een nieuwe, veel duurdere, in laten plaatsen. In de hypotheekakte is niet opgenomen dat het hypotheekrecht mede komt te rusten op aangebrachte veranderingen. Alexandra en Marc hebben de oude keuken daarom opgeslagen op de zolder van de woning. Wanneer ze de woning in de toekomst verkopen, kunnen ze gebruikmaken van hun ius tollendi: ze mogen de nieuwe keuken meenemen naar een volgende woning en de oude keuken weer terugplaatsen.

Beheersbeding

Beheersbeding

In art. 3:267 BW wordt het beheersbeding aan de orde gesteld. In de hypotheekakte kan worden opgenomen dat een hypotheekhouder bevoegd is het registergoed in beheer te nemen. Noodzakelijk daarvoor is dat de hypotheekgever ernstig tekort is geschoten in zijn verplichtingen jegens de hypotheekhouder. Daarnaast is er een machtiging van de rechter vereist.
Stel dat Alexandra en Marc in de openingscasus de woning in het geheel niet onderhouden en zelfs verwaarlozen. Wanneer de hypotheekhouder daarvan op de hoogte raakt, kan hij besluiten de woning in beheer te nemen. Vereist is wel dat in de hypotheekakte een beheersbeding is opgenomen. De hypotheekhouder kan vervolgens het benodigde achterstallige onderhoud laten uitvoeren.

Ontruimingsbeding

Ontruimingsbeding

Art. 3:267 BW voorziet tevens in de mogelijkheid een ontruimingsbeding in de hypotheekakte op te nemen. Uit hoofde van dat beding kan de hypotheekhouder de verhypothekeerde zaak onder zich nemen, wanneer dat noodzakelijk is in verband met de executie. Dus: wanneer de hypotheekhouder overgaat tot parate executie, kan hij door middel van dit beding het registergoed leeg aan de nieuwe eigenaar opleveren.

Zorgplicht

Ook zonder dat voormelde bedingen in de hypotheekakte zijn opgenomen, heeft de hypotheekgever een zorgplicht ten aanzien van het onderpand. Hij dient er zorg voor te dragen dat de waarde van het registergoed waarop het hypotheekrecht rust niet vermindert. Door opname van de hiervoor besproken bedingen in de hypotheekakte, wordt de hypotheekhouder extra beschermd tegen mogelijke waardedaling van het onderpand.

Verzekering registergoed

Ten slotte wordt in de hypotheekakte meestal opgenomen dat het registergoed verzekerd moet zijn. In paragraaf 8.2 zagen we al dat zaaksvervanging een van de gemeenschappelijke kenmerken van hypotheek en pand is (art. 3:229 BW). Mocht het registergoed tenietgaan, dan verkrijgt de hypotheekhouder van rechtswege een recht van pand op alle vorderingen die in de plaats treden van het registergoed dat teniet is gegaan.

Voorbeeld 8.3

Door kortsluiting ontstaat er brandt in de woning van Lilian. Ondanks dat de brandweer snel ter plaatse is, brandt haar woning tot de grond toe af. Lilian had de woning drie jaar eerder gekocht door een lening bij haar bank af te sluiten en een recht van hypotheek aan de bank te verlenen. In de hypotheekakte is opgenomen dat Lilian de verhypothekeerde woning dient te verzekeren. Dit heeft ze gelukkig ook gedaan. Na enkele weken ontvangt Lilian bericht van haar brandverzekeraar dat er op korte termijn een substantieel schadebedrag aan haar zal worden uitgekeerd. Op de vordering van Lilian jegens de verzekeraar die hierdoor is ontstaan, heeft de bank van rechtswege een recht van pand verkregen.

Tussenvraag 8.5

Benoem de bedingen die op grond van de wet in een hypotheekakte kunnen worden opgenomen. Geef van elk afzonderlijk beding aan waarom het de hypotheekhouder extra bescherming biedt.

De hypotheekakte wordt opgesteld door een notaris, vaak aan de hand van een model. Hierna volgt een model hypotheekakte dat in Modellen voor de Rechtspraktijk is opgenomen.
Dit model betreft een particuliere geldlening met varianten wat betreft aflossing en rente. Het is bruikbaar zowel bij hypotheekverlening op een onroerende zaak of een beperkt recht daarop, als in geval van hypotheekverlening op een schip (auteur: prof. mr. L.C.A. Verstappen, Uitgeverij Kluwer).

Vandaag, ____verschijnen voor mij, __________, notaris met plaats van vestiging __________:

1. __________; hierna/zowel tezamen als ieder afzonderlijk/te noemen: de schuldenaar of de hypotheekgever;
2. __________; hierna te noemen: de schuldeiser of de hypotheekhouder;

Overwegingen vooraf

1. De comparanten verklaren een overeenkomst van geldlening te zijn aangegaan en een overeenkomst strekkende tot verlening van hypotheekrecht en pandrecht tot meerdere zekerheid voor de terugbetaling van het bedrag van de hierna sub 2 vermelde geldlening en eventuele overige schulden, waaronder renten en kosten, zoals hierna sub 4 bepaald. Zij wensen deze overeenkomsten bij deze akte vast te leggen en daaraan uitvoering te geven.

Overeenkomst van geldlening

2. Schuldenaar verklaart vandaag ter leen te hebben ontvangen en daarom verschuldigd te zijn aan schuldeiser, die verklaart daarom van de schuldenaar te vorderen te hebben, een bedrag van __________. Met betrekking tot deze geldlening zijn de schuldeiser en de schuldenaar het volgende overeengekomen:

Rente

a. Vanaf vandaag is de schuldenaar verplicht over de hoofdsom of het onafgeloste gedeelte daarvan aan de schuldeiser te voldoen een rente van ______ procent (___%) per jaar. De rente wordt maandelijks/halfjaarlijks/jaarlijks achteraf/vooraf voldaan op de eerste van elke maand/half jaar/jaar door overboeking op de door de schuldeiser aan te geven bankrekening. De rente dient voor het eerst te worden voldaan op ____/op de eerste van de maand/het jaar __ over het alsdan verstreken tijdvak. De rente is gedurende de gehele looptijd van de lening een vaste rente. *Of:* De rente is gedurende __ jaar vast en kan daarna worden gewijzigd als volgt: __.

Looptijd

b. De looptijd van de lening is __ maanden/jaren.

Aflossingen

c. De schuldenaar is, buiten de hierna sub *e* vermelde gevallen, slechts aan het einde van de looptijd der lening verplicht de hoofdsom of het niet-afgeloste restant daarvan af te lossen. De schuldeiser dient daartoe ten minste __/drie maanden vóór het verstrijken van de looptijd de hoofdsom of het restant daarvan bij de schuldenaar op te eisen. *Of:*

c. De schuldenaar is verplicht op annuïteitenbasis met de hiervoor sub *a* vermelde rente van ______ procent (___%) maandelijks/halfjaarlijks/jaarlijks een gelijk bedrag van __________ aan rente en aflossing te betalen. *Of:*

c. De schuldenaar is verplicht de hoofdsom in maandelijkse/halfjaarlijkse/jaarlijkse termijnen van __________ op de rentevervaldagen af te lossen, voor het eerst op de eerste rentevervaldag zoals hiervoor sub *a* bepaald.

Vrijwillige aflossing

d. De schuldenaar heeft het recht om te allen tijde het bedrag van de lening geheel of gedeeltelijk af te lossen, mits met bedragen vanaf __________ *Of:* De schuldenaar heeft het recht om ______ procent (___%), berekend over het bedrag van de oorspronkelijke hoofdsom, jaarlijks af te lossen zonder dat daarover een eventueel rentenadeel voor de schuldeiser vergoed hoeft te worden. Indien en voor zover de schuldenaar jaarlijks meer aflost, is hij indien de overeengekomen rente hoger is dan de hierna vermelde rente, voor het meerdere aan de schuldeiser een vergoeding verschuldigd gelijk aan de contante waarde van het verschil tussen de door de schuldenaar alsdan verschuldigde rente en ___/de wettelijke rente/de depositorente, die op het tijdstip van de aflossing door de Europese Centrale Bank in rekening wordt gebracht, vermeerderd met ___ procent (__%) voor de resterende renteperiode berekend in het bedrag van de aflossing voor zover dat in het betreffende jaar uitkomt boven het bedrag dat zonder vergoeding van het rentenadeel jaarlijks mag worden afgelost. Algehele aflossing van de lening is evenwel boetevrij mogelijk bij verkoop en levering van het registergoed in geval van verhuizing en bij overlijden van de schuldenaar/en de schuldeiser.

Opeisbaarheid lening

e. De hoofdsom of het restant daarvan is bovendien terstond en zonder enige ingebrekestelling opeisbaar, met de rente tot de dag der terugbetaling, in de volgende gevallen:

- ingeval de schuldenaar in verzuim is met de voldoening van de rente en/of aflossing op de verschijndagen;
- ingeval van faillissement, ondercuratelestelling of overlijden van de schuldenaar;
- ingeval ten aanzien van de schuldenaar een wettelijke schuldsaneringsregeling van toepassing wordt verklaard;
- ingeval de schuldenaar surseance van betaling aanvraagt of wanneer zijn goederen geheel of gedeeltelijk door derden in beslag worden genomen;
- ingeval de schuldenaar Nederland metterwoon verlaat;
- ingeval van geheel of gedeeltelijk vervreemding, onbewoonbaarverklaring of onteigening van het hierna sub 5 vermelde registergoed;
- ingeval het hierna sub 5 vermelde registergoed geheel of gedeeltelijk wordt vervreemd, gevorderd of verbeurdverklaard, door welke oorzaak ook tenietgaat, wordt beschadigd, als verloren moet worden beschouwd, zonder toestemming van de hypotheekhouder een andere bestemming als ten tijde van de hypotheekverlening krijgt en daartoe ook wordt aangewend;
- ingeval enige vergunning, vereist met betrekking tot het hierna sub 5 vermelde registergoed, ontbreekt, vervalt of wordt ingetrokken, of wanneer gehandeld wordt in strijd met zodanige vergunning of daaraan verbonden voorwaarden;
- ingeval de hypotheekgever een aanschrijving als bedoeld in artikel 14 van de Woningwet ontvangt met betrekking tot het hierna sub 5 vermelde registergoed of een daarmee gelijk te stellen verklaring;
- ingeval het hierna sub 5 vermelde registergoed krachtens de Woningwet, de Huisvestingswet, de Wet Bodembescherming of krachtens enig andere wettelijke bepaling wordt gevorderd;
- ingeval het hierna sub 5 vermelde registergoed geheel of gedeeltelijk zonder uitdrukkelijke schriftelijke toestemming van de schuldeiser verhuurd, verpacht of vervracht wordt dan wel wanneer het hierna sub 5 vermelde registergoed door anderen - met of zonder toestemming van de gerechtigde - geheel of gedeeltelijk in gebruik wordt genomen;
- in geval van overtreding, niet-nakoming of niet-behoorlijke nakoming door de schuldenaar of door de hypotheekgever van een of meer van de bepalingen of bedingen van deze akte of - indien het registergoed een appartements-, erfpachts-, of opstalrecht omvat - mede van de akte van splitsing, respectievelijk uitgifte in erfpacht of opstal;
- ingeval van het eindigen van een met het hierna sub 4 vermelde hypotheekrecht eventueel belast erfpachts- of opstalrecht; bij het eindigen van het gebruiksrecht ingeval het hierna sub 4 vermelde hypotheekrecht rust op een appartementsrecht, daaronder begrepen het eindigen van de splitsing in appartementsrechten;
- ingeval naar het oordeel van de hypotheekhouder de bouw of verbouwing van het registergoed stopgezet wordt, stagneert of wanneer het bouwplan wordt gewijzigd.

In de hiervoor vermelde gevallen, behalve het geval van geheel of gedeeltelijk tenietgaan of het geval van overlijden van de schuldenaar, is eveneens de boete zoals sub *d* hiervoor vermeld, verschuldigd.

Uitsluiting verrekening

f. Partijen sluiten verrekening van hetgeen zij over en weer van elkaar uit hoofde van deze geldlening te vorderen hebben, uit.

Hoofdelijkheid/ondeelbaarheid

g. Behoudens het hierboven omtrent gedeeltelijke aflossing bepaalde, is de (restant)schuld van de hoofdsom en rente ten aanzien van de schuldenaar, dus ook ingeval er meer schuldenaren zijn, een ondeelbare en hoofdelijke verbintenis. Ook na zijn overlijden is ieder van zijn erfgenamen voor het gehele dan nog verschuldigde bedrag van de (restant)hoofdsom en de alsdan nog verschuldigde rente aansprakelijk.

Intreden verzuim

h. De schuldenaar is in verzuim door het enkel verlopen van een voor de betaling ingevolge deze akte gestelde termijn of betalingsdatum of het enkele feit van de niet of niet-behoorlijke nakoming of overtreding van de bepalingen in deze akte, zonder dat daartoe een ingebrekestelling, aanmaning, bevel of soortgelijke daad van rechtsvervolging nodig is.

Overeenkomst tot verlening van hypotheek en vestiging van pandrecht

3. Schuldeiser is met de schuldenaar overeengekomen om tot meerdere zekerheid voor de terugbetaling van het bedrag van het niet-afgeloste gedeelte van voormelde hoofdsom en de rente daarover recht van ____/eerste hypotheek te vestigen op het hierna sub 5 vermelde registergoed en pandrecht op de daarbij behorende roerende zaken (in deze akte tezamen ook te noemen: het onderpand).

Verlening van hypotheek- en pandrecht

4. Tot zekerheid voor:

a. de terugbetaling van de vermelde hoofdsom van __________;

b. de voldoening der renten over twee jaren en het lopende jaar, inclusief eventuele latere renteverhogingen, of - ingeval een schip is ondergezet - de renten der hoofdsom vervallen gedurende de laatste drie jaren voorafgaand aan het begin van de uitwinning en gedurende de loop hiervan, inclusief eventuele latere renteverhogingen;

c. de eventueel verschuldigde extra-rente;

d. de kosten,

de sub *b*, *c* en *d* bedoelde bedragen samen begroot op _____ procent (__%) van de hoofdsom oftewel __________, dus in totaal (hoofdsom met renten en kosten) voor een bedrag van __________, verklaart __________/de schuldenaar aan de schuldeiser recht van ____/eerste hypotheek te verlenen op het hierna sub 5 vermelde registergoed, alsmede aan hem pandrecht te verlenen zoals hierna sub 9 is bepaald. De schuldeiser verklaart de hypotheekverlening aan hem te aanvaarden. In geval van hypotheek op een schip omvat de hypotheek ook die zaken die uit hoofde van hun bestemming blijvend met het schip zijn verbonden en die toebehoren aan de reder van het schip.

Omschrijving registergoed

5. Het betreffende registergoed is:

(een voorbeeld, in geval van een binnenschip:) Het stalen motorvrachtschip in de zin van artikel 8:3 Burgerlijk Wetboek genaamd __________, van het merk __________, gebouwd te __________ in __________, bestemd voor de rivier- en binnenvaart, gebrandmerkt __________, met een verplaatsing van ____ kubieke meter/een laadvermogen van ____ tonnen van eenduizend (1000) kilogram met de volgende onderdelen:

een stuurhut, een roef met achteronder, een machinekamer, een werkplaats, een gang, een woonkamer met open keuken, een slaapkamer en badkamer en tot kamertje verbouwd vooronder, voortbewogen door een motor van ___ kilowatts/paardenkrachten, bouwjaar __, motornummer __, welk nummer is geplaatst op het karter aan de zijde/op de kant van de motor/op het motorblok en alle scheepstoebehoren in de zin van artikel 8:1 Burgerlijk Wetboek, aan partijen genoegzaam bekend.

Of:

(een voorbeeld, in geval van een zeeschip) Het Nederlandse zeeschip in de zin van artikel 8:2 Burgerlijk Wetboek, een stalen motorschip, genaamd __________, van het merk _____, gebouwd te __________ in __, bestemd voor de vaart ter zee, gebrandmerkt ____, met een bruto-inhoud van ___ kubieke meters/___ bruto tonnage/met een verplaatsing van ___ kubieke meters/een laadvermogen van ___ tonnen van eenduizend (1000) kilogram met de volgende onderdelen:

één dek, één shelterdek, twee masten, acht laadpalen, één schoorsteen, één schroef, voortbewogen door één ___ cilinder ___ takt ___-motor van ___ kilowatts/paardenkrachten, bouwjaar __ nummer ___-___

vermeld op de motorkap en op het manoeuvreerbord, met alle scheepstoebehoren in de zin van artikel 8:1 Burgerlijk Wetboek, aan beide partijen volledig bekend.

Wijze van voorafgaande eigendomsverkrijging

6. Het registergoed werd door ___________/de schuldenaar in eigendom verkregen door in/overschrijving in de registers gehouden door de Dienst voor het kadaster en de openbare registers te ___________ in register 4 op _____ in deel _____ nummer _____ van een afschrift/uittreksel van een akte van eigendomsoverdracht/akte tot levering ingevolge koop op _____/dezelfde dag verleden voor ___________, (destijds) notaris te ___________.

Of:

Het registergoed zal door de schuldenaar worden verkregen door inschrijving in de openbare registers van een afschrift/uittreksel van een akte tot levering zojuist voor mij, notaris, verleden.
Die akte vermeldt kwijting voor de betaling van de koopprijs en afstand van het recht om ontbinding der overeenkomst te vragen op grond van de artikelen 1302 en 1303 van het Burgerlijk Wetboek, zoals die golden vóór één januari negentienhonderd tweeënnegentig.

Of:

Die akte vermeldt kwijting voor de betaling van de koopprijs en afstand van de bevoegdheid tot ontbinding wegens het toerekenbaar niet-nakomen van de uit de overeenkomst voortvloeiende verplichtingen.

Voorbelasting/huur en andere gebruiksrechten

7.

a. Het registergoed is niet voorbelast met hypothecaire inschrijvingen. *Of:* Op het registergoed rusten de volgende hypothecaire inschrijving(en): recht van hypotheek en een pandrecht, gevestigd bij akte verleden op _____ voor ___________, notaris te ___________, waarvan een afschrift/uittreksel is ingeschreven in de openbare registers gehouden door de Dienst voor het kadaster en de openbare registers te ___________, in register 3 op _____ in deel _____, nummer _____ tot zekerheid voor de terugbetaling van een bedrag in hoofdsom groot _______. *Of:* met als maximumbedrag dat uit hoofde van gemelde hypotheek op het onderpand kan worden verhaald: _______ . Het hypotheekrecht en het pandrecht hebben ___ rang; (etc.)
b. Het registergoed is thans niet verhuurd, verpacht, vervracht of anderszins in gebruik bij derden. *Of:* Het registergoed is thans niet anders verhuurd, verpacht, vervracht of anderszins in gebruik bij derden, dan ingevolge: ___________.

Voorwaarden en bedingen van hypotheekverlening

8. De comparanten verklaren dat deze hypotheekverlening mede gelet op de hierna sub 9 vermelde verpanding, geschiedt onder de navolgende voorwaarden en bedingen:

Het recht van parate executie

a. De hypotheekhouder heeft het recht van parate executie als bedoeld in artikel 3:268 Burgerlijk Wetboek (hierna ook: BW). Ingeval de schuldenaar in verzuim is met de voldoening van hetgeen waarvoor het hypotheekrecht en het pandrecht zijn verleend, is de hypotheekhouder bevoegd met inachtneming van de toepasselijke wettelijke regels het onderpand openbaar ten overstaan van een notaris te verkopen of met machtiging van de President van de Rechtbank onderhands te verkopen. In het kader daarvan is de hypotheekhouder bevoegd eventuele gegadigden het onderpand te laten bezichtigen, het onderpand in verschillende kavels op te delen met het oog op de verkoop, de veilingvoorwaarden vast te stellen en - indien het onderpand in verschillende kavels wordt verkocht - zodanige erfdienstbaarheden en kwalitatieve verbintenissen aan te gaan als naar zijn oordeel met het oog op de verkoop nodig zijn. De hypotheekhouder is ook bevoegd de gunning bij een openbare verkoop op te houden en desgewenst tot herveiling over te gaan.

Huurbeding (artikel 3:264 BW)

b. Zonder uitdrukkelijke schriftelijke toestemming van de hypotheekhouder mag het onderpand niet worden verhuurd, verpacht of vervracht (indien het een schip betreft), of op andere manieren in gebruik worden afgestaan of worden gedoogd dat derden het onderpand gebruiken. Daaronder vallen ook bijzondere overeenkomsten als bedoeld in titel 5 afdeling 4 respectievelijk titel 10 afdeling 4 van Boek 8 Burgerlijk Wetboek, indien het onderpand een schip is. Evenmin mag zonder toestemming van de hypotheekhouder vooruitbetaling van huur-, pacht- of vrachtsommen worden bedongen of aanvaard. Ook het recht op huur-, pacht- of vrachtsommen mag niet zonder toestemming van de hypotheekhouder worden vervreemd, verpacht of anderszins bezwaard.

Gebruik

c. Het onderpand dient behoorlijk te worden gebruikt en het gebruik mag niet strijden met bij of krachtens de wet daarvoor geldende voorschriften. Het onderpand mag - indien het een schip is - nimmer worden beladen met ontplofbare stoffen, contrabande of met goederen, die de hierna sub *k* vermelde verzekering(en) nietig zouden maken of zouden doen vervallen. Het mag niet worden gebruikt voor smokkelarij of voor het varen op wateren, waarvoor de hierna sub *k* vermelde verzekering(en) niet gelden of waarvoor het schip niet is uitgerust.

Verandering inrichting, gedaante, aard en bestemming van het onderpand (artikel 3:265 BW)

d. De inrichting, gedaante, aard en bestemming van het onderpand mogen niet zonder toestemming van de hypotheekhouder worden veranderd. Ingeval een schip is ondergezet mogen zonder toestemming van de hypotheekhouder aan het onderpand geen buitengewone reparaties, verbouwingen of vernieuwingen worden verricht en mag het onderpand niet geheel of gedeeltelijk worden gesloopt of voor een sloop- of saneringsregeling worden aangemerkt.

Veranderingen en toevoegingen (artikel 3:266 BW)

e. Veranderingen en toevoegingen aan het onderpand aangebracht en/of aan te brengen strekken mede tot onderpand voor de vorderingen, tot zekerheid waarvoor het hypotheekrecht en het pandrecht zijn verleend. Eenmaal aangebrachte veranderingen of toevoegingen aan het onderpand mogen niet worden weggenomen zonder toestemming van de hypotheekhouder.

Onderhoud onderpand

f. Het onderpand dient in goede staat te worden onderhouden. Eventuele noodzakelijke reparaties en vernieuwingen dienen binnen redelijke termijn te worden uitgevoerd.

Recht op toegang tot het onderpand ter controle

g. De hypotheekhouder heeft het recht om het onderpand te inspecteren op de correcte nakoming van de verplichtingen die de hypotheekgever ingevolge deze akte heeft. Hij is ook bevoegd inzage te nemen in opgemaakte stukken die het onderpand betreffen, zoals huur- en pachtovereenkomsten.

Bezwaring met lasten

h. Het onderpand mag zonder toestemming van de hypotheekhouder niet met enig beperkt recht, kwalitatieve verbintenis, of andere last worden bezwaard, noch mandelig worden gemaakt.

Beheer en ontruiming (artikel 3:267 BW)

i. Indien de hypotheekgever in zijn verplichtingen jegens de hypotheekhouder in ernstige mate te kort schiet is de hypotheekhouder bevoegd het onderpand met machtiging van de President van de Rechtbank in beheer te nemen. De hypotheekhouder is eveneens bevoegd het onderpand onder zich te nemen, indien zulks met het oog op de executie vereist is. De hypotheekgever verklaart in dat geval alle medewerking daaraan te zullen verlenen. De kosten die de hypotheekhouder maakt in verband met het beheer of het onder zich nemen van het onderpand, komen voor rekening van de hypotheekgever en vallen onder de sub *n* hierna vermelde kosten.

Opzegging

j. De hypotheekhouder is te allen tijde bevoegd het hypotheekrecht en/of pandrecht op te zeggen.

Verzekering

k. De hypotheekgever is verplicht het onderpand en de opstallen van het onderpand en al hetgeen door bestemming daartoe behoort bij een solide verzekeringsmaatschappij op zijn kosten te verzekeren en verzekerd te houden, zolang het bij deze akte verleende hypotheekrecht en pandrecht zullen bestaan, tegen alle schade ten gevolge van brand, blikseminslag en/of ontploffing, en tegen alle overige risico's, waartegen eigenaren of (beperkt) gerechtigden tot het onderpand, mede gelet op de inrichting, aard en bestemming, zich plegen te verzekeren. De hypotheekhouder heeft het recht op een afschrift van de desbetreffende polissen. Indien de hypotheekgever in gebreke is hem die te verstrekken, heeft de hypotheekhouder de bevoegdheid voor rekening van de hypotheekgever zodanige verzekering(en) af te sluiten.

Schade en waardevermindering

l. In geval van schade aan het onderpand en in geval van feiten of buitengewone omstandigheden die de waarde van het onderpand voor meer dan __/één vierde zouden verminderen, is de hypotheekgever verplicht de hypotheekhouder daarvan zo spoedig mogelijk mededeling te doen. Op de verzekeringspenningen en alle overige vorderingen tot vergoeding die in de plaats van het onderpand treden, rust op grond van artikel 3:229 BW een wettelijk pandrecht tot het beloop van de hoofdsom met renten en kosten. De hypotheekgever is verplicht alle medewerking te verlenen teneinde de hypotheekhouder in staat te stellen zijn pandrecht op grond van artikel 3:229 BW uit te oefenen jegens de schuldenaren uit hoofde van deze vorderingen. De hypotheekhouder wordt voor zover nodig door de hypotheekgever gemachtigd met de schuldenaren uit deze vorderingen en met zijn eventuele verzekeraar(s) contact op te nemen en mede namens hem schadevergoedingen en uitkeringen te regelen, waaronder wordt begrepen het innen van vorderingen en het verlenen van kwijting, alsmede daarover te procederen en vaststellingsovereenkomsten te sluiten.

Bewijskracht administratie hypotheekhouder

m. De door de hypotheekhouder bijgehouden administratie strekt tot volledig bewijs van zijn vordering op de schuldenaar en/of hypotheekhouder, behoudens tegenbewijs.

Kosten en dergelijke

n. Alle kosten die de hypotheekhouder moet maken en het gevolg zijn van het in verzuim zijn van de schuldenaar of de hypotheekgever, komen voor rekening van de schuldenaar en de hypotheekgever, indien dat niet dezelfde personen zijn. Zij zijn daarvoor hoofdelijk aansprakelijk. Deze kosten betreffen alle gerechtelijke en buitengerechtelijke kosten die in het kader van het geldend maken van het hypotheekrecht gemaakt worden, ook al gaat een eenmaal aangevangen executoriale verkoop niet door.

Derde-hypotheek

o. Ingeval de schuldenaar niet tevens hypotheekgever is, geldt het volgende. De hypotheekhouder heeft het recht om (de) lopende overeenkomst(en) van geldlening of andere kredietverlening met de schuldenaar te verlengen, de betreffende bedragen te verhogen en de daarvoor geldende bepalingen en voorwaarden te wijzigen en aan te vullen. De hypotheekhouder heeft het recht naar eigen keuze verhaal uit te oefenen op het vermogen van de schuldenaar. Hij is met name niet verplicht eerst het bij deze akte met hypotheek bezwaarde registergoed uit te winnen. Indien de hypotheekgever schulden waarvoor het onderhavige hypotheekrecht en pandrecht tot zekerheid strekken, voldoet en aldus subrogeert in de rechten van de hypotheekhouder, zijn deze rechten achtergesteld bij hetgeen de hypotheekhouder van de schuldenaar alsdan nog te vorderen heeft. De hypotheekgever doet bij deze afstand van zijn bevoegdheid om op grond van artikel 3:233 lid 2 BW de door hem ten behoeve van het onderpand anders dan tot onderhoud daarvan gemaakte kosten terug te vorderen, ingeval bij verhaal door de hypotheekhouder deze kosten tot een hogere opbrengst van het onderpand ten bate van de hypotheekhouder hebben geleid.

Pandrechten

9. De hypotheekgever verklaart ter uitvoering van de overeenkomst aan de hypotheekhouder te verpanden tot meerdere zekerheid voor de terugbetaling van de schulden zoals hiervoor sub 2 omschreven, welke verpanding de hypotheekhouder verklaart te aanvaarden, de volgende, zowel huidige als toekomstige goederen:

a. alle roerende zaken die volgens verkeersopvatting bestemd zijn om het onderpand duurzaam te dienen en door hun vorm als zodanig zijn te herkennen;

b. machinerieën of werktuigen die bestemd zijn om daarmee een bedrijf uit te oefenen in de hiertoe ingerichte fabriek casu quo werkplaats;

c. de huur-, pacht- of vrachtpenningen, gebruiksvergoedingen en alle andere rechten uit hoofde van huur, pacht, bevrachting of het gebruik, indien het onderpand geheel of gedeeltelijk wordt verhuurd of verpacht of anderszins in gebruik tegen vergoeding is/wordt afgestaan;
d. de pacht, retributie of andere vergoeding uit hoofde van een beperkt recht indien het onderpand met een zakelijk recht is/wordt belast;
e. de vorderingen tegen de vereniging van eigenaars of tegen de gezamenlijke eigenaars of de administrateur indien het onderpand in appartementen is/wordt gesplitst;
f. alle overige vorderingen jegens derden met betrekking tot het onderpand;
g. alle vruchten, beplantingen en roerende zaken die van het onderpand zijn/worden afgescheiden;
h. alle scheepstoebehoren indien het onderpand een schip is.

De hypotheekhouder is bevoegd de hiervoor omschreven roerende zaken en het onderpand tezamen, volgens de voor hypotheek geldende regels, te executeren.

De hypotheekgever verklaart dat hij tot de hiervoor vermelde verpanding bevoegd is en dat op de verpande goederen geen beperkte rechten rusten.

Of:

De hypotheekgever verklaart dat hij tot de hiervoor vermelde verpanding bevoegd is en dat op de verpande goederen geen andere beperkte rechten rusten dan de volgende: ___________.

Kosten

10. De kosten van deze akte en de inschrijving ervan in de openbare registers, alsmede alle kosten waartoe deze geldlening met verlening van hypotheek- en pandrecht aanleiding geeft of in de toekomst mocht geven en de kosten van de doorhaling der hypothecaire inschrijving(en), komen ten laste van de schuldenaar.

Eventueel:

Toestemming

11. Mede verscheen voor mij, notaris ___________ die verklaarde aan zijn echtgenote/haar echtgenoot voor de rechtshandelingen in deze akte toestemming als bedoeld in artikel 1:88 Burgerlijk Wetboek te verlenen.

Inschrijving kadaster

12. Partijen geven mij, notaris, volmacht een afschrift van deze akte in de openbare registers gehouden door de Dienst voor het kadaster en de openbare registers te ___________ in te schrijven.

Woonplaatskeuze

13. Voor de uitvoering van deze akte in het kader van de Kadasterwet wordt door partijen woonplaats gekozen op het kantoor van de bewaarder van deze akte.

Slot akte

Deze akte is als verklaring opgemaakt op de dag als in het begin van deze akte vermeld en is om ___________ ondertekend.

Tussenvraag 8.6

Bekijk de opgenomen hypotheekakte.

a Geef aan waar de omschrijving van de geldvordering is opgenomen.
b Geef aan waar het bedrag waarvoor het hypotheekrecht wordt verleend is opgenomen.
c Welke wettelijke bedingen zijn in de hypotheekakte opgenomen?
d Waar is vermeld dat het registergoed verzekerd dient te worden?

8.3.4 Parate executie

Bij de bespreking van de gemeenschappelijke kenmerken van hypotheek en pand is aan de orde geweest dat de hypotheekhouder het recht van parate executie kan uitoefenen. Dit recht wordt geregeld in de artikelen 3:268 tot en met 3:273 BW. Hierna volgt een toelichting op deze wetsartikelen.

Parate executie

Art. 3:268 lid 1 BW omschrijft het recht van parate executie als volgt:

> 'Indien de schuldenaar in verzuim is met de voldoening van hetgeen waarvoor de hypotheek tot waarborg strekt, is de hypotheekhouder bevoegd het verbonden goed in het openbaar ten overstaan van een bevoegde notaris te doen verkopen.'

Dus: wanneer de schuldenaar zijn betalingsverplichtingen niet nakomt, mag de hypotheekhouder het registergoed waarop het hypotheekrecht rust verkopen. De hypotheekhouder heeft voor de verkoop geen executoriale titel (rechterlijk vonnis) nodig. De verkoop moet in het openbaar plaatsvinden, onder leiding van een notaris. Uiteraard mag de hypotheekhouder niet meteen tot parate executie overgaan op het moment dat een schuldenaar één keer te laat betaalt. De schuldenaar moet in verzuim zijn en tevens dient voldaan te zijn aan de eisen van redelijkheid en billijkheid.

Onderhandse verkoop

Op grond van art. 3:268 lid 2 BW kan de rechter, op verzoek van de hypotheekhouder of de hypotheekgever, bepalen dat de verkoop ondershands zal plaatsvinden. Het registergoed zal dan niet via een veiling worden verkocht, maar direct aan een koper. Derden krijgen niet de gelegenheid een bod op het registergoed uit te brengen.

Voor de formaliteiten van de openbare executie verwijst art. 268 lid 4 BW naar art. 544 e.v. van het Wetboek van Burgerlijke Rechtsvordering (RV). In art. 544 RV is bepaald dat de hypotheekhouder de hypotheekgever door middel van een deurwaardersexploot op de hoogte moet brengen van de voorgenomen executie. Hierin moet in ieder geval zijn opgenomen de hoogte van de resterende geldvordering alsook de bijkomende kosten die tot dat moment zijn gemaakt. Voorts moet worden vermeld welke notaris de executie leidt. Op grond van art. 546 RV jo art. 515 lid 2 RV dient de notaris de hypotheekgever schriftelijk mededeling te doen van datum, tijdstip en plaats van de openbare verkoop.
Art. 3:269 BW bepaalt dat de verkoop kan worden voorkomen tot het moment dat het registergoed daadwerkelijk is verkocht. De geldvordering dient

volledig te worden voldaan, alsook de kosten die al in verband met de executie waren gemaakt. Dit principe wordt lossing genoemd.

Lossing

Wanneer de verkoop van het registergoed doorgaat, moet de koper de koopprijs aan de notaris betalen. Vervolgens worden eerst de kosten van de executie uit de opbrengst voldaan (art. 3:270 lid 1 BW).
Hierna controleert de notaris of er op het registergoed andere hypotheken zijn gevestigd of beslagen zijn gelegd, of dat er een beperkt recht verloren gaat. Indien dit niet het geval is, keert de notaris de netto-opbrengst van de verkoop uit aan de hypotheekhouder. Mocht er na voldoening van de geldvordering nog een bedrag resteren, dan wordt dit aan de hypotheekgever uitbetaald (art. 3:270 lid 2 BW). Wanneer de opbrengst onvoldoende is om de geldvordering af te betalen, houdt de hypotheekhouder een restantvordering. Dit wordt de restschuld genoemd en de hypotheekgever zal deze (in termijnen) moeten voldoen aan de hypotheekhouder.

Restschuld

Het kan ook voorkomen dat er nog meer hypotheekhouders of andere gerechtigden zijn. In dat geval gaat de notaris na, of partijen overeenstemming hebben bereikt over de verdeling. Wanneer partijen het eens zijn over de verdeling van de netto-opbrengst, kan de notaris direct overgaan tot uitkering daarvan aan alle rechthebbenden (art. 3:270 lid 5 BW).
Wanneer partijen het niet eens kunnen worden over de verdeling, moet de notaris de netto-opbrengst storten bij een bewaarder (art. 3:270 lid 3 BW). De notaris mengt zich niet in de verdeling; bij onenigheid hierover kan elke belanghebbende gerechtelijke rangregeling verzoeken (art. 3:271 lid 1 BW). Met andere woorden: de rechter beslist op welke wijze de netto-opbrengst verdeeld zal worden.
In art. 3:273 lid 1 BW is bepaald dat met de levering na een parate executie en nadat de koopprijs is voldaan, alle rechten van hypotheek die op het registergoed rusten tenietgaan. Eventuele beslagen en beperkte rechten die niet tegen de verkoper kunnen worden ingeroepen komen te vervallen. Dit proces wordt zuivering genoemd. Van belang is dat de koper het registergoed verkrijgt zonder dat dit is belast met een andere hypotheek.

Wat gebeurt er als er meerdere rechten van hypotheek op het registergoed zijn gevestigd?

Prioriteitsbeginsel

Rangorde

In een dergelijk geval is het prioriteitsbeginsel van toepassing en is de rangorde van het hypotheekrecht van belang. In hoofdstuk 2 is het prioriteitsbeginsel uitgebreid aan de orde geweest; we zagen toen dat op grond van dit beginsel het oudste recht voorgaat. De rangorde wordt bepaald door de datum en het tijdstip van inschrijving van het hypotheekrecht in de openbare registers (art. 3:21 lid 1 BW). Als tijdstip van inschrijving geldt het tijdstip van aanbieding van de in te schrijven stukken (art. 3:19 lid 2 BW). Wanneer inschrijvingen op hetzelfde moment plaatsvinden, dan gaat de akte die eerder is opgemaakt voor (art. 3:21 lid 2 BW).
Art. 3:262 lid 1 BW biedt de mogelijkheid om een hypotheekrecht een hogere rang toe te kennen dan haar op basis van het tijdstip van inschrijving toekomt. Dit kan alleen wanneer andere hypotheekhouders instemmen met een afwijkende rangorde. De gewijzigde rangorde dient in een notariële akte te worden opgenomen, welke akte in de openbare registers moet worden ingeschreven.

Uit de akte moet blijken dat de andere hypotheekhouders met de afwijkende rangorde akkoord zijn gegaan.

Stel dat Alexandra en Marc uit de openingscasus op een bepaald moment gedurende vier maanden hun betalingsverplichtingen aan de SpaarBank niet zijn nagekomen. De bank heeft ze verschillende keren aangeschreven en aangemaand de achterstallige bedragen per omgaande te voldoen, maar Alexandra en Marc reageren niet. De bank is voornemens over te gaan tot openbare verkoop van de woning. De notaris die betrokken was bij het opstellen van de hypotheekakte, zal de verkoop gaan leiden. Eerst wordt er een deurwaardersexploot aan Alexandra en Marc uitgereikt, waarin onder andere is opgenomen de naam van de notaris en de hoogte van de geldvordering, inclusief de bijkomende kosten die tot op dat moment zijn gemaakt. Vervolgens informeert de notaris Alexandra en Marc over de datum, het tijdstip en de plaats van de veiling.
Hoewel Alexandra en Marc de woning graag zouden behouden, zijn zij niet in staat de geldvordering en bijkomende kosten te voldoen; er is dus geen lossing mogelijk.
Nadat de woning is verkocht, worden de executiekosten uit de opbrengst voldaan. Vervolgens controleert de notaris of er nog andere gerechtigden zijn. Dan blijkt dat er nog een hypotheek op de woning is afgesloten, ten gunste van de OptieBank; Alexandra en Marc hebben hiermee een uitbouw van de woning gefinancierd. Tevens blijkt dat de netto-opbrengst lager is dan de hoogte van beide geldvorderingen die de hypotheekhouders op Alexandra en Marc hebben. De notaris treedt in contact met de SpaarBank en de Optiebank en verneemt dat zij het eens zijn over de verdeling van de opbrengst; de notaris gaat nu over tot uitkering aan beide banken. Aangezien de SpaarBank het oudste recht van hypotheek heeft, wordt haar geldvordering eerst voldaan. Hierna wordt nog een gedeelte van de vordering van de OptieBank voldaan, maar er resteert een restschuld. Alexandra en Marc moeten met de OptieBank afspraken maken over een betalingsregeling.

8.4 Einde hypotheekrecht

Het hypotheekrecht is, net als het pandrecht, een beperkt recht. We hebben in hoofdstuk 2 gezien op welke wijzen beperkte rechten teniet kunnen gaan (art. 3:81 lid 2 BW).

Voldoening van de vordering

Verder kan het recht van hypotheek eindigen door voldoening van de vordering tot zekerheid waarvan het hypotheekrecht was gevestigd. Wanneer de vordering tenietgaat door volledige afbetaling, vervalt daarmee het recht van hypotheek.
Stel dat Alexandra en Marc in de openingscasus na dertig jaar het bedrag dat zij hadden geleend om hun woning te kopen volledig hebben afbetaald. Op dat moment gaat de geldvordering die de bank op hen had teniet. Tegelijkertijd vervalt het recht van hypotheek.
Het hypotheekrecht eindigt eveneens wanneer het registergoed waarop het rust, door middel van parate executie wordt verkocht. In paragraaf 8.3.4 zagen

we dat na executie zuivering plaatsvindt, waarmee alle hypotheekrechten die op het registergoed rusten komen te vervallen.
De laatste twee wijzen van beëindiging van het recht van hypotheek zijn de meest voorkomende.

Nadat het hypotheekrecht teniet is gegaan, is de schuldeiser op grond van art. 3:274 BW verplicht een verklaring af te geven aan de koper van het registergoed, waarin is opgenomen dat het recht van hypotheek is vervallen. Deze verklaring moet in de vorm van een authentieke akte worden opgemaakt en in de openbare registers worden ingeschreven. Vervolgens wordt in de registers het betreffende recht van hypotheek doorgehaald. De doorhaling zelf betreft slechts een administratieve handeling die erop gericht is dat de registers de juiste informatie bevatten.

Doorhaling

Stel dat Alexandra en Marc in de openingscasus inderdaad worden geconfronteerd met parate executie, zoals in subparagraaf 8.3.4 omschreven. Het recht van hypotheek van de SpaarBank en dat van de OptieBank zijn daarmee tenietgegaan. Beide banken geven hieromtrent een verklaring af, die in de openbare registers worden ingeschreven. Ten slotte worden de rechten van hypotheek in de registers doorgehaald.

Tussenvraag 8.7
Omschrijf de twee manieren waarop het recht van hypotheek meestal eindigt.

Samenvatting

Het recht van hypotheek is een beperkt, afhankelijk recht dat de houder ervan zekerheid biedt om op de goederen waarop het rust bij voorrang een geldvordering te verhalen, boven andere schuldeisers. Het hypotheekrecht kan uitsluitend worden gevestigd op registergoederen.
Het hypotheekrecht wordt gevestigd ten gunste van de hypotheekhouder (de schuldeiser). De hypotheekgever is de eigenaar van het registergoed.
Het recht van hypotheek en het recht van pand lijken sterk op elkaar en hebben een aantal gemeenschappelijke kenmerken. Ten eerste zijn dit de kenmerken van beperkte rechten, te weten:
- De rechten worden gevestigd op een goed.
- De rechten werken tegenover iedereen.
- De rechten hebben zaaksgevolg.
- Een ouder recht gaat vóór een jonger recht.

Voorts zijn het hypotheek- en pandrecht zekerheidsrechten en zijn zij ondeelbaar. Ten slotte hebben de hypotheek- en pandhouder recht op zaaksvervanging, voorrang bij verhaal en recht van parate executie; bovendien zijn zij separatist.

Het hypotheekrecht wordt gevestigd door middel van een notariële akte, die moet worden ingeschreven in de openbare registers. Voorts zijn vereist een geldige titel en beschikkingsbevoegdheid van de hypotheekgever. Het gevolg van een beschikkingsonbevoegde hypotheekgever is dat er geen geldige vestiging van het hypotheekrecht kan plaatsvinden.
Een verkrijger van een registergoed kan beschermd worden tegen een beschikkingsonbevoegde vervreemder. Voorwaarden: de verkrijger is te goeder trouw en de onbevoegdheid vloeit voort uit de ongeldigheid van een vroegere overdracht.

In de hypotheekakte dienen te zijn opgenomen: de omschrijving van de geldvordering ter zekerheid waarvan het hypotheekrecht is gevestigd, het bedrag waarvoor het hypotheekrecht wordt verleend en de in Nederland gekozen woonplaats van de hypotheekhouder. Voorts kunnen in de hypotheekakte verschillende wettelijke bedingen worden opgenomen. Dit zijn:

- het huurbeding;
- het beding van niet-verandering;
- het beheersbeding;
- het ontruimingsbeding.

Het recht van hypotheek eindigt meestal door het voldoen van de vordering tot zekerheid waarvan het was gevestigd of wanneer het verhypothekeerde registergoed wordt geëxecuteerd. Nadat het hypotheekrecht is beëindigd, dient doorhaling in de openbare registers plaats te vinden.

Studie-eindvragen

Casus 8.1

Juridische Dienstverlening (JDV) is een bedrijf dat particulieren bijstaat bij juridische problemen op het gebied van uitkeringen. Het bedrijf houdt kantoor in een pand waarvan het eigenaar is. Aangezien het aantal klanten blijft toenemen, is JDV op zoek naar meer ruimte. Toevallig komt het naastgelegen pand in de verkoop en JDV wil overgaan tot aankoop hiervan. Aangezien het niet over voldoende financiële middelen beschikt, zal er een recht van hypotheek dienen te worden gevestigd op het pand dat JDV reeds in eigendom heeft; de Algemene Bank is bereid JDV een bedrag van €100.000 te lenen.
JDV en de verkoper komen een koopprijs overeen en de koopovereenkomst wordt gesloten.
Vervolgens wendt JDV zich tot een notaris die een hypotheekakte opstelt, die door partijen worden ondertekend.

a Doorloop de casus en geef gemotiveerd aan of er recht van hypotheek is gevestigd.

Casus 8.2

Marlies heeft twee jaar geleden een appartement gekocht waarop een recht van hypotheek is gevestigd. Wanneer zij haar baan plotseling verliest, kan zij niet langer voldoen aan de maandelijkse betalingsverplichtingen aan de bank (de hypotheekhouder); er staat op dat moment nog een bedrag van €145.000 open. Wanneer de betalingsachterstand vier maanden bedraagt, kondigt de bank aan over te zullen gaan tot openbare verkoop van het appartement.

a Kan Marlies in dit stadium nog iets ondernemen om de verkoop van haar appartement te voorkomen? Zo ja, wat? Zo nee, waarom niet?

b Aan welke verplichtingen dient de bank te voldoen, alvorens tot executie over te gaan?

Kernbegrippenlijst

Absoluut recht Recht dat een persoon op een goed kan hebben en dat ten opzichte van eenieder geldt.

Afhankelijk recht Recht dat niet zelfstandig kan bestaan. Het kan alleen samen met een ander recht bestaan, te weten een vorderingsrecht dat voortkomt uit een geldlening.

Akte Een schriftelijk en ondertekend stuk dat tot bewijs kan dienen.

Appartementsrecht Recht op het exclusieve gebruik van een gedeelte van een gebouw, tevens recht van mede-eigendom op het gehele gebouw.

Authentieke akte Een schriftelijk en ondertekend stuk dat in de vereiste vorm is opgemaakt door een openbaar ambtenaar. De authentieke akte wordt opgesteld om een feit of handeling vast te leggen en zo nodig als bewijs te dienen.

Beding niet-verandering Bepaling in een hypotheekakte waarin is opgenomen dat de hypotheekgever geen veranderingen aan het registergoed mag aanbrengen zonder toestemming van de hypotheekhouder.

Beding Bepaling, voorwaarde.

Bedreiging Iemand beweegt een ander tot het verrichten van een bepaalde rechtshandeling door hem of een derde met enig nadeel in persoon of goed te bedreigen.

Bedrog Iemand beweegt een ander tot het verrichten van een bepaalde rechtshandeling door:
- opzettelijk onjuiste mededelingen te doen;
- opzettelijk feiten te verzwijgen waar een plicht bestaat deze mede te delen;
- een andere kunstgreep.

Beheersbeding Bepaling in een hypotheekakte waarin is opgenomen dat de hypotheekhouder het registergoed in beheer mag nemen, ingeval de hypotheekgever ernstig tekort is geschoten in zijn verplichtingen jegens de hypotheekhouder.

Bekwame spoed Zo spoedig mogelijk.

Beperkt recht Recht dat is afgeleid uit een meer omvattend recht, dat met het beperkte recht is bezwaard.

Beschikkingsbevoegdheid Degene die beschikkingsbevoegd is, heeft het recht om het goed te verpanden. Een eigenaar is beschikkingsbevoegd; een dief, huurder of lener is dit niet.

Bestanddeel	Een zaak die volgens verkeersopvatting deel uitmaakt van een andere zaak, of een zaak die zodanig met een andere zaak is verbonden, dat deze niet zonder meer van die andere zaak is los te maken.
Bevoorrechte positie	De rechthebbende van een absoluut recht op een goed heeft een bevoorrechte positie bij het faillissement van een derde bij wie het goed zich op dat moment bevindt.
Bevrijdende verjaring	(extinctieve verjaring) Eigendomsverkrijging doordat het goed gedurende een periode van twintig jaar niet in het bezit van de oorspronkelijke rechthebbende is.
Bezit	De macht die een persoon over een zaak uitoefent; het houden van een goed voor zichzelf.
Bezitloos pandrecht	Recht op een niet-registergoed dat bij het niet-voldoen van de onderliggende geldvordering zekerheid biedt aan een schuldeiser. Het verpande goed blijft in de macht van de pandgever. Het betreft meestal goederen die voor de pandhouder lastig zijn op te slaan of goederen die de pandgever zelf nodig heeft.
Bezitsoverdracht	Een bezitter stelt de verkrijger in staat de macht over het goed uit te oefenen, die hij er zelf over kon uitoefenen.
Bezitsoverdracht met feitelijke handeling	(Symbolische) overhandiging van het goed aan de verkrijger.
Bezitsoverdracht zonder feitelijke handeling	Levering CP, levering brevi manu, levering longa manu.
Bezitsverschaffing	Een bezitter stelt de verkrijger in staat de macht over het goed uit te oefenen, die hij er zelf over kon uitoefenen.
Bezitter te goeder trouw	Bezitter die zich als rechthebbende beschouwt en zich ook redelijkerwijs als zodanig mag beschouwen.
Bezitter te kwader trouw	Bezitter die weet dat hij geen rechthebbende is, maar zich wel als rechthebbende gedraagt.
Bezwaren	Een beperkt recht op de zaak vestigen; belasten met.
Boedelmenging	Het samensmelten van twee vermogens bij het sluiten van een huwelijk of geregistreerd partnerschap, resulterend in een gemeenschap van goederen.
Buitengerechtelijke verklaring	Vormvrije verklaring van de benadeelde gericht tegen degene die partij is bij de rechtshandeling.

Burgerlijke vrucht	Recht dat in het maatschappelijk verkeer wordt beschouwd als vrucht van goederen.
Canon	Geldbedrag dat de erfpachter dient te betalen aan de eigenaar van een onroerende zaak, teneinde die zaak te mogen gebruiken.
Cedent	Vervreemder van een vorderingsrecht op naam.
Cessie	Overdracht van een vorderingsrecht op naam.
Cessieakte	Akte ten behoeve van de overdracht van een vorderingsrecht op naam.
Cessionaris	Verkrijger van een vorderingsrecht op naam.
Cessus	Schuldenaar van een vorderingsrecht op naam.
Consumentenkoop	Een natuurlijke persoon koopt een roerende zaak, niet registergoed in een reguliere winkel.
Derdenbescherming	Een verkrijger wordt beschermd tegen de beschikkingsonbevoegdheid van een vervreemder.
Deurwaardersexploot	Aanzegging door een deurwaarder.
Dienend erf	Onroerende zaak die is bezwaard ten behoeve van een andere onroerende zaak – het heersende erf – met een last om iets te dulden of om iets niet te doen.
Doorhaling	Nadat een recht van hypotheek teniet is gegaan, wordt de registratie ervan in de openbare registers doorgehaald.
Eigenaar	Iemand aan wie iets in eigendom toebehoort; rechthebbende.
Eigendomsrecht	Het meest omvattende recht dat een persoon op een zaak kan hebben. Een eigenaar kan – binnen de grenzen van de wet – alles doen met het goed waar het eigendomsrecht op rust.
Endossement	Het plaatsen en ondertekenen van de orderclausule op de achterkant van het orderpapier.
Erfdienstbaarheid	Last waarmee een onroerende zaak – het dienende erf – is bezwaard ten behoeve van een andere onroerende zaak – het heersende erf. De last kan eruit bestaan om iets te dulden of om iets niet te doen.
Erfgenaam	De rechtsopvolger van de overledene (erflater).
Erflater	Degene die is overleden en vermogen als erfenis nalaat.

Erfopvolging De opvolging van de erflater in zijn volledige vermogen door de erfgenaam.

Erfpacht Recht dat de erfpachter de bevoegdheid geeft een onroerende zaak van een ander te houden en te gebruiken. De erfpachter heeft hetzelfde genot van de zaak als een eigenaar, maar hij mag de bestemming van de onroerende zaak niet zonder toestemming van de eigenaar veranderen.

Fusie Het vermogen van de ene rechtspersoon gaat over in het vermogen van een andere rechtspersoon; de vermogens van twee rechtspersonen smelten samen tot het vermogen van een nieuwe rechtspersoon.

Gemeenschap van goederen Gezamenlijk vermogen van echtgenoten of geregistreerde partners.

Gevolmachtigde Degene aan wie de bevoegdheid wordt verleend om voor een ander rechtshandelingen te verrichten.

Goede trouw Men wist niet en kon redelijkerwijs niet weten dat feiten of het recht waarop de goede trouw betrekking heeft niet juist waren.

Goederen Alle zaken en alle vermogensrechten.

Goederenrecht Rechtsgebied betreffende de rechtsrelatie tussen een persoon en een goed.

Goederenrechtelijke overeenkomst Onderdeel van de levering; aanbod en aanvaarding van de overgang van het goed.

Handelingsbekwaam De bevoegdheid om zelfstandig rechtshandelingen te verrichten.

Heersend erf Onroerende zaak ten behoeve waarvan een andere onroerende zaak – het dienende erf – met een last is bezwaard om iets te dulden of om iets niet te doen.

Hinder Het veroorzaken van onrechtmatige overlast in de vorm van het verspreiden van rumoer, trillingen, stank, rook of gassen, het onthouden van licht of lucht of het ontnemen van steun.

Houderschap Het houden van een goed voor een ander.

Huurbeding Bepaling in een hypotheekakte waarin is opgenomen dat de hypotheekgever het registergoed niet (zonder toestemming van) de hypotheekhouder mag verhuren.

Huwelijkse voorwaarden Overeenkomst tussen aanstaande echtgenoten of geregistreerde partners over het (gedeeltelijk) gescheiden houden van hun vermogens.

Hypotheekakte	Notariële akte waarin onder andere het recht van hypotheek is opgenomen, alsook een omschrijving van de onderliggende geldvordering.
Hypotheekgever	De eigenaar van het registergoed, waarop het recht van hypotheek rust.
Hypotheekhouder	Heeft een vordering op een schuldenaar. Om er zeker van te zijn dat de vordering wordt voldaan, is er een hypotheekrecht gevestigd op een registergoed van de hypotheekgever.
Hypotheekrecht	Recht op een registergoed dat bij het niet-voldoen van de onderliggende geldvordering zekerheid biedt aan een schuldeiser.
Inbezitneming	Zich de feitelijke macht over een goed verschaffen.
Interversie van houderschap	Een houder wordt bezitter.
Ius tollendi	Letterlijk: recht van het wegnemen. Veranderingen die de hypotheekgever aan het registergoed heeft aangebracht, mogen door hem worden weggenomen.
Kunstgreep	Een listige handeling om een bepaald doel te bereiken.
Kwade trouw	Niet te goeder trouw; weten of behoren te weten dat feiten of het betreffende recht niet juist waren.
Levering	Bestaat uit twee delen: een goederenrechtelijke overeenkomst en één of meerdere leveringshandelingen.
Levering CP (*constitutum possessorium*)	De vervreemder bezit de zaak en gaat deze voortaan voor de verkrijger houden.
Levering met de korte hand (*brevi manu*)	De verkrijger was houder van de zaak voor de vervreemder en wordt bezitter.
Levering met de lange hand (*longa manu*)	Een derde hield de zaak voor de vervreemder en gaat de zaak voor de verkrijger houden.
Leveringshandeling	De handeling(en) die de vervreemder en de verkrijger van een goed dienen uit te voeren om de overgang van het goed te bewerkstelligen.
Lossing	Laatste mogelijkheid voor de hypotheekgever om parate executie te voorkomen; de geldvordering en bijkomende kosten moeten geheel voldaan worden.

Middellijk bezitter Degene die het goed voor zichzelf houdt, maar het niet feitelijk onder zich heeft.

Middellijk houder Degene die het goed voor een ander houdt, maar het niet feitelijk onder zich heeft.

Misbruik van omstandigheden Iemand bevordert een rechtshandeling met een ander, terwijl hij weet of moet begrijpen dat die ander door bijzondere omstandigheden, zoals noodtoestand, afhankelijkheid, lichtzinnigheid, abnormale geestestoestand of onervarenheid, bewogen wordt tot het verrichten van die rechtshandeling.

Misbruik van recht Door het uitoefenen van het eigendomsrecht door de eigenaar ondervindt een ander onevenredig veel nadeel.

Moederrecht Recht waarvan één of meerdere beperkte rechten zijn afgesplitst.

Natrekking De eigenaar van een zaak is eigenaar van al haar bestanddelen.

Natuurlijke vrucht Zaak die in het maatschappelijk verkeer wordt beschouwd als vrucht van andere zaken.

Nietig Ongeldig, zonder gevolg.

Niet-registergoed Alle goederen die geen registergoederen zijn.

Notariële akte Authentieke akte, een schriftelijk en ondertekend stuk, opgesteld door een notaris, dat tot bewijs kan dienen.

Om niet Zonder tegenprestatie.

Onderhandse akte Elk schriftelijk en ondertekend stuk dat geen authentieke akte is.

Onmiddellijk bezitter Degene die het goed voor zichzelf houdt en het feitelijk onder zich heeft.

Onmiddellijk houder Degene die het goed voor een ander houdt en het feitelijk onder zich heeft.

Onrechtmatige daad Een handelen dat inbreuk maakt op een recht van een ander, dat in strijd is met een wettelijke plicht of met ongeschreven recht, waardoor die ander schade lijdt.

Onroerende zaak Zaak die niet verplaatsbaar is: de grond, nog niet gewonnen delfstoffen, beplanting die met de grond is verenigd, gebouwen en werken die duurzaam met de grond zijn verenigd, gebouwen en werken die door vereniging met andere gebouwen of werken duurzaam met de grond zijn verenigd.

Ontbindende voorwaarde	Een verbintenis vervalt op het moment dat een bepaalde gebeurtenis plaatsvindt.
Onteigening	De ontneming van een goed van de rechthebbende om dit tot eigendom van de overheid te maken.
Ontruimingsbeding	Bepaling in een hypotheekakte waarin is opgenomen dat de hypotheekhouder het registergoed mag ontruimen, wanneer dit noodzakelijk is in verband met parate executie.
Openbare registers	Registers waarin informatie met betrekking tot registergoederen wordt opgeslagen. De registers zijn voor eenieder toegankelijk ter raadpleging.
Opschortende voorwaarde	Een verbintenis treedt pas in werking met het plaatsvinden van een bepaalde gebeurtenis.
Opstal	Recht om in, op of boven een onroerende zaak van een ander gebouwen, werken of beplantingen in eigendom te hebben of te verkrijgen.
Orderpapier	Papier waarop een vordering is opgenomen die aan degene die op het papier is vermeld, of aan order voldaan dient te worden.
Overdraagbaar recht	Recht dat aan een ander kan worden overgegeven.
Overdracht	Het overgaan van een goed van de ene op de andere rechthebbende.
Pandgever	Eigenaar van het verpande goed, op wie de pandhouder een vordering heeft.
Pandhouder	Heeft een vordering op de pandgever. Om er zeker van te zijn dat de vordering wordt voldaan, is er een pandrecht gevestigd op een goed van de pandgever.
Pandrecht	Recht op een niet-registergoed dat bij het niet-voldoen van de onderliggende geldvordering zekerheid biedt aan een schuldeiser.
Parate executie	Een schuldeiser mag zonder executoriale titel (rechterlijk vonnis) overgaan tot openbare verkoop van het registergoed.
Prijsgeven	Afstand doen van, opgeven.
Prioriteitsbeginsel	Ingeval er meer dan één absoluut recht op een goed rust, gaat het eerder gevestigde absolute recht vóór een later gevestigd absoluut recht.
Privaatrecht	(ook: burgerlijk recht) Rechtsgebied betreffende alle juridische betrekkingen tussen burgers onderling.

Rangorde	Volgorde op grond van datum en tijd waarop een hypotheekrecht wordt ingeschreven in de openbare registers.
Rangwisseling	Een pandrecht gaat vóór op een eerder gevestigd beperkt recht, wanneer de pandhouder het beperkte recht niet kende of behoorde te kennen.
Rechthebbende	Iemand die aanspraak kan maken op een bepaald recht.
Rechtswege (van ...)	Uit hoofde van de wet treedt het gevolg automatisch in wanneer aan een bepaalde voorwaarde is voldaan.
Redelijkheid en billijkheid	Hetgeen door de maatschappij rechtvaardig geacht wordt in een bepaalde situatie.
Registergoed	Goederen waarvan de overdracht of de vestiging in de daartoe bestemde openbare registers moet worden ingeschreven.
Relatief recht	Recht dat slechts tegenover een bepaalde persoon werkt; geldt niet ten opzichte van eenieder.
Res nullius	Een roerende zaak, die aan niemand toebehoort.
Retentierecht	Bevoegdheid om de teruggave van een goed op te schorten totdat de tegenprestatie is geleverd.
Retributie	Geldbedrag dat de opstaller dient te betalen aan de eigenaar van een onroerende zaak, in ruil voor het recht van opstal.
Revindicatie	De bevoegdheid van de eigenaar van een zaak deze op te eisen van eenieder die haar zonder recht houdt.
Roerende zaak	Zaken die verplaatsbaar zijn.
Schuldeiser	Degene die een geldvordering op een ander heeft.
Schuldenaar	Degene die een geldbedrag verschuldigd is aan een ander.
Separatist	Bij een faillissement van de schuldenaar, heeft de schuldeiser voorrang, boven andere schuldeisers, om het goed buiten het faillissement te verkopen en hiermee zijn vordering voldaan te krijgen.
Splitsing	Het vermogen van een rechtspersoon die ophoudt te bestaan gaat over op twee of meer andere rechtspersonen.
Splitsingsakte	Notariële akte waarbij het eigendomsrecht op een gebouw wordt gesplitst in appartementsrechten.

Titel	De juridische basis van een overdracht, zoals een koopovereenkomst, andere overeenkomst of testament.
Toonderpapier	Papier waarop een vordering is opgenomen die aan de toonder van het papier voldaan dient te worden.
Verbintenissenrecht	Rechtsgebied betreffende de rechtsrelatie tussen personen.
Verjaren	Na verloop van een aantal jaren tot recht verworden.
Verjaring	Eigendomsverkrijging door onafgebroken bezit van een goed gedurende een bepaalde periode of doordat een goed gedurende een bepaalde periode niet in het bezit van de rechthebbende is.
Verkeersopvatting	Opvatting die in de maatschappelijke omgang als norm geldt.
Verkrijgende verjaring	(acquisitieve verjaring) Eigendomsverkrijging door onafgebroken bezit te goeder trouw van een goed voor drie jaar (roerende zaak, niet-registergoed) of tien jaar (registergoed).
Verkrijger	Degene die ontvangt of krijgt.
Verkrijging onder algemene titel	Een geheel vermogen gaat van de ene persoon over op de andere persoon.
Verkrijging onder bijzondere titel	Eén of meerdere bepaalde vermogensbestanddelen gaan van de ene persoon over op de andere persoon.
Vermogen	Alle zaken, rechten en verplichtingen die een persoon heeft.
Vermogensrecht	Rechtsgebied dat de op geld waardeerbare verhoudingen tussen burgers onderling regelt. Het goederenrecht en het verbintenissenrecht vormen samen het vermogensrecht.
Vermogenswaarde	In geld uit te drukken waarde.
Vernietigbaar	Gebrekkige rechtshandeling die vernietigd kan worden.
Vervreemden	De eigendom van een zaak aan een ander overdragen.
Vestigen	Doen rusten op.
Volledig recht	Meest omvattende recht dat een persoon op een zaak kan hebben.
Volmacht	De bevoegdheid om namens een ander rechtshandelingen te verrichten.
Volmachtgever	Degene die een ander de bevoegdheid verleent om namens hem rechtshandelingen te verrichten.

Vordering Aanspraak op het voldoen van een schuld, die een schuldeiser heeft op een schuldenaar.

Vorderingsrecht aan order Vorderingsrecht aan degene die op het orderpapier vermeld is.

Vorderingsrecht aan toonder Vorderingsrecht aan degene die het toonderpapier toont.

Vorderingsrecht op naam Elk vorderingsrecht dat niet een recht aan order of toonder is. Een recht dat tegen één of meer bepaalde personen is uit te oefenen.

Vruchtgebruik Recht om een goed van een ander te gebruiken of de vruchten van een goed van een ander in eigendom te verkrijgen.

Vuistpand Recht op een niet-registergoed dat bij het niet-voldoen van de onderliggende geldvordering zekerheid biedt aan een schuldeiser. Het verpande goed wordt in de macht van de pandhouder gebracht.

Zaaksgevolg Het absolute recht volgt het goed waarop het rust, ongeacht waar dit goed zich bevindt.

Zaaksvervanging Wanneer een goed waarop een pand- of hypotheekrecht rust tenietgaat of in waarde vermindert, is de daaruit voortvloeiende vordering automatisch belast met een recht van pand.

Zaken Voor menselijke beheersing vatbare stoffelijke objecten.

Zekerheidsrecht Recht dat een schuldeiser zekerheid biedt op terugbetaling van een geldlening.

Zuivering Na parate executie, betaling van de koopprijs en levering is het registergoed vrij van alle rechten van hypotheek, beslagen en beperkte rechten die voorheen tegen de verkoper konden worden ingeroepen.

Antwoorden tussenvragen

Hoofdstuk 1

1.1 a	een mobiele telefoon	een goed, te weten een zaak (een stoffelijk object, voor menselijke beheersing vatbaar)
b	een vakantiewoning	een goed, te weten een zaak (een stoffelijk object, voor menselijke beheersing vatbaar)
c	de lucht boven Nederland	geen goed in de zin van art. 3:1 BW (niet voor menselijke beheersing vatbaar)
d	een computer	een goed, te weten een zaak (een stoffelijk object, voor menselijke beheersing vatbaar)
e	een geldvordering van €250	een goed, te weten een vermogensrecht (overdraagbaar recht)
f	het water uit de rivier de Maas	geen goed in de zin van art. 3:1 BW (niet voor menselijke beheersing vatbaar)
g	een hond	een goed, te weten een zaak (een stoffelijk object, voor menselijke beheersing vatbaar)
h	een caravan	een goed, te weten een zaak (een stoffelijk object, voor menselijke beheersing vatbaar)
i	een recht op loonbetaling	een goed, te weten een vermogensrecht (overdraagbaar recht, geeft de rechthebbende stoffelijk voordeel)

1.2 a	een boek	roerende zaak
b	een vogel	roerende zaak
c	een flatgebouw	onroerende zaak
d	een vuurtoren	onroerende zaak
e	een omgehakte boom	roerende zaak
f	een motorboot	onroerende zaak
h	het standbeeld 'De Dokwerker'	onroerende zaak

1.3 De boot en de motor vormen één geheel. De boot is de hoofdzaak, de motor is een bestanddeel.

1.4 a	een raam	bestanddeel (van een woning of een gebouw)
b	een mes	hoofdzaak
c	een dakpan	bestanddeel (van een woning of een gebouw)
d	een autoband	bestanddeel (van een auto)
e	een hondenriem	hoofdzaak
f	een tafel	hoofdzaak

1.5 a	een computer	niet-registergoed
b	een woonhuis	registergoed
c	een olietanker	registergoed
d	een siamese kat met stamboom	niet-registergoed
e	een Boeing 747	registergoed
f	het recht op betaling van loon	niet-registergoed
g	een auto die is ingeschreven in het kentekenregister	niet-registergoed

1.6 a	een aardbei	natuurlijke vrucht
b	een kalf	natuurlijke vrucht
c	het dividend van tien aandelen	burgerlijke vrucht
d	een schilderij	geen vrucht
e	een bananenboom	een vrucht
f	de rente van een spaarrekening	burgerlijke vrucht

1.7 a Andrea is niet te goeder trouw. De televisie is te goedkoop; bovendien koopt ze deze van een vreemde die zomaar aanbelt.

b Sandy kan zich beroepen op goede trouw. Ze koopt de fiets in een winkel die al geruime tijd bestaat. Daarbij wordt haar uitdrukkelijk medegedeeld dat de fiets helemaal in orde is en krijgt zij er een jaar garantie op.

c Jonathan is niet te goeder trouw. Hij weet immers dat de portemonnee en de inhoud daarvan aan iemand anders toebehoren.

Hoofdstuk 2

2.1
1 Recht van vruchtgebruik (art. 3:201 BW)
2 Pandrecht (art. 3:227 BW)
3 Recht van hypotheek (art. 3:227 BW)
4 Eigendomsrecht (art. 5:1 BW)
5 Recht van erfdienstbaarheid (art. 5:70 BW)
6 Recht van erfpacht (art. 5:85 BW)
7 Recht van opstal (art. 5:101 BW)
8 Appartementsrecht (art. 5:106 BW)

2.2 a Het betreft een relatief recht: Yassin kan het geld namelijk alleen van Peter terugvorderen en niet van een ander. Het recht werkt slechts tegenover één persoon, te weten Peter.

b Het betreft een absoluut recht: David verkrijgt een eigendomsrecht op een zaak, te weten de fiets. Zijn eigendomsrecht geldt tegenover elke andere persoon.

2.3 a De rechthebbende mag haar zaak zelf gebruiken.

b De rechthebbende mag haar zaak in bruikleen geven.

c De rechthebbende mag haar zaak niet aanwenden om een ander mee te verwonden (in strijd met de wet).

d De rechthebbende mag haar zaak verkopen.

e De rechthebbende mag haar zaak niet in strijd met de wet gebruiken (hulp bij zelfdoding is strafbaar).

2.4 Robert heeft ongelijk. In beginsel mag een eigenaar met zijn eigendom doen wat hij wil, maar hij mag niet de wet ermee overtreden. Door harder dan de toegestane maximumsnelheid op de snelweg te rijden, overtreedt Robert de wet. Dit is niet toegestaan.

2.5 Harry heeft recht op de puppies die eventueel uit de hond worden geboren.

2.6 Nee, een recht van erfdienstbaarheid werkt tegenover eenieder en is verbonden aan twee onroerende zaken. In dit geval aan de tuin van Clifton en aan de tuin van zijn buren. Wanneer één of beide zaken een nieuwe eigenaar krijgen, blijft de erfdienstbaarheid bestaan.

2.7 Door eigenaar te blijven van de onroerende zaak kan de bestemming daarvan niet zonder zijn toestemming worden veranderd (art. 5:89 lid 2 BW).

2.8 Er kan geen recht van opstal voor deze woning worden gevestigd. Opstal kan namelijk alleen op een onroerende zaak worden gevestigd en water is geen onroerende zaak.

2.9 Op grond van art. 5:106 BW is de vastgoedhandelaar bevoegd zijn recht van eigendom op het pand te splitsen in appartementsrechten. Deze splitsing komt tot stand door middel van een notariële akte, gevolgd door de inschrijving daarvan in de openbare registers (art. 5:109 BW).

Hoofdstuk 3

3.1 Dit is het recht van gebruik.

3.2 Dit is beschikkingsbevoegdheid, meer in het bijzonder: vervreemding.

3.3 Jeroen is in beginsel bevoegd om in zijn tuin bijen te houden, hij is immers eigenaar van de tuin. Door de bijen van Jeroen, kan Janine echter geen gebruik meer maken van haar tuin en moet zij haar ramen gesloten houden. Janine dient aan te tonen dat zij onevenredig wordt benadeeld in haar belang. Haar belang: gebruik kunnen maken van haar tuin en haar ramen kunnen openhouden, moet zwaarder wegen dan het belang van Jeroen: zijn hobby uitvoeren.

3.4 Catherine hoeft hiermee geen genoegen te nemen. De buurman veroorzaakt hinder, namelijk het onthouden van licht, door de struik voor het raam van Catherine te laten groeien (art. 5:37). Hierdoor handelt de buurman in strijd met hetgeen volgens ongeschreven recht in het maatschappelijk verkeer betaamt. De hinder is dus onrechtmatig. De buurman dient de struik te snoeien; doet hij dit niet, dan zou Catherine de zaak aan de rechter kunnen voorleggen.

3.5 Door middel van revindicatie kan Tugba haar wettenbundels van eenieder die deze zonder recht houdt opeisen. Dorinda houdt de wettenbundels zonder toestemming van Tugba; zij kan deze dus van Dorinda op eisen (art. 5:2 BW).

3.6 Er is sprake van natrekking op grond van art. 5:14 BW. De zus is eigenaar van het horloge, waarvan het horlogebandje bestanddeel wordt. De zus verkrijgt de eigendom van het horlogebandje dus door middel van natrekking.

3.7 Er is sprake van vruchttrekking op grond van art. 5:1 lid 3 BW. Matthijs is eigenaar van de hond; de geboren puppies zijn afgescheiden vruchten, waarvan Matthijs ook eigenaar wordt.

3.8

- Een eigenaar verliest het recht van eigendom wanneer een ander dit verkrijgt (bijvoorbeeld: een auto verkopen).
- Een eigenaar doet afstand van een zaak (bijvoorbeeld: een stoel bij het vuil zetten).
- De zaak waarop het eigendomsrecht rust gaat teniet (bijvoorbeeld: een auto of een stoel verbrandt).

Hoofdstuk 4

4.1 a	Fototoestel	Bezitter: de broer van Mariëlle; hij houdt het fototoestel voor zichzelf. Houder: Mariëlle; zij houdt het fototoestel voor haar broer.
b	Laptop	Bezitter: Francesca; zij houdt de laptop voor zichzelf.
c	Fietsen (tijdens verhuur)	Bezitter: eigenaar/verhuurder van de fietsen; hij houdt de fietsen voor zichzelf. Houders: Mariëlle en Francesca; zij houden de fietsen voor de verhuurder.
d	Fietsen (na verkoop)	Bezitters: Mariëlle en Francesca; zij houden de fietsen voor zichzelf.

4.2 a	Fototoestel	De broer van Mariëlle is middellijk bezitter; hij heeft het fototoestel niet onder zich. Mariëlle is onmiddellijk houder; zij heeft het fototoestel onder zich.
b	Laptop	Francesca is onmiddellijk bezitter; zij heeft de laptop onder zich.
c	Fietsen (tijdens verhuur)	De eigenaar/verhuurder van de fietsen is middellijk bezitter; hij heeft de fietsen niet onder zich. Mariëlle en Francesca zijn onmiddellijk houders; zij hebben de fietsen onder zich.
d	Fietsen (na verkoop)	Mariëlle en Francesca zijn onmiddellijk bezitters; zij hebben de fietsen onder zich.

4.3 a	Laptop	Mariëlle is onmiddellijk houder; Francesca is middellijk bezitter.
b	Auto	Hugo is onmiddellijk bezitter.
c	Televisie	Francesca is onmiddellijk houder; de verhuurder/eigenaar is middellijk bezitter.
d	Wettenbundel	Mohamed is onmiddellijk bezitter.
e	Dvd	Hugo is onmiddellijk houder; zijn vriend is middellijk bezitter.
f	Horloge	Mariëlle is onmiddellijk houder; Francesca is middellijk houder; de zus van Francesca is middellijk bezitter.

4.4 a	De spiegel	Het betreft een *res nullius*; op het moment dat Daniël de spiegel oppakt en meeneemt, is er sprake van inbezitneming. Daniël is bezitter en rechthebbende.
b	De cd	Op het moment dat Frank de cd steelt, is er sprake van inbezitneming. Frank is bezitter, niet-rechthebbende.

c	De telefoon	Er is geen sprake van inbezitneming; Mohamed leent zijn telefoon uit waardoor Daniël slechts houder wordt.
d	De laptop	Er is sprake van inbezitneming op het moment dat Mariëlle de laptop van Francesca aanneemt. Mariëlle is bezitter en rechthebbende.

4.5 a	een boek	door het boek aan de verkrijger te overhandigen
b	een hond	door de riem waarmee de hond is aangelijnd aan de verkrijger te overhandigen (wanneer het een kleine hond betreft, kan de hond zelf aan de verkrijger worden overhandigd)
c	een fiets	door de fiets aan de verkrijger te overhandigen (of door de sleutel van het fietsslot aan de verkrijger te overhandigen)
d	een woning	door de sleutel van de voordeur aan de verkrijger te overhandigen (bij het tekenen van de koopovereenkomst/hypotheekakte)
e	een auto	door de autosleutels aan de verkrijger te overhandigen
f	een paard	door de teugels aan de verkrijger te overhandigen
g	een mobiele telefoon	door de telefoon aan de verkrijger te overhandigen.

4.6 a Er is sprake van levering met de korte hand (*brevi manu*), art. 3:115 sub b BW. Michaella (de verkrijger) was houder van het boek voor Caroline (de vervreemder).

b Er is sprake van levering CP (*constitutum possessorium*), art. 3:115 sub a BW. Patrick (de vervreemder) bezit de spelcomputer; hij gaat de spelcomputer voor zijn vriend (de verkrijger) houden.

c Er is sprake van levering met de lange hand (*longa manu*), art. 3:115 sub c BW. Sandrine (de derde) hield de zaak voor Marco (de vervreemder); Sandrine gaat de zaak voor Arnold (de verkrijger) houden.

4.7 Door het huwelijk van Romeo en Julia treedt boedelmenging op ten aanzien van hun vermogens. Hierdoor wordt Romeo mede-eigenaar van de MP3-speler; hij wordt tevens – net als Julia – middellijk bezitter (art. 3:112 jo 3:116 BW).

4.8 a Ricardo is een bezitter niet te goeder trouw, niet-rechthebbende. Hij koopt op straat voor zeer weinig geld een tweedehands fiets van een hem onbekende man. Onder deze omstandigheden wist Ricardo, of had hij moeten weten, dat er iets niet in orde was. Ricardo mag zich dus redelijkerwijs niet als rechthebbende beschouwen (art. 3:118 lid 1 BW).

b Cheryl is een bezitter, rechthebbende. Zij koopt een flatscreen televisie bij een reguliere winkelketen en hoeft derhalve geen navraag te doen naar de herkomst van de zaak. Cheryl mag er redelijkerwijs van uitgaan dat zij rechthebbende is (art. 3:118 lid 1 BW).

c Sue is een bezitter te goeder trouw, niet-rechthebbende. Zij koopt een tweedehands auto bij een erkende autodealer. Er zijn geen aanwijzingen dat het een gestolen auto betreft: de papieren lijken in orde en de verkoper bevestigt dat de auto slechts één eerdere eigenaar heeft gehad. Sue mag zich dus redelijkerwijs als rechthebbende beschouwen (art. 3:118 lid 1 BW). Zij is echter geen eigenaar van de auto geworden.

4.9 a Als Jennifer te goeder trouw was toen zij de aardbeienplant kocht, kan de buurvrouw de plant van haar opeisen. Jennifer kan op haar beurt vergoeding van de kosten eisen die zij ten behoeve van (bijvoorbeeld de verzorging van) de plant heeft gemaakt (art. 3:120 lid 2 BW). Jennifer is rechthebbende op de vruchten geworden (art. 3:120 lid 1 BW).

b Als Jennifer te kwader trouw was toen zij de aardbeienplant kocht, dan kan de buurvrouw de plant alsmede de aardbeien van haar opeisen (art. 3:121 lid 2 BW). Jennifer heeft recht op vergoeding van de kosten die zij ten behoeve van (bijvoorbeeld de verzorging van) de plant heeft gemaakt (art. 3:121 lid 2 BW).

4.10 a Ali verliest het bezit van het boek op het moment dat zijn vriend het bezit ervan verkrijgt (art. 3:117 lid 1 BW).

b Er is geen sprake van bezitsverlies; Ricardo geeft de telefoon niet kennelijk prijs en er is evenmin sprake van inbezitneming door een ander (art. 3:117 lid 1 BW). Het bezit van de telefoon door Ricardo duurt derhalve voort (art. 3:117 lid 2 BW).

c Er is sprake van bezitsverlies. Farouk zet de televisie bij het vuil en geeft de zaak dus prijs (art. 3:117 lid 1 BW).

d Jan verliest het bezit van de fiets op het moment dat zijn studiegenoot het bezit ervan verkrijgt (art. 3:117 lid 1 BW).

e Er is sprake van bezitsverlies. De dief verkrijgt het bezit van de tas van Rina (art. 3:117 lid 1 BW).

Hoofdstuk 5

5.1 Verkrijging onder algemene titel betreft het gehele vermogen, dus ook eventuele schulden en verplichtingen, art. 3:80 lid 2 BW. Het gehele vermogen gaat van de ene persoon over op de andere persoon.
Verkrijging onder bijzondere titel betreft slechts één of bepaalde vermogensbestanddelen die van de ene persoon overgaan op de andere persoon, art. 3:80 lid 3 BW.

5.2 Er is sprake van boedelmenging en dus van verkrijging onder algemene titel (art. 3:80 lid 2 BW). Door met elkaar te trouwen zonder huwelijkse voorwaarden op te stellen, ontstaat uit de aparte vermogens van Brenda en Danny één vermogen, te weten de algehele gemeenschap van goederen. Dit houdt in dat alle rechten en verplichtingen van Brenda ook van Danny zijn en andersom; het feit dat Danny niet op de hoogte was van Brenda's schulden speelt hierbij geen enkele rol. Danny kan derhalve door de schuldeisers worden aangesproken op nakoming van de betalingsverplichtingen.

5.3 a Als André te goeder trouw is op het moment dat hij de fiets koopt, wordt hij geen eigenaar maar bezitter te goeder trouw. Een fiets is een roerende zaak, niet-registergoed. Door middel van verkrijgende verjaring (art. 3:99 lid 1 BW) wordt André na een periode van drie jaar eigenaar van de fiets, mits deze onafgebroken in zijn bezit is geweest.

b Als André te kwader trouw is op het moment dat hij de fiets koopt wordt hij evenmin eigenaar, maar bezitter te kwader trouw. Hij wordt geen eigenaar door middel van verkrijgende verjaring, aangezien hij niet voldoet aan het vereiste van goede trouw. Na een periode van twintig jaar wordt hij echter door middel van bevrijdende verjaring alsnog eigenaar van de fiets, art. 3:105 lid 1 jo 3:306 BW.

5.4 Uit hoofde van art. 3:84 lid 1 BW dient een overdracht aan de volgende vereisten te voldoen:
- een levering;
- een geldige titel;
- beschikkingsbevoegdheid van de vervreemder.

5.5 Voor de levering van een registergoed zijn vereist:
- een tussen partijen opgemaakte notariële akte
- inschrijving van die notariële akte in de openbare registers.

Art. 3:89 lid 1 BW.

5.6 Een roerende zaak, niet-registergoed wordt geleverd door bezitsverschaffing (art. 3:90 lid 1 BW). Bezitsverschaffing kan geschieden met feitelijke handeling en zonder feitelijke handeling.
Bij bezitsverschaffing met feitelijke handeling stelt de vervreemder de verkrijger in staat de feitelijke macht over de zaak uit te oefenen (art. 3:114 BW).
Bezitsverschaffing zonder feitelijke handeling kan geschieden door levering CP, levering met de korte hand en levering met de lange hand (art. 3:115 BW). Een tweezijdige verklaring is vereist.

5.7 Issam kan de auto aan de verzekeringsmaatschappij leveren, ook al heeft hij de auto niet meer in zijn bezit. De levering geschiedt door middel van een daartoe bestemde akte (art. 3:95 BW).

5.8 Een vorderingsrecht aan toonder is een recht waarbij de vordering aan de toonder van het toonderpapier voldaan dient te worden.
Een vorderingsrecht aan order is een vorderingsrecht waarbij de vordering aan degene die op het orderpapier is vermeld, of aan order voldaan dient te worden.
Een vorderingsrecht op naam is elk vorderingsrecht dat niet een recht aan order of toonder is; het is een recht dat tegen één of meer bepaalde personen is uit te oefenen.

De levering van een vorderingsrecht aan toonder vindt plaats door middel van bezitsverschaffing (art. 3:93 BW).
De levering van een vorderingsrecht aan order vindt plaats door middel van bezitsverschaffing, alsmede endossement (art. 3:93 BW).
De levering van een vorderingsrecht op naam geschiedt door middel van een daartoe bestemde akte en mededeling aan de schuldenaar (art. 3:94 lid 1 BW).

5.9 Nietigheid werkt van rechtswege, er hoeft geen beroep op te worden gedaan en evenmin is er een rechterlijke uitspraak vereist om de nietigheid van een titel in te roepen. De titel heeft nooit bestaan.
Vernietigbaarheid (art. 3:44 BW) werkt niet van rechtswege; er dient een beroep op gedaan te worden. De titel wordt achteraf ongeldig verklaard. Een rechtshandeling kan worden vernietigd door een buitengerechtelijke verklaring of door een rechterlijke uitspraak (art. 3:49 BW). Vernietiging werkt terug tot het tijdstip waarop de rechtshandeling is verricht.

5.10 Een rechthebbende is in beginsel beschikkingsbevoegd; hij is bevoegd om het goed te vervreemden of te bezwaren. Een onmiddellijk bezitter is niet altijd beschikkingsbevoegd: een dief is ook een onmiddellijk bezitter, maar hij is niet beschikkingsbevoegd.
Het is voorts mogelijk dat de beschikkingsbevoegdheid van een rechthebbende, tevens onmiddellijk bezitter, beperkt is of weggenomen, bijvoorbeeld ingeval van beslaglegging, faillissement of onderbewindstelling.

Hoofdstuk 6

6.1 Het vereiste van beschikkingsbevoegdheid van de vervreemder; onder bepaalde voorwaarden kan een overdracht toch rechtsgeldig zijn ondanks de beschikkingsonbevoegdheid van de vervreemder.

6.2 Art. 3:86 lid 1 BW
Voorwaarden:
1 een onbevoegde vervreemder;
2 een overdracht van een roerende zaak, niet-registergoed of van een recht aan toonder of order;
3 een overdracht overeenkomstig art. 3:90, 3:91 of 3:93 BW;
4 een overdracht anders dan om niet;
5 een verkrijger te goeder trouw.

Rechtsgevolg: een geldige overdracht.

6.3 Om te zien of Karim eigenaar van de telefoon is geworden, kijken we eerst of er sprake is van een overdracht (art. 3:84 lid 1 BW). Aan de vereisten titel en levering is voldaan; Hans is echter niet beschikkingsbevoegd.
We doorlopen daarom de vereisten van art. 3:86 lid 1 BW:
1 Hans is beschikkingsonbevoegd (een onbevoegde vervreemder).
2 Het betreft de overdracht van een mobiele telefoon (een overdracht van een roerende zaak, niet-registergoed).
3 Hans overhandigt de telefoon aan Karim (een overdracht overeenkomstig art. 3:90 BW).
4 Karim betaalt €75 voor de telefoon (een overdracht anders dan om niet).
5 Karim heeft geen reden om te twijfelen aan de beschikkingsbevoegdheid van Hans (een verkrijger te goeder trouw).

Aan alle vereisten is voldaan. Het rechtsgevolg is dat er een geldige overdracht heeft plaatsgevonden; Karim is dus eigenaar van de mobiele telefoon geworden.

6.4 Er is voldaan aan de vereisten van art. 3:84 lid 1 BW, met uitzondering van het vereiste van beschikkingsbevoegdheid.

Aan de voorwaarden van art. 3:86 lid 1 BW is eveneens voldaan:
1 Melanie is beschikkingsonbevoegd (een onbevoegde vervreemder).
2 Het betreft de overdracht van een scooter (een overdracht van een roerende zaak, niet-registergoed).
3 Melanie overhandigt de scooter aan Eveline (een overdracht overeenkomstig art. 3:90 BW).
4 Eveline betaalt €750 voor de scooter (een overdracht anders dan om niet).
5 Eveline heeft geen reden om te twijfelen aan de beschikkingsbevoegdheid van Melanie (een verkrijger te goeder trouw).

Het betreft echter een gestolen scooter, zodat art. 3:86 lid 3 BW van toepassing is. We lopen de voorwaarden van dit artikel langs:
- Marja heeft het bezit van de scooter door diefstal verloren.
- Er is nog geen drie jaar verstreken sinds het moment van de diefstal.

Marja kan de scooter in beginsel opeisen, tenzij een van de uitzonderingen sub *a* of *b* van toepassing is. Dat is niet het geval (er is geen sprake van consumentenkoop en het betreft niet de verkrijging van geld, toonderpapieren of orderpapieren).
Eveline wordt dus niet beschermd door art. 3:86 BW en Marja kan de scooter als haar eigendom opeisen van Eveline.

6.5 Er is voldaan aan de vereisten van art. 3:84 lid 1 BW, met uitzondering van het vereiste van beschikkingsbevoegdheid.

Aan de voorwaarden van art. 3:86 lid 1 BW is eveneens voldaan:
1 Melanie is beschikkingsonbevoegd (een onbevoegde vervreemder).
2 Het betreft de overdracht van een scooter (een overdracht van een roerende zaak, niet-registergoed).
3 Melanie overhandigt de scooter aan Eveline (een overdracht overeenkomstig art. 3:90 BW).
4 Eveline betaalt €750 voor de scooter (een overdracht anders dan om niet).
5 Eveline heeft geen reden om te twijfelen aan de beschikkingsbevoegdheid van Melanie (een verkrijger te goeder trouw).

Wanneer Marja haar om de gegevens van Melanie vraagt, kan Eveline hier echter geen antwoord op geven. Met andere woorden: Eveline voldoet niet aan de wegwijsplicht van art. 3:87 BW. Eveline kan zich derhalve niet beroepen op art. 3:86 BW. Marja is eigenaar van de scooter.

6.6 Er is voldaan aan de vereisten van art. 3:84 lid 1 BW, met uitzondering van het vereiste van beschikkingsbevoegdheid.

We lopen de vereisten van art. 3:88 lid 1 BW langs:
1 Eef is beschikkingsonbevoegd (er is sprake van een onbevoegde vervreemder).

2 Het betreft de overdracht van een stuk grond (een overdracht van een registergoed).
3 Albert is te goeder trouw (er is sprake van een verkrijger te goeder trouw)
4 Eef is beschikkingsonbevoegd om de grond aan Albert te verkopen vanwege het feit dat Guus beschikkingsonbevoegd was om de grond aan haar te verkopen: de onbevoegdheid van de vervreemder (Eef) vloeit voort uit de ongeldigheid van een vroegere overdracht (koopovereenkomst tussen Eef en Guus), die het gevolg was van de onbevoegdheid van de toenmalige vervreemder (Guus was beschikkingsonbevoegd).

Aan het vierde vereiste wordt dus niet voldaan; Albert geniet derhalve geen derdenbescherming op grond van art. 3:88 BW.

6.7 Er is sprake van onvolledige registers: het betreft een feit dat op grond van art. 3:17 lid 1 sub b BW voor inschrijving vatbaar is (art. 3:24 BW). Op het moment van verkrijging van het eigendomsrecht op het stuk grond door Hein was het beslag niet ingeschreven in de registers. Hein wordt derhalve beschermd door art. 3:24 lid 1 BW.

Hoofdstuk 7

7.1 a	Een mobiele telefoon	Er kan een recht van pand op worden gevestigd, aangezien het een roerende zaak, niet-registergoed is.
b	Een vliegtuig	Er kan geen recht van pand op worden gevestigd, aangezien het een roerende zaak, registergoed is.
c	Een auto	Er kan een recht van pand op worden gevestigd, aangezien het een roerende zaak, niet-registergoed is.
d	Een computer	Er kan een recht van pand op worden gevestigd, aangezien het een roerende zaak, niet-registergoed is.
e	Een armband	Er kan een recht van pand op worden gevestigd, aangezien het een roerende zaak, niet-registergoed is.
f	Een huis	Er kan geen recht van pand op worden gevestigd, aangezien het een onroerende zaak en derhalve een niet-registergoed is.

7.2 De gemeenschappelijke kenmerken van het pand- en hypotheekrecht zijn:
- gevestigd op een goed
- werken tegenover iedereen
- hebben zaaksgevolg
- een ouder recht gaat vóór een jonger recht
- zekerheidsrechten
- afhankelijke rechten
- ondeelbaarheid
- zaaksvervanging
- voorrang bij verhaal
- parate executie
- separatisme.

7.3 Het recht van parate executie, art. 3:248 BW. De vuistpandhouder oefent de feitelijke macht uit over het verpande goed en kan dus probleemloos overgaan tot openbare verkoop van dat goed wanneer de schuldenaar in verzuim is.

7.4 De wet onderscheidt het vuistpandrecht, art. 3:236 BW en het stil pandrecht, art. 3:237 BW. Voordeel vuistpandrecht: de pandhouder kan gemakkelijk overgaan tot parate executie op het moment dat de schuldenaar in verzuim is.
Voordelen stil pandrecht: de pandhouder hoeft geen kosten te maken aan opslag/onderhoud van het verpande goed. De pandgever kan gebruik blijven maken van het verpande goed.

7.5 Er kan een vuistpandrecht worden gevestigd door de laptop in de feitelijke macht van Merjam te brengen, art. 3:84 lid 1 jo 98 jo 3:236 BW.
Er kan een stil pandrecht worden gevestigd; de laptop blijft dan in de feitelijke macht van Sarah. Er moet dan wel een authentieke of geregistreerde onderhandse akte worden opgesteld, art. 3:84 lid 1 jo 98 jo 3:237 BW.

7.6 Op grond van art. 3:249 lid 2 BW moet de pandgever in de gelegenheid worden gesteld het verpande goed te lossen: de pandhouder moet opgave doen van het bedrag dat de pandgever dient te betalen om het verpande goed terug te kopen en daarmee de openbare verkoop te voorkomen. Voorts is het van belang om de pandgever in de gelegenheid te stellen tijdens de openbare verkoop mee te bieden en het verpande goed terug te kopen, art. 3:250 lid 3 BW.

7.7 Het pandrecht eindigt ten eerste wanneer de schuldenaar de vordering waaraan het pandrecht is gekoppeld heeft voldaan.
Ten tweede eindigt het pandrecht wanneer de pandhouder is overgegaan tot parate executie van het verpande goed.
Van belang is dat het pandrecht een afhankelijk recht is dat niet zelfstandig kan bestaan, art. 3:7 BW.

Hoofdstuk 8

8.1 Een hypotheekhouder heeft een geldvordering op een schuldenaar. Ten gunste van de hypotheekhouder wordt een recht van hypotheek op een registergoed gevestigd; hiermee verkrijgt de hypotheekhouder zekerheid omtrent de terugbetaling van het uitgeleende bedrag.
Een hypotheekgever is de eigenaar van het registergoed waarop het hypotheekrecht is gevestigd. Vaak is de hypotheekgever tevens de schuldenaar.

8.2 Het hypotheekrecht biedt de hypotheekhouder zekerheid op terugbetaling van het bedrag dat hij heeft uitgeleend. Dit gebeurt doordat de schuldenaar voldoet aan zijn betalingsverplichtingen en het geleende bedrag volgens afspraak terugbetaalt. Doet de schuldenaar dit niet dan kan de hypotheekhouder het registergoed verkopen en met de opbrengst de vordering voldoen.

8.3 Gegevens betreffende registergoederen moeten nauwkeurig en juist in de openbare registers worden opgenomen, zodat eenieder die de registers raadpleegt op de hoogte is van de huidige stand van zaken. Er kunnen zo geen misverstanden ontstaan over eigenaarschap, beperkt gerechtigden en dergelijke. Dit bevordert de rechtszekerheid.

8.4 Voor de vestiging van een recht van hypotheek zijn vereist: een notariële akte die is ingeschreven in de openbare registers (art. 3:260 BW). Voorts zijn vereist een geldige titel en beschikkingsbevoegdheid van de hypotheekgever (art. 3:98 BW jo art. 3:84 BW).

8.5 In de wet zijn opgenomen: huurbeding (art. 3:264 BW), beding niet-verandering (art. 3:265 BW), beheersbeding (art. 3:267 BW en ontruimingsbeding (art. 3:267 BW). Al deze bedingen zijn erop gericht de waarde van het registergoed zo hoog mogelijk te houden.
Door een huurbeding op te nemen kan de hypotheekhouder voorkomen dat het verhypothekeerde registergoed wordt verhuurd. Mocht er noodzaak bestaan om over te gaan tot parate executie, dan kan het registergoed onverhuurd verkocht worden. Dit levert de hoogste opbrengst op.
Door een beding van niet-verandering op te nemen kan de hypotheekhouder voorkomen, dat er veranderingen worden aangebracht aan het registergoed ten gevolge waarvan dit in waarde zou dalen.
Wanneer er een beheersbeding in de hypotheekakte is opgenomen, kan de hypotheekhouder het registergoed in beheer nemen en bijvoorbeeld achterstallig onderhoud laten plegen. Op deze wijze kan de hypotheekhouder ervoor waken dat het registergoed niet in waarde daalt.
Door opname van een ontruimingsbeding, verkrijgt de hypotheekhouder de bevoegdheid het registergoed voor parate executie te ontruimen, zodat het leeg aan de nieuwe eigenaar kan worden opgeleverd.

8.6 a De omschrijving van de geldvordering is opgenomen onder 'Overeenkomst van geldlening', sub 2.

b Het bedrag waarvoor het hypotheekrecht wordt verleend is opgenomen onder 'Verlening van hypotheek- en pandrecht', sub 4.

c De wettelijke bedingen die in de hypotheekakte zijn opgenomen: huurbeding, onder 'Voorwaarden en bedingen van hypotheekverlening', sub 8, b; beding van niet-verandering, onder 'Verandering inrichting, gedaante, aard en bestemming van het onderpand', sub 8 d; beheer- en ontruimingsbeding, onder 'Beheer en ontruiming', sub 8, i.

d Dat het registergoed verzekerd dient te worden is vermeld onder 'Verzekering', sub 8, k.

8.7 Ten eerste eindigt het recht van hypotheek op het moment dat de geldvordering is voldaan. Het hypotheekrecht is een afhankelijk recht (art. 3:7 BW); wanneer het recht waaraan het is gekoppeld vervalt, gaat ook het afhankelijke recht teniet.
Ten tweede kan het hypotheekrecht eindigen door parate executie. Wanneer de schuldenaar zijn betalingsverplichtingen niet nakomt, mag de hypotheekhouder overgaan tot openbare verkoop van het registergoed waarop het hypotheekrecht is gevestigd (art. 3:268 BW). Op deze wijze kan hij zijn vordering voldaan krijgen en vervalt het hypotheekrecht.

Antwoorden studie-eindvragen

Hoofdstuk 1

Casus 1.1

a

woning	zaak
meubels	zaken
tuin	zaak
planten en struiken	zaken
perenboom	zaak
schutting	zaak
auto	zaak
parkeerplaats	zaak
recht op huurbetalingen	vermogensrecht

b

woning	onroerende zaak
meubels	roerende zaken
tuin	onroerende zaak
planten en struiken	onroerende zaken
perenboom	onroerende zaak
schutting	onroerende zaak
auto	roerende zaak
parkeerplaats	onroerende zaak

c

woning	registergoed
meubels	niet-registergoederen
tuin	registergoed
planten en struiken	bestanddeel grond
perenboom	bestanddeel grond
schutting	bestanddeel grond
auto	niet-registergoed
parkeerplaats	registergoed
huurbetalingen	niet-registergoed

d natuurlijke vruchten — de peren die aan de perenboom groeien

e burgerlijke vruchten — het recht op de huurbetaling voor de parkeerplaats

Casus 1.2

a

antieke horloges
onderdelen
horloge (van Ton)
radertje (van Marco)

b

hoofdzaak	horloge (van Ton)
bestanddeel	radertje (van Marco)

Hoofdstuk 2

Casus 2.1

a José en Asha kunnen een recht van pand vestigen ten behoeve van Asha (art. 3:227 BW). Hierdoor verkrijgt Asha zekerheid op terugbetaling van het door haar uitgeleende bedrag. Voldoet José niet aan haar betalingsverplichtingen dan kan Asha de auto verkopen en daarmee de vordering voldoen.

b Het eigendomsrecht is het meest volledige recht dat een persoon op een zaak kan hebben. José verliest haar recht van eigendom niet door er een recht van pand (beperkt recht) op te vestigen; haar eigendomsrecht wordt wel uitgehold door er een beperkt recht op te vestigen.
Voorts is het eigendomsrecht een absoluut recht. Dit betekent dat het beginsel van zaaksgevolg (droit de suite) van toepassing is: het absolute recht blijft op de zaak rusten, ook al bevindt deze zich niet meer in de feitelijke macht van de eigenaar. Het recht van eigendom van José op de auto blijft hierop rusten op het moment dat de auto bij Asha voor de deur staat en die de sleutels heeft. Ook wanneer de auto wordt gestolen, blijft José eigenaar; haar eigendomsrecht volgt immers de auto.

Casus 2.2

a Volgens art. 5:85 lid 1 BW is een recht van erfpacht een recht dat de erfpachter de bevoegdheid geeft de onroerende zaak van een ander te houden en te gebruiken. In deze casus krijgt Neville de bevoegdheid om de grond (onroerende zaak) van Aida (een ander) te houden en te gebruiken. Er is dus sprake van een recht van erfpacht.

b Volgens art. 5:20 lid 1 sub e BW is de eigenaar van een stuk grond tevens eigenaar van gebouwen die duurzaam met de grond zijn verenigd. Zou Neville een loods bouwen op het stuk grond dat hij van Aida in erfpacht heeft dan zou zij eigenaar worden van die loods. Door echter een recht van opstal te vestigen (art. 5:101 BW) kan Neville de loods (een gebouw) op de grond (op een onroerende zaak) van Aida (van een ander) in eigendom verkrijgen.

Hoofdstuk 3

Casus 3.1

a Er is sprake van misbruik van recht wanneer door het uitoefenen van het eigendomsrecht door de eigenaar een ander onevenredig veel nadeel ondervindt.

- De gemeente is eigenaar van de grond en mag deze in beginsel opeisen van de Heaven's Devils (uitoefenen van het recht van revindicatie, art. 5:2 BW).
- De Devils hebben echter geen andere locatie waar zij hun activiteiten kunnen uitoefenen (ze ondervinden veel nadeel).
- De gemeente heeft niet duidelijk kunnen maken waarvoor zij de grond zelf gaat gebruiken (het belang van de Devils weegt zwaarder).

Alles afwegend kan geconcludeerd worden dat de Heaven's Devils onevenredig veel nadeel ondervinden door het uitoefenen van het recht van de gemeente. De advocaat van de Devils heeft dus gelijk, er is sprake van misbruik van recht.

b De omwonenden hoeven hiermee geen genoegen te nemen. Volgens art. 5:37 BW mag de eigenaar van een erf geen onrechtmatige hinder toebrengen aan eigenaars van andere erven. Hinder kan bestaan uit het verspreiden van rumoer. De Devils veroorzaken hinder in de vorm van rumoer door regelmatig tot diep in de nacht harde muziek te draaien en hun motoren te laten ronken. De hinder is onrechtmatig, aangezien er inbreuk wordt gemaakt op het recht op een rustig woongenot van de omwonenden. Het feit dat de Devils een vergunning hebben om een café te runnen in het clubhuis, betekent niet dat zij geen rekening hoeven te houden met de omwonenden. De Devils zullen het rumoer dus dienen te staken.

Casus 3.2

a Moreno is eigenaar van Rex; door diefstal wordt het eigendomsrecht niet doorbroken. Als eigenaar staat voor Moreno de mogelijkheid tot revindicatie open (art. 5:2 BW); met andere woorden: hij kan de hond terugvorderen van de jongen die hem nu heeft.

b Moreno is eigenaar van de grill; door diefstal wordt het eigendomsrecht niet doorbroken. De grill is echter inmiddels gemonteerd op de auto van een ander en is daardoor bestanddeel geworden van die auto door middel van natrekking (art. 5:3 BW). Art. 5:14 BW bepaalt dat de eigendom van een roerende zaak die bestanddeel wordt van een andere roerende zaak die als hoofdzaak is aan te merken, overgaat naar de eigenaar van de hoofdzaak. Het eigendomsrecht van Moreno op de grill gaat op grond van dit artikel over op de eigenaar van de auto (dit is immers de hoofdzaak). Moreno is zijn recht van eigendom op de grill derhalve kwijtgeraakt aan de eigenaar van de auto en hem staat geen revindicatierecht ter beschikking.

Hoofdstuk 4

Casus 4.1

a Rianne is rechthebbende, onmiddellijk bezitter, art. 3:107 lid 1 jo art. 3:107 lid 2 BW.

b Rianne is rechthebbende, middellijk bezitter, art. 3:107 lid 1 jo art. 3:107 lid 3 BW.

c Emma is onmiddellijk houder, art. 3:107 lid 4 jo art. 3:107 lid 2 BW.

d Emma is middellijk houder, art. 3:107 lid 4 jo art. 3:107 lid 3 BW.

e De garagehouder is onmiddellijk houder, art. 3:107 lid 4 jo art. 3:107 lid 2 BW.

Casus 4.2

a Rianne heeft de auto volgens erfopvolging verkregen; dit is verkrijging onder algemene titel, art. 3:80 lid 2 BW.

b De vader van Rianne kocht de auto van een louche autodealer, voor een zeer lage prijs; hij was niet te goeder trouw, art. 3:11 jo art. 3:118 lid 1 BW.
Art. 3:116 BW bepaalt dat wanneer er sprake is van opvolging onder algemene titel, ook de goede trouw van de rechtsvoorganger overgaat op de rechtsopvolger. Rianne verkrijgt de auto door erfopvolging, dus onder algemene titel. Geconcludeerd moet worden dat Rianne te kwader trouw is.

Hoofdstuk 5

Casus 5.1

a Er is sprake van overdracht; dit is verkrijging onder bijzondere titel, art. 3:80 lid 3 BW.

b Volgens art. 3:84 zijn de voorwaarden voor overdracht van een zaak:
- levering;
- een geldige titel;
- beschikkingsbevoegdheid van de vervreemder.

Aan het vereiste van levering wordt voldaan. Er is namelijk sprake van een goederenrechtelijke overeenkomst: Bob geeft te kennen dat hij de auto wil kopen en de verkoper laat blijken dat hij de auto aan Bob wil verkopen. De autopapieren worden overgeschreven op naam van Bob. Het overhandigen van de autosleutels door de verkoper aan Bob kan worden aangemerkt als bezitsverschaffing, art. 3:90 lid 1 jo art. 3:114 BW.
Aan het vereiste van een geldige titel wordt eveneens voldaan: de koopovereenkomst die Bob en de verkoper sluiten, is de titel.
Ten slotte kunnen we constateren dat de verkoper beschikkingsbevoegd is: uit de casus blijkt dat de verkoper rechthebbende is en derhalve bevoegd is om de auto te vervreemden.
Geconcludeerd kan worden dat aan alle vereisten van overdracht is voldaan.

Casus 5.2

a Er is sprake van een rechtsgeldige overdracht. Er is namelijk voldaan aan alle drie de vereisten voor overdracht, te weten: levering (goederenrechtelijke overeenkomst en bezitsverschaffing), krachtens geldige titel (koopovereenkomst) door een beschikkingsbevoegde vervreemder (Anne is bevoegd tot het vervreemden van de hometrainer), art. 3:84 BW.

b Volgens art. 3:44 lid 1 BW is een rechtshandeling vernietigbaar, wanneer zij door bedreiging, bedrog of misbruik van omstandigheden tot stand is gekomen.
In deze casus is sprake van misbruik van omstandigheden, aangezien Anne een rechtshandeling (de verkoop van de hometrainer) bevordert, terwijl zij moet begrijpen dat Thomas hiertoe wordt bewogen door bijzondere omstandigheden (hij was in de war en wist duidelijk niet wat hij deed), art. 3:44 lid 4 BW.
Op grond van art. 3:49 BW kan Thomas de rechtshandeling laten vernietigen, ofwel door middel van een buitengerechtelijke verklaring (art. 3:50 BW), ofwel door middel van een rechterlijke uitspraak (art. 3:51 BW).

Hoofdstuk 6

Casus 6.1

a Aan de vereisten voor een rechtsgeldige overdracht (art. 3:84 lid 1 BW) is voldaan, met uitzondering van het vereiste van beschikkingsbevoegdheid. Doritha wordt echter beschermd door art. 3:86 lid 1 BW, aangezien aan alle voorwaarden wordt voldaan:
1 De verkoper is niet beschikkingsbevoegd (er is sprake van een onbevoegde vervreemder).
2 Het betreft de overdracht van boeken (een overdracht van roerende zaken, niet-registergoederen).
3 De overdracht vindt plaats door middel van bezitsverschaffing (een overdracht overeenkomstig art. 3:90 BW).
4 Doritha betaalt voor de boeken (een overdracht anders dan om niet).
5 Doritha is te goeder trouw, het is immers vrij normaal om boeken te kopen via een advertentie die binnen de hogeschool is opgehangen (een verkrijger te goeder trouw).

Doritha wordt dus eigenaar van de boeken op grond van art. 3:84 lid 1 jo art. 3:86 lid 1 BW.

b Volgens art. 3:87 lid 1 BW kan iemand zich niet op derdenbescherming uit hoofde van art. 3:86 BW beroepen, wanneer hem binnen drie jaar nadat hij het goed heeft verkregen gevraagd wordt wie de vervreemder was en hij geen gegevens kan verstrekken over de vervreemder.
Edward vraagt Doritha wie de boeken aan haar heeft verkocht. Doritha kan hierop geen antwoord geven. Zij kan dus niet voldoen aan haar wegwijsplicht en zich niet beroepen op derdenbescherming.

Casus 6.2

a Er is voldaan aan de vereisten van art. 3:84 lid 1 BW, met uitzondering van het vereiste van beschikkingsbevoegdheid.
Aan de voorwaarden van art. 3:86 lid 1 BW is eveneens voldaan:
1 De verkoper is beschikkingsonbevoegd (een onbevoegde vervreemder).
2 Het betreft de overdracht van een laptop (een overdracht van een roerende zaak, niet-registergoed).
3 De verkoper overhandigt de laptop aan Laura (een overdracht overeenkomstig art. 3:90 BW).
4 Laura betaalt voor de laptop (een overdracht anders dan om niet).
5 Laura heeft geen reden om te twijfelen aan de beschikkingsbevoegdheid van de verkoper (een verkrijger te goeder trouw).

Het betreft echter een gestolen laptop, zodat art. 3:86 lid 3 BW van toepassing is. We lopen de voorwaarden van dit artikel langs:
- Khalid heeft het bezit van de laptop door diefstal verloren.
- Er is nog geen drie jaar verstreken sinds het moment van de diefstal.

Khalid kan de laptop in beginsel opeisen, tenzij een van de uitzonderingen sub *a* of *b* van toepassing is. Dat is niet het geval (er is geen sprake van consumentenkoop en het betreft niet de verkrijging van geld, toonderpapieren of orderpapieren). Laura wordt dus niet beschermd door art. 3:86 BW en Khalid kan de laptop als zijn eigendom opeisen van Laura.

Hoofdstuk 7

Casus 7.1

a De wet kent het vuistpand- en het bezitloos pandrecht. Bij vuistpand komt het verpande goed in de macht van de pandhouder (art. 3:236 lid 1 BW). In geval van bezitloos pand blijft het verpande goed in de macht van de pandgever (art. 3:237 lid 1 BW).
Er zal gekozen worden voor de vestiging van het bezitloos pandrecht. De bank heeft er geen baat bij de graanvoorraden zelf te moeten opslaan; dit brengt extra kosten en verantwoordelijkheden met zich mee voor de bank.

b Het pandrecht wordt gevestigd door middel van een authentieke of geregistreerde onderhandse akte (art. 3:237 lid 1 BW).

c De bank is als pandhouder separatist. Dit houdt in dat zij de graanvoorraden buiten het faillissement om kan verkopen en op die wijze de vordering voldaan kan krijgen (art. 57 FW). De bank hoeft de opbrengst dus niet te delen met andere schuldeisers.

Casus 7.2

a Recht van vuistpand vestigen op de scooter van Paula ten gunste van Jacintha, art. 3:227 jo 3:236 BW.

b Overgaan tot parate executie, met andere woorden de scooter van Paula verkopen en met de opbrengst de vordering voldoen, art. 3:248 BW.

c Het pandrecht is een afhankelijk recht (art. 3:7 BW). Dit houdt in dat het niet zelfstandig kan bestaan. Op het moment dat de vordering waaraan het pandrecht is gekoppeld tenietgaat, eindigt daarmee het pandrecht.

Hoofdstuk 8

Casus 8.1

a Op grond van art. 3:227 lid 1 BW kunnen we concluderen dat er sprake is van een recht van hypotheek. Het recht is immers gevestigd op een registergoed (het bedrijfspand) en het is gevestigd ter zekerheidstelling van een geldvordering (€100.000).
Voor de vestiging van een recht van hypotheek dient voldaan te zijn aan de voorwaarden uit art. 3:98 jo art. 3:84 BW en art. 3:260 BW. In de casus is sprake van een geldige titel, te weten de overeenkomst van geldlening tussen JDV en de Algemene Bank. Voorts is JDV beschikkingsbevoegd (zij is eigenaar) en zij mag het registergoed bezwaren met een recht van hypotheek.
In art. 3:260 lid 1 BW is opgenomen dat een recht van hypotheek gevestigd dient te worden in een tussen partijen opgemaakte notariële akte. Ook hiervan is sprake in de casus. Aan het tweede vereiste, te weten inschrijving van de

akte in de openbare registers, wordt echter niet voldaan, zodat er geen recht van hypotheek is gevestigd.

Casus 8.2

a Marlies kan tot het moment dat het appartement daadwerkelijk is verkocht de verkoop nog voorkomen, art. 3:269 BW. Zij dient het hele openstaande bedrag ineens te betalen, alsmede de kosten die de bank tot op dat moment heeft gemaakt terzake van de executie. Dit wordt ook wel lossing genoemd.

b Op grond van art. 3:268 lid 1 BW dient er sprake te zijn van verzuim. Marlies heeft al vier maanden niet voldaan aan haar betalingsverplichtingen, zodat geconcludeerd kan worden dat aan deze voorwaarde voldaan is.
Verder schrijft dit artikel voor dat de verkoop in het openbaar dient plaats te vinden ten overstaan van een notaris.
Uit art. 544 RV e.v. blijkt dat de bank Marlies door middel van een deurwaardersexploot op de hoogte dient te stellen van de voorgenomen executie, de hoogte van het openstaande bedrag inclusief bijkomende kosten en tijd en plaats van de executie. Wanneer Marlies niet tot lossing overgaat, zal de openbare verkoop plaatsvinden.

Over de auteur

Mr. Charlotte Phillips studeerde Nederlands Recht aan de Vrije Universiteit te Amsterdam. Na een aantal jaren werkzaam te zijn geweest in de advocatuur en in de rechterlijke macht, maakte zij in 2007 de overstap naar het onderwijs. Zij is thans docent, coördinator en onderwijsontwikkelaar van de vol- en deeltijdopleiding hbo-rechten aan de Hogeschool van Amsterdam. Daarnaast is zij als buitenpromovendus verbonden aan de Universiteit Leiden; haar onderzoek richt zich op universele kinderrechten, met name het fenomeen *Child-headed households*.

Literatuur

A.J. Akkermans (2006). *Privaatrecht als Opdracht,* Ars Aequi Libri.

J.H. Nieuwenhuis, C.J.J.M. Stolker en W.L. Valk (2007). *Tekst & Commentaar, Vermogensrecht*, Kluwer.

H.J. Snijders en E.B. Rank-Berenschot (2007). *Goederenrecht*, Kluwer.

L.C.A. Verstappen. *Groene Serie, Modellen voor de Rechtspraktijk*, I.3.9.46 Schuldbekentenis met hypotheekverlening annex verpanding wegens ter leen ontvangen gelden.

Hoge Raad, 17 april 1970, NJ 1971/89 (Grensoverschrijdend garage-arrest)

Hoge Raad, 10 maart 1972, NJ 1972/278 (Vogelplaag-arrest)

Hoge Raad, 18 januari 1991, NJ 1992/667 (Centraal Beheer Gritter-arrest)

Hoge Raad, 31 oktober 1997, JOR 1997/152 (Portacabin-arrest)

Hof Arnhem, 25 maart 2003, NJ 2003/577 (Taxus-arrest)

Register